老子处世之道
孔子为人之道
孟子取舍之道

宋师道◎编著

台海出版社

图书在版编目（CIP）数据

老子处世之道，孔子为人之道，孟子取舍之道 / 宋
师道编著. —北京：台海出版社，2019.10
ISBN 978-7-5168-2200-5

Ⅰ.①老… Ⅱ.①宋… Ⅲ.①老子-哲学思想-通俗
读物②孔丘（前551-前479）-哲学思想-通俗读物③孟
轲（约前372-前289）-哲学思想-通俗读物 Ⅳ.
①B22-49

中国版本图书馆 CIP 数据核字（2019）第 001870 号

老子处世之道，孔子为人之道，孟子取舍之道

编　　著：宋师道
责任编辑：武　波　童媛媛　　　　　责任印制：蔡　旭
出版发行：台海出版社
地　　址：北京市东城区景山东街20号　邮政编码：100009
电　　话：010-64041652（发行，邮购）
传　　真：010-84045799（总编室）
网　　址：www.taimeng.org.cn/thcbs/default.htm
E-mail：thcbs@126.com

经　　销：全国各地新华书店
印　　刷：香河利华文化发展有限公司
本书如有破损、缺页、装订错误，请与本社联系调换

开　　本：670mm×960mm　　　　　　1/16
字　　数：217千字　　　　　　　　　印　　张：18.5
版　　次：2019年10月第1版　　　　　印　　次：2019年10月第1次印刷
书　　号：ISBN 978-7-5168-2200-5

定　　价：49.80元

前言

　　中国作为世界文明古国有五千多年的文明史，传统文化源远流长、博大精深，并以深厚的底蕴和内涵享誉世界，是世界文化史上的一朵奇葩。以国学为代表的中华传统文化是中华民族的"魂"和"根"，是中华民族的标志，是中华民族的骄傲，也是中华民族生生不息、团结奋进的不竭动力。一方面，中华民族的民族精神正是在中国文化传统之中孕育和发展起来的，中华民族文化不断传承、培育和发展着中华民族精神。另一方面，中华民族精神又构成了中华民族文化的核心和灵魂，成为中华民族传统文化的基本特质与生命活力的集中体现。同时，千百年来，国学一直影响着国人的思想和道德，其作为一种中华民族文化的传承，展现的不仅仅是中国悠久的传统文化，更是每一个中国人立身处世之本。为此，学习国学、了解国学，继承与弘扬中国的传统文化，是每一个中国人义不容辞的责任。

　　中国五千多年的文化底蕴大都蕴藏在国学经典著作中，《道德经》《论语》《孟子》是春秋战国时期文化百家争鸣的产物，是道家和儒家的思想起源，老子、孔子、孟子也由此被尊为"圣人"。他们的思想涵盖了修身正心等内容，对中国传统文化曾产生过不可估量的影响。对于现代人而言，研习和解读他们的思想理念，既是一种文化寻根的需要，又是我们审视自身、重拾自我、正心养性、解决生活工作中各种困难和问题的需要。

品行之道，就是让人端正心性和自身行为。古人深谙品行之道者，莫过于老子。他的被誉为"万经之王"的《道德经》，就是对社会、人生的一些根本问题的思索，虽然已经过去两千多年，但它对我们当下做人行事仍具有极深的启发意义。"远五色""上德若谷""见素抱朴，少私寡欲，绝学无忧""绝仁弃义，民复孝慈；绝巧弃利，盗贼无有"等都是老子思想的精华，其对生活在浮躁世俗中的我们来说，具有极深的指导意义。

德行之道，就是明心见性、滋养德行。关于此，孔子提倡仁爱是德行的基础，有人问孔子："以德报怨，何如？"孔子说："以直报怨，以德报德。"同时，他提倡对待父母要尽孝道。父母之爱是天下最无私的爱，所以，我们对父母尽孝道，不仅是一种回报，更是"仁爱"的一种基本表现。孔子所提倡的那些"仁爱"的德行是中国文化的最精华部分，是当下最值得我们去继承和发扬的。

宽容之道，简单说就是对人处处谅解、包涵、不计较的为人处世之道。更深层地讲，宽容不仅仅表现在我们对某件事的处理上，而是对生命的包容与博爱。对于这一点，孟子提出："君子以仁存心，以礼存心。仁者爱人，有礼者敬人。爱人者人恒爱之，敬人者人恒敬之。"这是宽容待人的至高境界。对当下的我们具有重要的启示意义。

总之，国学作为中国传统文化的精粹，可广泛应用于我们社会生活的各个方面，品读国学经典，与老子畅谈修身养性之道，我们的心境将会变得明朗和开阔，向孔子和孟子"取经"，我们的生活将会变得和谐顺畅，我们的人生也将会充满欢乐和幸福。希望本书能带给您耳目一新的感受，使您在品赏国学之时，找到怡情养性、快乐工作和生活的方法。

目录

老子处世之道

孔子为人之道

孟子取舍之道

老子处世之道

　　品行之道，就是教人为人处世的方法。古人深谙道者，莫过于老子。他的被誉为"万经之王"的《道德经》，就是对社会、人生的一些根本问题的思索，虽然已经过去两千多年，但对当下的我们做人行事仍具有极深的指导意义和启发。

　　"致虚极、守静笃""上德若谷""见素抱朴，少私寡欲，绝学无忧""居其实，不居其华""天下之至柔，驰骋天下之至坚""持而盈之，不如其已""知足常乐"等，都是老子思想的精华，这对于在快节奏生活中的我们仍旧具有极深的指导意义。不可否认，快节奏的发展给我们带来了更多物欲享受的同时，也让我们的心灵上蒙上了太多的尘埃：烦躁、焦虑、贪婪、功利、迷茫、彷徨、失落、懈怠、颓废……渐渐地，我们的心也开始感到疲惫、麻木，再也找不回当初的"真我"，而老子的智言慧语则是心灵的"除尘器"，时时给我们带来一丝清凉和纯真，让我们在忙碌的生活中找到休憩的港湾，让人在失意的时候获得振奋，在焦躁的时候获得平静，在失落的时候获得心灵的慰藉，在纠结的时候获得释怀，在迷茫的时候找到希望的灯火，能够让人远离生活中的一切扰乱我们内心的繁杂和喧嚣，领悟到生命的真谛，体味到切实存在于我们周围的快乐和幸福，获得洒脱和惬意的人生！

第一章
守住"本心"，不为外物所侵扰

　　"本心"，指原来的心愿，古时指天生的"善性"。老子说抱一以为天下式，我们作为普通人欲以"出世心"行走，要想在纷繁中脱离出来，就要守住内在的"本心"，即时时保持一颗平常心，不在意"宠"，更不计较"辱"，懂得节制内在的欲望，别为物欲而让心灵背上太多的负担。同时也应时时保持心灵的"素洁"与"纯粹"，以本分去滋养人格。

　　其实，生命的疲累很多时候就是对外在的物欲太过追求所造成的，如果我们能守住自己的"本心"，便能做到不以物喜，不以己悲，以淡然的心态面对生活中的一切。

1. 不在意"宠"，更不计较"辱"

　　多数时候，人的烦恼皆是因为对"宠辱"的过于敏感而产生的。生活中，很多人都常会因为一时"受宠"而惊喜不已，也常会因为一时的"受辱"而恐慌、痛苦不已。可以说，人们的情绪多数时候都是被"宠辱"所掌控的。那么，人如何才能在现实社会中不受"宠辱"的影响呢？

关于此，老子在《道德经》中阐述了自己的看法。他说："宠辱若惊，贵大患若身。何谓宠辱若惊？宠为下，得之若惊，失之若惊，是谓宠辱若惊。"在老子看来，宠辱都是相同的，它们都会让人"若惊"。受到宠幸，得宠者就会欣喜不已，从而会忘乎所以，容易导致邪行；同时，"宠"多数都是因别人的恩惠而得，是卑下者会享有的待遇，得宠者就会以得宠为殊荣，为了不失去它，就不得不在赐予者面前诚惶诚恐、战战兢兢，甚至还会曲意逢迎，阿谀谄媚。这既伤害了身体，又摧残着人内在的人格尊严。同样，受辱也是如此，受辱者心中愤懑，人格同样受到损害。所以宠与辱是同样的，都会损害人的本性。人们只有看破荣辱，不惊不惧才不会患得患失，才能保全自己人格的完整、精神的独立。否则，人的内在情绪尚不稳定，如何谈得上去干大事，创大业呢？

其实，每个人的一生都犹如簇簇繁花，既有火红耀眼之时，也有暗淡萧条之日。如果过分地在意"荣"，过分地计较"辱"，内心就会滋生无数的烦恼和痛苦。事实上，无论是"荣"还是"辱"，终有一天都会成为过去，唯有坦然视之、淡然处之，才不会使心情被荣辱得失所左右，才能获得内心的安定、生活的和谐。

唐代有个叫卢承庆的人，为官清廉，做事认真。他当的是考工员外郎，这是隶属于吏部的官职，主要负责考察官员。当时，考察官员有级别标准，先大体分成上中下等，然后每一级再分成上中下等。

一次，卢承庆考核一个运粮的官员。这个人因为疏忽，运粮的粮船失事沉进了河中。因此，卢承庆只给他定了一个"中下"的评语。这个运粮官得到这个评价，一点也没生气着急，反而谈笑自若。卢承庆觉得，此人得到这么低的评价都没生气，他应该认识到了自己的错误了，觉得很是欣慰。后来又有一次，卢承庆又对这个人考

4

察，觉得此人能勇于承认错误，就给他评了个"中中"的等级。这个运粮官也没有因此而高兴。卢承庆心想，能做到宠辱不惊，这个人真是不简单。后来又一次，这个运粮官因为大风天气，把粮船吹翻，又使粮食损失了不少。卢承庆一想，此人内在稳重，无论怎样都该给他"中上"，这个运粮官还是没有因此而高兴。从此卢承庆想，此人如此不在乎个人"得失"，在任何时候都能做到宠辱不惊，堪称官员中的楷模，该委以重任。于是后来就有意地提拔了他。

其实，卢承庆本人也是个宠辱不惊的人。他认为作为一个官员，主要是为国尽忠，官职是升是降都不应在乎。他最初做过考工员外郎，后来往上做过尚书左承，最后还当过兵部侍郎，因为说话得罪了皇帝，还被贬去做简州司马，对此，卢承庆还是没感到窝火。后来，朝廷又把他调回朝中当刑部尚书，卢承庆也没有因此而高兴。

到了晚年病危时，卢承庆把儿女们叫到床前嘱咐他们说："我死后，丧事一定要从简。穿的这些衣裳算是我的装裹，不要再给我买衣服。棺材外面也别套好几层棺椁了，用一层棺材装着埋了就可以了。坟也不要太高，碑文也不要乱写，吹嘘我这一生有什么功绩，只要老老实实写上我的简历即可。"可见，卢承庆是个对虚荣看得极为清淡的人，因此，他的内心都是平静而安宁的。

正所谓"祸兮福所倚，福兮祸所伏"，任何事物都有两面性，失意中隐藏着幸福，得意中也往往隐藏着灾祸。同样地，人亦有"荣"必有"辱"，所以，我们在任何时候，都要镇定自如，从容面对，荣辱皆不惊，才能在起起伏伏的生活中把握自我，超越自我。

"荣不惊，辱不哀"，淡然地接纳生活和际遇所赐予自己的一切，珍惜自己已经得到的，看淡自己所失去的，才能比别人活得更快乐、更顺心、更洒脱。

当然，不在意"荣"，不计较"辱"，顺其自然是一种洒脱的表现。顺其自然是经历了万千风雨之后的大彻大悟，也是领略了人生的峰回路转之后的空灵，也是一种幽幽暗暗、反反复复追问之后的抉择。试着让一些事情顺其自然，这样你会发现内心会渐渐地开朗，而思想的负担也会随之减轻许多，只有这样，你才能感受到更多的幸福和快乐。

2. 节制内在的"欲望"，别迷失本性

在《道德经·第十二章》中，老子提出了"远五色"的为人法则。即"五色令人目盲；五音令人耳聋；五味令人口爽；驰骋畋猎，令人心发狂；难得之货，令人行妨；是以圣人为腹不为目，故去彼取此"。大意为，缤纷的色彩，使人眼花缭乱；嘈杂的音调，使人听觉失灵；丰盛的食物，使人舌不知味；纵情狩错，使人心情放荡发狂；稀有的物品，使人行为不轨。因此，圣人但求吃饱肚子而不追逐声色之娱，所以应摒弃物欲的诱惑而保持安定知足的生活方式。其实，这是老子对"欲"的思考，告诉人们如何"节欲"，算是对那些纵情声色的人们的一种劝谏、警告。

老子提倡的是清静无为的做人原则，在他看来，人们对于五色、五声、五味的过分追求，都是导致人生堕落的根源。同时，他反对驰骋田猎，反对对"难得之物"的追捧，认为这种过度的放纵会导致人迷失本性。

其实，在现实生活中，人们为了追逐"五色"，而使自我迷失本性，给生命添上重负的事例数不胜数。

刘慧是一个都市白领，高学历、高收入，人也长得漂亮，身材也很好。每天上班她都会有不同风格的穿戴打扮，时髦得体的她，

6

经常能赢得周围同事和朋友的称赞和青睐。在一片赞扬声中，她的虚荣心越发膨胀起来了，为了能更引人注目，为了讲求品位，她不惜花大笔的钱去购置名贵、时尚的珠宝、名牌服装和包包……她的收入毕竟有限，对时尚物质追求的强烈欲望，已经让她负债累累。

有一次在与朋友聊天的过程中，刘慧说自己其实活得很累，别人看到的只是一个光鲜亮丽的外表，但她的内心已经疲惫不堪。她其实也反省过自己，超负荷地购置名牌物品，似乎也没让她真正地开心过，她也很想快乐起来，但是，内在强烈的欲望让她欲罢不能。

由于内心的负担过重，原本漂亮的刘慧也变得憔悴多了，对生活也逐渐地丧失了热情，对工作也失去了兴趣，时常唉声叹气的，人也变得悲观厌世，整个人也好像变成了"外表美丽"的行尸走肉……

现实生活中，有不少类似于刘慧这样的人，他们为了追逐外在的物质、财富，为了满足自己的虚荣心，让心灵承载太多的负担，丝毫感受不到生命该有的轻松和快乐。

在"五色"充斥的现实中，我们似乎很容易被欲望牵着鼻子走，好不容易买了房，还想着什么时候能换更大一点的房子，有了汽车总想着换更好的……这些无止境的欲望，使我们的心灵承载了太多的负担，永远没有停歇下来的时候。"累！累！累！"成了我们呼之欲出的口头语。我们只是在欲望的深渊中挣扎不止，不知何时才能解脱！

在这里，老子提出"远五色"的理念，旨在希望人们能够丰衣足食，建立内在宁静恬淡的生活方式，而不是外在贪欲的生活，这在"五色"充斥的现实中尤其值得人们进行思考。可惜当今多数人为了外在欲望，根本没有时间去思考。打开电视时能看到各种选美比赛、各种盛宴聚会、各种让"粉丝"为之疯狂的音乐会。很少有人能够在这喧嚣之中清静下来，仔细聆听内心的声音，想想自己到底追求什么，到底需要什么了。

芸芸众生，长久以来，因为迷失了本心本性，所以只能被外在的事物劳累地牵着鼻子走，一味地追求金钱、物质和名誉，在滚滚红尘中，最终愈发地迷失自己。所以，在生活中，我们一定要抵制住外界的各种诱惑，化解自己的各种贪欲之心，才不至于使自己因一时的迷失而招来无尽的烦恼与折磨。

心虚意净，明心见性——"不识庐山真面目，只缘身在此山中。"很多时候，迷悟只在于你自己的一时的贪念，所以，要时时警告自己，从更高的层次去审视与认识自己。因为只有意念清纯，心中才能够更为清明，只要你能够解开执着与情感的系缚，就能够发现心灵深处的真我，最终才能让生命获得永恒的意义。

3. 人应"素洁"，如一张白纸

老子认为"见素抱朴"，这是人生的至境，也是处世的一条重要法则。《道德经·第十九章》中有语："绝圣弃智……见素抱朴，少私寡欲，绝学无忧。"在老子看来，人需要抛弃自己引以为傲的聪明机巧，抛弃自私自利的贪图之心，如果人人皆能如此，便不会有作奸犯科的盗贼，即所谓的"绝巧弃利，盗贼无有"。

如果我们将"绝圣弃智"的观念归纳到生命的理想中，便是"见素抱朴，少私寡欲"。"见"即见地，观念、思想谓之见；"素"乃澄洁、干净；"朴"是未经雕琢、质地优良的原木。见素抱朴正是圣人超凡脱俗的生命情操，佳质深藏，光华内敛，一切本自天成，没有后天人生的刻意雕琢。

老子主张"见素抱朴，少私寡欲"，做人简简单单如一张白纸，保持孩童般纯洁单纯的心，那便是真修道。

其实，一个人在出生的时候，其原本是纯洁无瑕的，初识世界，一切都是新鲜的，眼睛看什么就是什么，人家告诉他这是山，他就认识了山，告诉他这是水，也就认识了水。然而，随着年龄的增长，经历的世事渐多，我们就发现世界是复杂的，心中难免会覆上一层厚厚的尘埃：对周围的一切充满了疑虑、不平，从而警惕起来。山自然不再是单纯的山，水自然不再是单纯的水。一切的一切都是个人主观意志的载体，总会将简单的事情复杂化，人也不再似一张白纸般那样素洁了。

刘涛最近觉得自己活得很累，晚上回家，只要看到丈夫与女同事因为工作原因发个短信，她看到后就会不依不饶，说他们之间肯定有"私情"；老公在路上与女性朋友打个招呼，她马上就会问东问西，搞得丈夫最近都不愿回家了。

有时候与同事喝个下午茶，看到路边一个漂亮的女人挽着某个富人的胳膊，就会想这个女人一定是唯利是图、不正经的女人，心中会愤愤不平，在不了解对方实际情况时，她就从内心去鄙视她……

其实，生活中类似刘涛这样的女人有很多，别人一句简单的话就能看到别人"暗藏的心机"，从某个人穿着打扮就可以看出对方是否是为了引起谁的注意，甚至从别人极为单纯的眼神中就能看出对方是否对自己抱有好感……我们的确是太过聪明，再也看不到山的青翠，看不到水的清澈，生活中的善良和自然中的美景都被"复杂"化了，凭空给自己制造烦恼和麻烦，内心自然就会感到沉重和劳累。其实很多时候，事物原本是简单的，只是我们已经丧失了"本心"，从而丧失了欣赏事物原本真实面目的能力。

生活有其原本的面貌，面对一切世事，只有保持一颗"本心"，才能将其看淡、看平常，如此快乐就来了。大浪淘沙沙去尽，沙尽之时见真金。大多数人都是在浮华过后才意识到本色的可贵。质本洁来还洁去，不要让尘世浮华沾染了原本纯洁的心灵。也就是说，我们无论生活在如何复杂的环境中，都要坚守自己的本性，守住生命的那份简单、善良、素洁、朴实。

4. 唯有淡泊，才能守住"心性"

世人熙熙攘攘，多数都是为了"名"与"利"而奔波忙碌，甚至人们也会为了争名夺利而使自己的"心性"渐渐迷失。面对名与利，我们现代人应如何去做，守住自己的那份"心性"呢？

老子在《道德经·第二十章》中道："众人熙熙，如享太牢，如春登台。我独泊兮，其未兆；沌沌兮，如婴儿之未孩。"大意为，众人都熙熙攘攘、兴高采烈，如同去参加盛大的宴席，如同在春天登台眺望美景。而我却独自淡泊宁静，无动于衷；混混沌沌的，如同婴儿还不会发出嬉笑声。

在老子眼中，自己是孤独的，是与众不同的。世人熙熙攘攘，对名利追逐不休，而自己却淡然无为，无动于衷。和那些聪慧精明的人相比，自己似乎只是一个愚昧而笨拙的无用之人。别人都光辉闪耀，而自己却迷迷糊糊，不知归于何处，止于何处。老子这几句话看似自我贬低，实则恰恰是对自己沉醉于道的赞赏，他对那些世俗之人的精明强干、汲汲于功名富贵是十分鄙视的，其实他们才是"顽且愚"的。老子认为，世俗的价值观极为混淆，本来心思纯洁的人，却因为追逐世俗的名与利而丧失本性，还全然不察，真乃悲哉！

这些世人熙熙攘攘，纵情于声色货利，而老子自己则是甘愿清贫淡泊，并且显示出自己与众不同的疏离和相异之处。说自己顽愚，其实同屈原发出"众人皆醉我独醒"的呐喊是一样的。

人生最高的道德境界，莫过于抹平内在的"名心"。在道家看来，人心即为"名心"，当一个人"名心"褪尽，人之私欲不存，天理凸现，道心始生，当名心褪尽，道心自然而生。用通俗的话说，名利都是身外之物，生不带来，死不带去，人们为了名利而累身累心，实在是在做本末倒置的傻事。

乾隆皇帝在下江南的时候，曾指着长江的船只对一位近臣说："这里的船只每天都是来来往往的，如此繁华，一天到底要经过多少条船啊？"这位大臣说："这里只有两条船经过。"乾隆忙问道："怎么会只有两条船呢？"大臣回答说："一条为名，一条为利，整个江中来来往往的无非是这两条船。"

诚然，名利的确能够给人带来巨大的物质利益，能够满足人的虚荣心。但是如果你过分地追名逐利，只会劳心费力，给人生带来无尽的烦恼。萨克雷的《名利场》中的女主人公丽蓓卡·夏普便是一个例子。她一生都是在不断地追求名利，但是到最后，她的一切心机却全部白费了。作者最终在书中以这样的伤感而又无奈的语气说道："唉，虚名浮利，一切虚空，我们这些人谁又是真正快乐地活着的？谁又是称心如意地活着的？就算当时遂了自己的心愿，以后还不是照样不知足？"

其实，人在这个世界上，都是一个来去匆匆的过客而已。名与利，人生的繁华与争斗其实都是负累，也是我们不快乐的根源所在。钩心斗角、追名逐利，不如宁静淡泊，抱朴守真，谨守着做人最单纯的本分，真如老子所说的有一颗"婴儿之未孩"的初心。所谓褪尽名心道心生，保持一颗虚空淡泊的心境，坚守自然的大道，便真的可以平平淡淡、实实在在了。

5. 祛除浮华，回归本分

"自然、朴实、本分、低调、真实"是老子一贯所主张的。《道德经·第三十八章》讲道："大丈夫处其厚，不居其薄；处其实，不居其华。"概括起来就是说做人应该"处厚不薄，处实不华"，具体意思是说为人处世该抱朴守拙，返璞归真，保持自己纯真、朴实、正直的本性，坚守鲁直憨厚的人格。

词作家阎肃说过："一个人要成功，要靠天分、勤奋、缘分、本分。其中，勤奋和本分最重要。"本分，是像泥土一般实在的人格底色，在浮躁的现实社会中，它经常被人所忽视或轻视。然而它却是一个人取得成功的重要条件。本分，是滋养一个人人格的重要"养分"，它像泥土一样，有着极为丰富和深厚的"内涵"。

在激烈的竞争环境中，我们首先应以淳朴厚道为立身的根本，这是做人的最基本的准则；其次，丢掉人性中的一些浮华，面对虚幻的名利、欲望，不被其所诱惑，本本分分地做好自己，让自己的人生过得有价值、有意义。这是每个现代人都值得考量的重要问题之一，也是每个人穷其一生都要追寻的方向！

晚清名臣曾国藩虽然身处高位，但是却是出了名的淳朴厚道之人，在尔虞我诈、势利熏天的官场，他始终能保持着自己宽阔正直的胸怀，令那些狡诈之徒惭愧；另外，他远离利益纷争，始终保持淡泊名利的心态。但是，成功却从来没有远离他，他一生所做出的成就令多少人赞叹敬重。

在他的日记里，有这样一段话："天地之所以不息，国之所以立，圣贤之德业之所以可大可久，皆诚为之也。故曰：诚者物之始终，不诚无物。"曾国藩认为自己之所以能够取得如此大的成就，正是因为自己凡事都以"诚"为基础，凡事不投机取巧。

曾国藩不仅以"诚"为自身准则，他还教育自己的兄弟和子女，不管是做文章还是做人，都要以诚为本，这样才能立身淳厚。

做人不要过于追求虚化浮躁和华丽多姿，应该抛弃繁杂修外而炼内，积淀人生和生活的厚重！如此简单而不肤浅、沉稳而不刻板的深邃和智慧，才能更臻淳厚，达到本真的人生境界！

诺贝尔奖物理学得主杨振宁在给重庆八中的题词中这样写道："宁拙毋巧"。他说："这句话还有四个字叫作'宁朴毋华'。把这八个字送给你们，因为做学问不能取巧。希望大家在今后的学习和工作中，脚踏实地做出一番成就来。"诚哉斯言，不正是本分、沉稳、厚重之人所能取得的成功之道吗？

安于本分，坚守忠实，其实就是拒绝浮躁，安于自身所处的地位和环境，对自己有正确的估价。鲁迅的儿子周海婴作为名人之后，他一生淡泊名利，在公众场合，几乎不愿提鲁迅，在别人面前，也从不炫耀自己是谁的后代，他反对靠父母的余荫生活。他和蔼可亲、为人敦厚，虽为名人之后，但是为人处世却能够平易近人，这是一个很"本分"的可敬的老人。

本分、淳朴和忠实是一种极为可贵的品质，它正像泥土一样，以丰厚的养分和坚实的基础支撑起人格的参天大树。花木扶疏，离不开泥土；事业有成，离不开本分。摒弃偏见与误解，做一个本分的人，做一个真正的本分人，于己光明磊落，问心无愧，于人海纳百川，实现人际的和谐和共赢。

《梁书·明山宾传》中记载了一位名叫明山宾的人，此人诚实厚道，在方圆百里也是出了名的。明山宾因为家里贫困，所以不得不把家里的牛卖掉。

当明山宾把牛卖掉并且收完钱的时候,明山宾突然对那个人说:"我必须要告诉您一件事,这只牛曾经得过漏蹄症,如今虽然病已经好了,但是我还是担心它以后会复发,所以,我想事先提醒你一下。"买主一听明山宾的话,本来钱已经付了,却要求退牛、退款,忠厚的明山宾竟然答应了买主的要求。

众人都笑明山宾人太老实了,但是一位隐士听说了后却赞叹明山宾说:"此人真是难得啊,如果人人都能够像他一样诚实,那世风可以重新回到淳朴。"

中国自古以来被誉为"礼仪之邦",崇尚道德风尚。淳朴、本分、忠厚不仅是一个人做人的本质,更是一种道德修养,是人们的行为准则。只有人人都具有这种修养,才能端正社会风气。奸猾、浮夸、虚伪、狂妄之徒迷失了生活的方向,被假象所迷惑。总有一天,他们会被人们识透,无论是人际关系还是生活事业都会受到阻碍。

在生活中,学会脱掉一切伪装的"外衣";学会摒弃一切贪欲、奢求和妄想;学会返璞归真,让自己的心灵过滤掉杂质,从而留下淳朴、自然、厚道的本真。真实而自然地活着,尤其是永远也不要丢失自己诚实善良的心,方能让自己的心灵徜徉于自由的天地!

6. 守住了内心的"根本",就守住了生命的厚重

老子在《道德经·二十六章》中说:"重为轻根,静为躁君。是以君子终日行不离辎重,虽有荣观,燕处超然。"大意为,厚重是轻浮的根本,静定是躁动的主宰。因此君子终日行走,不离开载装行李的车辆,虽然有美食胜景的吸引,他也能安然处之。在这里,老

子所说的"轻重""静躁"并非指物理概念上的质量轻重和运动静止，而指一个人内在的心态，即个人修养方面。厚重为轻浮的根本，静止是浮躁的主宰，就是让人时刻能保持心灵的沉稳、厚重和宁静，面对美食胜景不为之所动，在欲望、诱惑面前都能淡然处之，无论如何都能坚守住内在的"根本"，这种内心的强大和淡定，正是对厚重生命的最恰当的诠释。

舜十分看重孝，父亲不慈，弟弟不敬，但他毫无怨言，所守的就是"孝"；大禹治水三过家门而不入，守的就是"敬"；诸葛亮鞠躬尽瘁、死而后已，守的就是"忠"……每个人都应该有自己的根本，这就是人生"重"之所在，失去了这个根本，一个人就会丧失生存的目标，甚至生存的意义，成为行尸走肉、草人木偶。人生也只有负"重"前行，才能走得更稳健、更安心。

一艘货轮在海岸上卸货后返航，在浩瀚的大海上面突然遇到巨大的风暴。船员们都惊慌失措，只有老船长沉稳机智，当机立断："打开船上所有的货舱，立即往里面灌水。"

水手们极为担忧，往船里面灌水是非常危险的行为，这不是在自找死路吗？而船长却镇定地说："你们见过根粗叶盛的大树被风刮倒过吗？那些被刮倒的都是没有根基的小树！"

水手们就半信半疑地照着做了。虽然风浪依旧猛烈，但是随着货轮中的水位越来越高，货轮便渐渐地平稳了下来。船长便告诉那些松了一口气的水手们："船在负重的时候，是最为安全的；空船行驶，才是最危险的。"

船，负重则不会被打翻；人，又何尝不是？

法国著名作家米兰·昆德拉曾说："一切重压与负担，人都可以承受，它会使人坦荡而充实地活着，而最不能承受的恰恰是轻松。"生活中，一个人如果丧失了内心的坚守，活得松松垮垮、无所事事，只会消磨掉自己的锐气，钝化自己的意志，这样的人只会感到莫名的空虚、寂寞、孤独和忧愁。

坚守住内在的"根本"，不为外物所侵扰，对现代人来说，主要是指在物欲、诱惑面前，守得住内在的"清贫"；在浮躁面前，守住内心的"空静"；在失败面前，守住"淡然"；在成功面前，守住"坦然"。

电视剧《手机》中的严守一，从农村来到大城市中，因为"被推着走，跟着生活流"的生活方式，让他一步步地在婚姻和社会中迷失自我，最终在艰难的挣扎和抉择中"豁然"明白，找回了迷失的自己，找到了安放心灵的精神家园。同样在世俗物欲中迷失的教授费墨先生，最终意味深长地对电视台领导说："我们要求学生要一心一意地读书，而我们却抛却书本。"最终，他回绝了电视台的邀约，重新一心一意地回到讲台上给学生上课，做学问。

可以说，一个人如果丢失了内在的"根本"，就会在生活的各个方面迷失自我，同时也会让心灵背负许多额外的负担，劳心劳力。而唯有厚重、静定才是养身的根本，使人轻浮躁动的外欲则是害生的根源。得道君子只要能坚守内心那些"厚重"的东西，不被欲望所牵制，那么就守住了生命的厚重。在最后，老子又说："奈何万乘之主，而以身轻天下？轻则失根，躁则失君。"为何那些大国的君王要殚精竭虑、宵衣旰食地为了国家而轻视自己的身体呢？这种错误的轻重观念，躁动的行为、欲望，会让他们失去根本，最终也会丧失君位。

7. 闲适恬淡：学会"安享"生命的每一刻

清静无为是老子思想体系中的核心，《道德经·第六十三章》中有这样的观点："为无为，事无事，味无味。大小多少。"意思为以无为的态度去有所作为，以不滋事的方式去处理事物，以恬淡无味当作有味。同时，《道德经·第十六章》中讲道："致虚极，守静笃；万物并作，吾以观复。夫物芸芸，各复归其根。归根曰静，静曰复命。复命曰常，知常曰明。不知常，妄作凶。"大意为，尽力使心灵的虚寂达到极点，使生活清静安宁到极点。万物都一齐蓬勃生长，我从而考察其循环往复的道理。万物纷纷芸芸，最终都将各自返回它们的本根。返回到本根就达到了清净安宁，它们在清静安宁中又复归于生命。（循环）复归于生命就是自然的永恒规律，认识了这种永恒的自然规律就叫作聪明，不认识这种自然规律而轻妄举止，就会导致灾凶。

由此可见，老子一贯主张以清静的方式去修身养德，以无为的方式去处理万事万物，那么天下就能达到和谐无争的状态。这与儒家的"修身、齐家、治国、平天下""立德、立功、立言"是不同的。儒家热衷于入世入仕，以"为往圣继绝学，为天下开太平"为己任。然而，这并非是所有人都向往的生活，尤其是对异常忙碌的现代人来说，"清静无为"就显得更为重要了。

在忙乱的生活中，多数人可能都有这样的体会：在单位忙碌了一天回到家后，内心还是莫名其妙地会陷入一种不安的状态中。于是，开始反思：自己为何会如此不安呢？但想了许久，都找不到确切的答案。这主要是因为我们总是苛求自己不停地忙碌，以至于使忙碌深深地同化到我们的心灵深处了。

一位专栏作家曾这样描述过一个普通上班族的一天：

早上7点钟，闹铃声响起，开始起床忙碌：洗漱，穿职业套装。然后开始吃早餐，随后随手抓起水杯和工作包，急急忙忙跳进汽车，接受每天被称为上班高峰时段的煎熬。

从上午9点到下午5点工作，工作中装得忙忙碌碌，极力掩饰错误，微笑着接受着来自各方面的工作压力。当"重组"或"裁员"的斧头落在别人头上时，自己长长地松了一口气。然后再扛起额外增加的工作，不断地看表，并不断地与内心的良知做斗争，行动上却和老板保持一致，脸上时刻要挂满假意的微笑。

下午5点后，坐进车里，行驶在回家的高速公路上。开始与家人或好友相处，吃饭，聊天，看电视。

10点钟开始睡觉，以防明天因迟到被罚当月奖金。

上述这种机械、无趣的生活离我们其实并不远，很多人都与上述这位上班族一样，每天都在一片大脑空白中忙碌着，置身于一件件做不完的琐事与想不到尽头的杂念中，整天都在忙忙碌碌，丝毫体验不到生活的任何乐趣。

就这样，我们每天都在重复着这样的忙碌生活，苛求着自己，将内心的弦绷得紧紧的，生怕一停下来就被社会所淘汰。然而，麻木与紧张并非是生活的本质，面对这样的生活，我们就要抛开一切，放开内心绷紧的弦，让自己清闲下来一段时间，这样，你就会重新找到生活的意义和乐趣。

我们的人生就像是在演戏一样，往往不断追逐某些东西，为此永远不知疲惫，但在最后却突然发现，在自己匆忙赶路寻找风景的时候，却失去了感受此刻沿途最美的风景的能力。生活中的此时此地总是被我们忽略，我们在无意中就预支了"此刻的生活"。为此，我们根本感受不到生活的真正乐趣。所以，在生活或工作中，我们无须去苦苦苛求自己，要不时地停下来欣赏一下当下生活的美妙。

一个牧师在布道词里讲了这样一个故事：

上帝给我分派了一个任务，让我牵一只蜗牛出去散步。于是，我就照做了。在途中，我尽管走得很慢，蜗牛尽管已经在尽力地爬，可每次总是很久才能挪动那一点点距离。于是，我开始不停地催促它，吓唬它，责备它。蜗牛也只是用抱歉的眼光看着我，仿佛说自己已经尽力了。我恼怒了，就不停地拉它，扯它，甚至想踢它，蜗牛也只是受着伤，喘着气，卖力地往前爬。

我想：真是太奇怪了，为什么上帝要我牵一只蜗牛去散步呢？于是，我开始仰头望着天空，天上一片安静。我想，反正上帝都不管它了，我还管它干什么，任由蜗牛慢慢往前爬吧，我想丢下它，独自往前赶路。我就放慢了脚步，想将它放下，静下心来……咦？忽然闻到了花香，原来这边有个花园，我感到微风吹来，原来此刻的风如此温柔……而我以前怎么都没有体会得到呢？

我这才想到上帝叫我牵蜗牛来散步的意义。

是的，我们已经在自己的过分苛求下，习惯了忙碌的生活，这样无论如何也感受不到路途中风景的美丽。如果我们能够放下苛求，让此刻的自己松懈下来，就可能体会到生命的真谛。要想使自己停下来吗？如何才能做到呢？

你可以这样去做：从每天抽出一小时，什么也不做，前提是，你一定要找一个清静的地方，否则如果遇到了熟人，你一定不可避免地会像往常那样与对方漫无边际地聊起来。也许刚开始的时候，你会觉得心慌意乱，因为还有那么多事情等着你去干，你会想如果是工作的话，早就把明天的计划拟定好了，这样干坐着，分明就是在浪费时间。但是，你必须要将这些念头从你的大脑中赶走，坚持下去，渐渐地你就会发现，整个人都轻松多了。你会体会到这一个小时过得如此惬意，然后再做起工作来，不再会像以前那么手忙脚乱了，你可以很从容地去处理各种事务，不再有逼迫感。当然，你可以逐渐地延长空闲的时间，每天两到三个小时。一旦养成了习惯，你的生活将得到很大的改善，你就会从那种时刻都紧张的情绪中解脱出来，使头脑得到彻底的净化。

8. 人生的价值不在于长短，而在于内容

关于老子的经历，有这样一个经典的故事：

老子在年轻的时候，有一次骑着青牛经过函谷关，一位年逾百岁、鹤发童颜的老翁招招摇摇来找他。

老翁见到老子，对他略略施了小礼说道："听说先生博学多才，老朽想向您讨教个问题。可以吗？"

老子微笑着点点头。

老翁就得意地对老子说道："我今年已经 106 岁了，说实话，从年少时到现在，一直是游手好闲地轻松度日。与我同龄者都纷纷作古，他们开垦百亩良田，但是最终却没有一席之地，建了很多房舍屋宇，最终死时却落于荒郊野外的孤坟中。而我呢，虽然一生都不曾种过田，也没置办过片砖只瓦，却仍旧居住在遮风挡雨的房舍之中。先生，我现在是不是可以嘲笑他们忙忙碌碌地劳作一生，只是给自己换来一个早逝呢？"

老子听了，微微一笑，随即找来一块砖头和一块石头，放在老翁的面前，说道："如果你能择其一，您是要砖头还是石头呢？"

老翁十分得意地将砖头取过来，放在自己的面前说道："我当然

要取砖头了。"

老子抚须笑着问老翁："为什么呢？"

老翁指着石头说道："这石头没棱没角，取它何用？砖头却有用！"

老子又招呼围观的众人问道："大家是要石头还是要砖头呢？"

周围所有的人都纷纷说要砖头而不要石头。

老子又回过头来对老翁说道："是石头寿命长呢，还是砖头的寿命长？"

老翁说："当然石头了。"

老子释然而笑道："石头寿命长但却不能为人所接受，砖头寿命短，却受人们的认可，不过是有用和没用罢了。天地万物都是如此。寿命虽短，于人于天有益，天人皆择之，意念之中，短亦不短；寿虽长，于人于天无用，天人皆摒弃，倏忽忘之，长亦是短啊。"

老翁顿时大惭。

老子的这个故事告诉我们，人生在世不过几十年，碌碌无为的一生，只会让自己的生命空洞无物，让生命失去其独有的色彩。人生的真正价值和意义并不在于其寿命的长与短，而在于生活与生命的质量，在于是否能将有限的生命和时间用于不懈的追求去体现生命的价值。也就是说，一个人如果总是浑浑噩噩、无所事事地虚度光阴，丧失了理想，没有了进取之心，其生命就变得一文不值，也是亵渎了宝贵的生命。

好好活着，就得到了一天的寿命，好好过每一天，就是每天都向前看。善待生命，善待生活中的一切，使自己每天都精神充实，生活得有滋有味。这样即便使自己的寿命没有达到一个应有的长度，自己也会无怨无悔。因为自己没有虚度光阴，没有荒废时间，让生命充分发射夺目的光芒，体现出了生命的最高价值与意义。真正有意义的人生，不是以生命的长度来衡量的，而是以是否有价值而来盖棺论定的。所以，生活中，我们不必刻意去在意生命的长度，而要去关注生命的质量。生不留遗憾，死不过于悲伤，这才是多姿多彩、有质感的生命。

第二章
抛开那颗"机心"，放好一颗"初心"

　　一个人在社会中面对生活的诱惑久了，这个时候，我们就要遵循老子的"道"去做人行事，随时随地让心灵保持宁静、安详，不让"机心"出来作乱。

　　其实，人的心灵能否体验到安宁、自由和幸福，关键在于干净与否。不净则不静，不静就会为各种烦恼所困扰，生活在追名逐利的尘世中，周围弥漫着自私自利的气息，甚至有污秽肮脏的恶臭，你若同流合污，可能一时痛快，却要经受住长期的心灵煎熬，无论现实生活还是历史中，这样的教训实在是太多了。所以，做人不如向老子学习，收好一颗"机心"，放好一颗"初心"，时时保持简单、纯洁，这样的人生也自然会更快乐、更精彩。

1. 守"道"可兴，违"道"会亡

　　在《道德经》的开篇，老子首先提出了"道"的概念，即："道可道也，非恒道也。名可名也，非恒名也。无名，万物之始也；有名，万物之母也。故恒无欲也，以观其眇；恒有欲也，以观其所徼。两者同出，异名同谓。玄之又玄，众眇之门。"在老子看来，"道"

是一种玄妙且超乎人的意念而存在的万事万物的运行规律。所以说，世间万物皆有其道，天地有道，故能长存；日月有道，故能长升；君子有道，故能周行天下而不困。

其实，对于我们生活在现代社会中的人来说，生活的方方面面都是依"道"而生，依"道"而行的。人的生老病死是遵循其"道"的，衣食住行也都遵循着各种规律，社会的道德法律、规章制度，乃至本人内心的各种原则、底线都规定了我们该如何行事，如何做人，这也是"道"。人类在长期的文明积淀之中，总结、创造出了这些"人生之道"，也必须时时刻刻遵循着它们，没有这些人心就会变得迷茫，社会就会变得混乱，组织就会陷入瘫痪，个人也会迷失、不知所从。可以说，无论是个人还是组织，守"道"则可以兴，违"道"则一定会亡。

春秋时楚国的令尹子文就是一个在行动中坚持大道的人。他家中有个触犯法律的人，廷理把他抓了起来，但听说是令尹的家人就放了，子文找来廷理，责备他说："设立廷理就是要管犯王令国法的人，那些正直的人持掌法律，柔和却不屈服，刚烈却不折服，现在违背法律而把犯人放掉，作为法官却不公正，心中怀有私念，这不是说明我有结党的意思吗？你怎么能够违背法律呢？我掌握如此高的职位，是给官员和百姓作表率的，官员和百姓们有的人有怨言，我也不能免于法律，现在我的家人犯法，你因为我的缘故而放了他，那我的不公正在国家中就彰显了。我掌握一个国家的命运却让别人听到我有私心，这就违背了我所坚持的道义，不如死了。"于是他将其家人交给廷理，说："不给他判罪，我就死。"

廷理不得已判了那个人的罪。楚王听说了，来不及穿上鞋就跑去子文家中，说："我年纪小，执法官员安排错了人，让你受委屈了。"因此罢黜了廷理，而且抬高了子文的地位，让他管理内政。国家的老百姓听说了之后，说："令尹这样公正，我们这些人还有什么可担忧的呢？"

行为源于意识，意识源于信仰。你心中坚守什么样的大道，决定了你将会做什么样的事情，也决定了你将会成为一个什么样的人。遵循"道"铸就伟大的人格，注定会"兴旺"；违背"道"则会导致错误的人生追示，注定会"衰亡"。

在现实生活中我们应当如何理解"道"，如何遵从"道"？首先，我们应当敬畏道，敬畏遵从道而运作的大自然，敬畏天地间合理存在的万物，静心体会那些不可言说的宇宙奥妙，用心灵去感受世间一切；其次，我们要在异彩纷呈的生活中寻找到自己应当坚守的一些道，不因为恶劣的环境而放弃自己的立场，做到仰俯天地之间而无愧；再次，我们坚守道的同时还应认识到道并非是一成不变的，它随着时间、外部环境的改变随时发生着微妙的变化，我们在生活中应当顺应道的变化而调整自己的立场与观点，与时俱进，顺应世界潮流的发展，调整自己的心态和行为，跟上周围环境的变化，不使自己成为"落伍者"。

2. 算计别人只会害了自己

老子是主张清静无为，反对"聪明巧诈"的。他在《道德经·第十九章》中说道："绝圣弃智，民利百倍；绝仁弃义，民复孝慈；绝巧弃利，盗贼无有。此三者以为文不足，故令有所属……"在老子看来，人只有抛弃聪明智巧，人民才可以得到百倍的好处；抛弃虚伪的仁义，人们可以恢复孝慈的本性；抛弃巧诈和货利，盗贼也就没有了。圣智、仁义、巧利这三者都是巧饰，作为治理社会的法则是不够的，所以要使人们的思想认识有所归属，就要抛弃这些所谓的聪明的"机心"，减少私欲杂念，世间才能够免于各种各样的忧患。

这虽然是一则治国准则，但这种思想对当下的人们在处世方面有极深的启示。

在现实社会中，不少人都藏着一颗世故的"机心"。正所谓"机关算尽太聪明"，他们交朋友，是为了能在以后得到朋友的帮助，为了有一个良好的人际关系；做工作，拼命想升职，是为了能够获得更多的名和利；谈恋爱，是为了满足自己一时的私欲；孝敬父母，也只是为了博得一个好名声……无论做什么，都是有目的的，名利当头。像这样处处都藏着"机心"去做事，怎么会不累呢？

有这样一个故事：

1835 年 5 月 12 日，卡尔基生于法国阿尔勒小镇的一个富裕的家庭。

1966 年 5 月 12 日，是卡尔基 131 岁的生日。当记者问及她长寿的秘诀时，她却对记者说道："人要乐善好施，千万别琢磨人，算计人！健康是福，是最大的财富，花几百亿也买不来一天的寿命！"

同时，卡尔基还向他讲述了一个她亲身经历的故事：

那是在她 100 岁的时候，一位不速之客找到她，此人叫拉伯莱，是法国有名气的法律公证人。他每月非要给卡尔基一笔 3000 法郎的养老金，让卡尔基安享晚年。这使年迈的卡尔基喜出望外，不过她心想，天上真的能够掉馅饼吗？世间哪有这样的好事情呢？在卡尔基的一再追问下，拉伯莱终于说出了自己的想法，养老金不是白给的，卡尔基去世后，她祖先留下的那幢房子要归拉伯莱所有。卡尔基微微一笑，便答应了，并到公证处做了公证。

当年的拉伯莱年富力强，年仅 47 岁。他的如意算盘是：百岁的卡尔基再活七八年可能也就要走人了。

贪心的拉伯莱每天都企盼着卡尔基赶紧能死去，但卡尔基却一直健康如常，而且越活越带劲儿。但工于心计的拉伯莱却郁郁寡欢，健康每况愈下，终于在他 77 岁的时候，患心肌梗死而一命归西。到拉伯莱死时，三十年间他先后给拉伯莱的近百万养老金，高出当时的房价 3 倍之多。

卡尔基老人在得知拉伯莱的死讯时，伤心地流泪，十分惋惜地说道："他有很高的文化，可惜这么聪明绝顶的人怎么也会做亏本生意的呢？"

人们总是太过在意人生的种种得与失，拿着一颗"机心"算计别人，结果只会害了自己。所谓的"机心"，就是世故心、势力心，机心的恶性蔓延，会让人们的生活远离了原始的天然的快乐和愉悦，每人都戴着一张"面具"处世，最终受伤害的却是自己。所以，在任何时候，我们都要舍弃自己的"机心"，拿着它去算计别人，在做任何事情前去估价自己的付出，如此这样算计来算计去，最终只会害了自己。

3. 慧眼一双不如明心一颗

老子在描绘"道"时，说："视之不见，名曰夷。听之不闻，名曰希。搏之不得，名曰微。此三者不可致诘，故混而为一。"看不见，叫无象；听不见，叫无声；摸不着，叫无形。这三者不能穷其根本，所以统归于道。看、听、感觉，都属于人体的官能，老子从官能的角度来讲述"道"的玄妙，这个对于我们的做人处世之道很有借鉴。

王者设官治世所谓的"官",其定义有两种:从政治制度来看,官者,管也;从政治哲学来看,官,犹如人体的官能,所谓五官百骸,各有所司,各司其政,辅助中枢。辅助头脑最得力的官能,莫过于眼目的视力、耳朵的听觉以及全身的触觉所及的亲民之官。自古及今,无论是君主专制,还是自由民主,"官"的定义始终不外乎这一原理。

但是"官"之能始终是有限的,目之所见,耳之所闻,触之所觉,心之所思,不是放在任何地方皆准的。晏子说:"一心可以事百君,三心不可事一君。"《淮南子》说:"两心不可以得一人,一心可得百人。"身居上位的领导,必须注重诚意、正心的自养,而戒慎偏信耳目的不当。也就是说,慧眼一双,不如明心一颗,眼见不一定为实,耳听不一定为真,我们要透过事物的现象看本质,别轻易被眼前的现象所蒙蔽。

眼见不一定为实,有时候,我们连自己的眼睛都不能够相信。因为眼睛看到的只是表面的东西,它代表的不一定就是真相。身居高位,应该摒弃耳目的侵扰,不为自己的主观情感所左右,也不应该只记得一个角度的"偏见",而是应该客观理性地筛选信息,这样才能避免犯下过多的错误。

汉光武帝手下有一员战将叫冯异,不仅英勇善战,而且忠心耿耿,品德高尚。当刘秀转战河北时,屡遭困厄,一次行军在饶阳滹沱河一带,矢尽粮绝,饥寒交迫,是冯异送上仅有的豆粥麦饭,才使得刘秀摆脱困境。首先建议刘秀称帝的也正是这位忠心耿耿的冯异。他治军有方,为人谦逊,每当诸侯将领相聚,各自夸耀功劳时,他总是一人独避大树之下,因此人们称他为"大树将军"。冯异长期转战于河北、关中,甚得民心,成为刘秀政权的西北屏障。这自然引起了同僚的妒忌,于是一些官员一再上书,请求调冯异回洛阳。

此时，刘秀对冯异的确也不大放心，更何况"三人成虎"，光武帝唯恐冯异功高盖主，内心也开始怀疑冯异的忠诚。

不过，光武帝毕竟是位明君，他经过深思熟虑之后，最终还是无视周围官员的诋毁，决定继续重用在西北地区举重若轻、缺之不得的冯异。为了解除冯异的顾虑，刘秀还把一个官僚告发的密信送给冯异。冯异上书自陈忠心，刘秀回书："将军之于我，从公义讲是君臣，从私恩上讲如父子，我怎会对你猜忌？你又何必担心呢？"

老子的智慧余音提醒我们，做人做事不能仅仅凭自己所见所闻就对事物武断地下评判，而是更应该用心去思考，透过复杂纷繁的现象世界，来看世事，千万不能让自己的心局限于耳目之所见闻。在道家看来，这不是一个心量宽大、眼界高远的人所应当有的行为。

不可否认，我们的周围有太多的诱惑，虽然我们不能靠一颗"明心"事事都能通透明白，但至少可以做到"凡事多思考，多问几个为什么"，只有这样，才能避免被各种假象所蒙蔽，造成不必要的误会，甚至灾祸。

4. 学会"拿"，更要懂得"弃"

"无为而治"是老子的思想精华。《道德经·第四十八章》中有曰："为学日益，为道日损，损之又损，以至于无为。无为而无不为，取天下常以无事。"在老子看来，"求学"是为了获得更多的外在的经验、知识和智慧，这些知识积累越多，所以那些大儒才日复一日地求新、求知，还要"时习之"。而"求道"则完全不同，为道者应该每日减少自己的主观妄念，力求达到虚空、平静，如此才能得"道"，才是真正的大智慧。

29

在这里，老子其实是向人们阐明了一个"拿"与"弃"的道理。"为学"就是让人们不断发现新知识、新事物以及新变化。"为道"就是不断思考这些事物的本源，思索万物变化的基本规律。"为学"，即了解的知识太多会让人产生更多的想法、欲望，这样人就很容易在茫茫的现实世界中迷失自我，而"为道"所进行的思考、反思，就是为了防止人们迷失，让人们不背离自己的根本。就像放风筝一样，"为学"使之高飞，"为道"使之不脱离绳索的牵引。

其实，外部的经验与内心的虚空，看似矛盾，实则是相辅相成的。我们常说一个人"经历沧桑，却保持一颗童心""看尽花开花落，任由云卷云舒"，就是这样的一种和谐与安定。在生活中，我们既要"拿得起"，即"为学日益"，又要懂得"放得下"，即"为道日损"，如此才能使人生在获得洒脱的同时，又不至于在滚滚红尘中迷失方向。

这种理念给我们当下的人也有着极深的启示。在快节奏的都市生活中，当我们的心灵被太多的人事纷扰、欲念、烦恼、竞争等繁杂所占满的时候，不妨学着"损之又损"，及时"舍弃"，学会放空心灵，才能"无所不为"。

一位企业家每天都将自己的生活安排得满满的，为了使自己的企业能尽快上市，他每天都忙着应酬，忙着参加各种各样的管理培训课程，忙着筹建公司下一步的扩张计划书……终于有一天，他觉得自己的内心已经被塞得满满的了，一种无形的压力让他感到喘不过气来。

在一个星期天，他终于推掉了所有的应酬，取消了所有的会议安排，只身一个人背着旅行袋走上了旅程。临行前他告诉家人，不要问他要去什么地方，也不要问他什么时候回来，因为他也不知道自己去哪里，什么时候能回来。他只是想放空自己，做一点自己最想做的事情。

于是，这位企业家只身一人去了南部的一个小村庄，去体验一种全新的生活。在那里，他做着各种各样的工作，到农场去打工，到集市上的饭店给人刷盘子，和农民一起在田地里做工，他背着别人到墙角落里抽烟，望着远处的山峦，他感受到了一种前所未有的愉悦。

两个月后，在归家的途中，他还做了一件有趣的事情：他在一家餐厅找到一份刷盘子的工作，只干了四个小时，老板就把他叫了过来，给他结了账，并对他说："可怜的人，你刷盘子刷得真是太慢了，你被解雇了。"于是，这个"可怜的人"重新回到公司，回到自己熟悉的工作环境中，却觉得自己以往再熟悉不过的东西都变得新鲜有趣起来，工作也成为他的一种全新的享受。

最后，他给自己的下属讲起这两个月的经历感叹道："那两个月的经历就像是一个淘气的孩子搞了一些恶作剧一样，新鲜而刺激。并且有了这次经历之后，一切在我眼中就如同儿童眼里的世界，一切都充满了乐趣，也不自觉地清理了原来心中积攒多年的'垃圾'。"

在喧嚣的尘世中"为学"久了，心中难免会被烦躁、压力等填满，这个时候，就要懂得舍弃，学会"放空"自己，正如老子所倡导的，力求减少内心的主观妄念，达到虚空、平静的状态，让自己以更好的姿态去面对生活中的一切，这就是我们生活中所说的"空杯心态"。

拥有空杯心态，一切从零开始，其实就是一种虚怀若谷的精神。有了这种精神，一个人才能在人生的道路上越走越远。如果你一味沉浸于以往的成功、荣誉、辉煌、掌声或成绩中，就难免会迷失自我。同样的道理，如果你太过于在意昔日的失败、无能、平庸或污点的话，只会使自己裹足不前；如果能不断地学会，并且放空自己，那就是真正地做到老子所说的"为道日损，损之又损"的至高的人生境界了。

5. 物"空"可纳万物，心"阔"可成大业

何为"道"，老子在《道德经》中，曾不止一次地提及"道"即为"虚空"的说法。《道德经·第四章》中讲："道，冲而用之或不盈，渊兮似万物之宗。挫其锐，解其纷，和其光，同其尘。湛兮似或存。吾不知谁之子，象帝之先。"在老子看来，所谓的"道"是空虚无形的，但它的作用又是无穷无尽的。它好像是万物的本源，消磨它的锋锐，消除它的纷扰，调和它的光辉，混同于尘垢，隐没不见，但又好像实际存在。在这里，老子为我们描绘了一个"宏大虚空"的道的概念。

道冲，故而能用之而不盈，它广阔无边，故能囊括万物，无所不包。这里所谓的道是"空"的，它是万物的主宰。"空"是中华文化的精华：杯子空了，才能盛纳万物；腹地低了，才能容纳百川；人的心胸空阔了，才能容人所不能，怀天下万事，成不世之功。

《道德经·第五章》中也提及："天地不仁，以万物为刍狗；圣人不仁，以百姓为刍狗。"即为天地没有好恶的意识，圣人对百姓（所有的人们）也是平等的，没有喜爱或是憎恨某一部分人。在老子看来，大爱无声，大道无疆，所谓的"大道"是一种非常阔大的心胸。人的心如果能够像虚空一样，能容得下万事万物，而且万事万物在他的心中都是平等的，这样的人就是老子所谓的圣人，这样的人也是无所不能、无事不成的。

春秋时期，恰逢楚王的大寿之日，于是楚王请了诸多大臣前来喝酒助兴。席间有美女载歌载舞，桌子上摆满美酒佳肴，屋子里烛光摇曳。楚王看到如此热闹的场景，兴奋之际还命令他最受宠爱的

美人许姬向各位大臣敬酒。

一时间所有的人都沉浸在热闹的气氛当中。这时候，突然一阵狂风刮来，把所有的蜡烛都吹灭了，屋子里漆黑一片。这时，席上一位官员乘机摸了一下许姬的手。许姬一甩手，扯了他的帽带，然后匆匆回到位子上，并悄悄地告诉楚王："大王，刚才台下有人调戏我，情急之下我扯断了他的帽带，你赶快叫人点亮蜡烛，看看到底是谁没有帽带，就知道是谁欺负我了。"

楚王听了，非但没有命令手下人点燃蜡烛，而是大声地向各位臣子说："今天晚上我只希望在座的所有人都开心，也希望与各位一醉方休。现在，我请大家把帽子都脱了，今晚我们痛饮一场。"众人们都拍手叫好，也不再拘束自己了，纷纷脱去了帽子。这件事就这样过去了。

后来，楚王率兵攻打郑国，其中有一名健将独自率领几百人，为三军开路，一路过关斩将，直通郑国的首都。后来才知道，这个人就是当年调戏许姬的那名大臣。原来当楚王替他解了围时，他就一直想回报楚王，并发誓今生只效忠于楚王一人。

故事中的楚王如果跟那个官员剑拔弩张，甚至大动干戈，他们之间就很可能产生一道难以逾越的鸿沟，甚至还有可能成为敌人。但是楚王没有那么做，而是容了天下难容之事，宽容地对待了那位官员。

回顾一下历史，齐桓公能够不计管仲一箭之仇，任用管仲为宰相，让他管理国政，最终成就了霸业；李世民能够不计当年魏征曾劝谏李建成杀掉他的前嫌，又重用了魏征，最终统一了天下。设想一下，如果这些霸主没有大度量，当时那些身怀聪明才智的谋士们能有几个愿意为其效力呢？也许他们可以凭借当时的权贵成名，但终究是难以成为有用之大器的。

战国时期，赵国有一个叫蔺相如的大臣，由于屡次护驾有功，深得大王的器重，所以官职一路上升。这便引起赵国大将廉颇的忌妒与不满，便处处与蔺相如作对，扬言一定要使他难堪。但是，蔺相如在面对廉颇一次次的无理取闹时，只是笑而避之。这让其他大臣为此大惑不解，蔺相如只说了一句："先国家之急而后私仇。"没过多久，这句话便传到了廉颇的耳朵里，也正是这句话使得廉颇瞬间消除了对蔺相如的偏见，从而有了"负荆请罪"这个故事。廉颇对于蔺相如如此宽宏大量而深感惭愧，从此两人成为至交，一起为赵国效劳。

所以说，学会放大自己的心胸，于人于己都是十分有益的。认识到这些，你再回首就会发现，当初让我们觉得天都要塌下来的许多困难，在现在看来只不过是一些鸡毛蒜皮的小事而已；当初那些让人感到快要窒息的斥责，现在看来也显得极为可笑了；过去那些令自己万分痛苦的事情，现在也只是供自己茶余饭后闲聊的一个话题罢了……一切的一切不都过去了吗？再痛苦、再不幸也只是生命的一个片段而已，只要把心灵放大一些，不要将那些不快留在我们的眼前与心中，一切都会成为永远的过去。

所以，不要太去计较眼前的一些痛苦和烦恼，那只会缩小我们的内心，心小了，如何能遵循大"道"，如何成就一番大事呢？

6. 无道之德，如无源之水

老子的《道德经·第二十一章》中提出："孔德之容，惟道是从。道之为物，惟恍惟惚。"在这里，老子认为真正的大德都是依从于道的，而不是那种生搬硬套的仁义，也不是对世间万物"妄为"

的干扰。

"孔德之容，惟道是从"，"德"是由"道"衍生而出的，只有符合于"道"的"德"，才能称为"德"，只有符合于"道"的行为，才能称为"有德"，可惜很多人不明白这个道理，以致成为错误的守卫者、牺牲者，至死都以为自己是有德的。

中学语文课本中有一篇《自然之道》的文章，几位旅行者到南太平洋的加拉巴哥岛去旅行，顺便观察海岛上的海龟离巢进入大海的活动。当他们看到最先出现的小海龟惨遭食肉海鸟啄食后，心中产生了怜悯之心，于是帮助这些小海龟进入了大海。可是接下来出现的一幕惊呆了所有的人，无数的小海龟从藏身的沙滩中涌出来，向大海爬去，等在周围的鸟类一拥而下，失去庇护的小海龟惨遭杀戮。

原来，最开始出现的那些小海龟是"侦察兵"，外面危险多的话他们就会返回巢穴，从而警告海龟群：还未到可以全面进行的时机。但因为旅游者的怜悯之心，使海龟群得到了错误的信号，以为外面的危险都不存在了。他们本想做好事，帮助小海龟，却造成了一个愚蠢的后果，导致成千上万海龟的丧生。

真正的"德"是依从和符合大"道"的，而不是仅指人的"仁义"之心。无道之德，如无源之水，即便是你怀有"忠""勇""仁""义"之心，但也算不上是真正的"德"。

商朝末年，帝辛无道，骄奢淫逸，残害百姓，国中很多大臣见到国君如此，纷纷逃往别国，就连帝辛的哥哥微子都逃奔了周。有一对父子却对纣王忠心耿耿，就是飞廉、恶来二人。据记载，他们两人都具有勇力，而且行动敏捷。在商朝未败时他们侍奉纣王，在商朝败亡时恶来力战而死，飞廉当时不在朝歌，当他听闻了纣王已死的消息后痛不欲生，自杀殉国。

　　飞廉、恶来二人对于商朝可以说称得上忠心耿耿了，但即使提倡忠君思想的儒家，也将他们看作乱臣贼子，这是为什么呢？就是因为，他们虽然符合"忠"的道德，却不符合"道"的原则。

　　这两个故事看似无关，却都说明一个道理，就是"德"应该顺从于"道"，这样才能称为德，否则讲"道德"就会成为无源之水。旅行者违背了大自然的规律，来纵容怜悯之心，造就了一场小海龟的灾难；飞廉、恶来二人违背了"国以民为本"之道，将忠诚奉献给一个暴君，最终留下了千古骂名。

　　世界就是这样的，它有自己的规律——即"道"，很多人类却不能认识到这一点，他们从"仁义礼智"出发，总是想根据自己的意志来创造一个所谓的圣人之国，但结果往往事与愿违，反而给世界和自己造成伤害。所以说，"德"一定要先符合"道"即自然规律才能施行，不知"道"，一味地讲"德"就会变成乱德、害德。

　　这对现实生活中的我们也有启示。生活中，我们经常以"爱"之名去束缚孩子的自由、选择或天性，以"爱"之名去猜忌爱人，给对方带来痛苦、烦恼等，这都是无道之"德"，我们要学会弃之。

7. 秉承纯真朴实的本性，坚守鲁直憨厚的人格

　　《道德经·第三十八章》中说："大丈夫处其厚，不居其薄；处其实，不居其华。"概括起来就是讲做人应该"处厚不薄，处实不华"，具体意思是说为人处世应该抱朴守拙，返璞归真，保持自己纯真朴实的本性，坚守鲁直憨厚的人格。

　　秉承纯真朴实的本性，坚守鲁直憨厚的人格，就意味着要遵从人间的道德法则，不为外界的任何诱惑而改变自己的本色。

杨震是东汉时期的太尉，为官极为清廉，从来不为己谋私，更不贪财，是中国历史上官员的楷模。

有一次，杨震从荆州刺史调任东莱太守，在赴任的道路上，经过昌邑，遇到了他在荆州刺史任上曾经举荐过的官员王密，当时的王密任昌邑县的县令。王密为了报答杨震的知遇之恩，特地准备了十两黄金在晚上去拜见他，结果却被杨震退了回来。

王密自己觉得，杨震可能是因为不好意思，为了表达自己的诚意，于是，就在第二天晚上又一次拿着黄金去拜见杨震，结果又被杨震退了回来。

杨震对他说道："我和你是故交，看到你有才能，我才举荐你，我很了解你的为人，而你却不了解我的为人。"王密这样说："现在夜深人静，根本没有人知道这件事情啊！你为何不收呢？"

杨震立即说："天知，地知，你知，我知，怎么能说无人知道呢？"王密羞愧难当，很是佩服杨震的为人。杨震也因为自己的清廉，最后做了大官。

质朴、正直、憨厚这是世界的本色，没有一点功利色彩，就像花儿的绽放、树枝的摇曳、蟋蟀的轻唱。它们只凭内心的召唤，秉承良知的拷问，在任何时候都不会因物欲而动摇自己那颗光明磊落、纯洁质朴的心，这才是做人的最高的修养，也是一个人让自己人生畅通无阻的"通行证"。

金亮是百货商店的推销员，他每天的工作任务就是按照老板的吩咐去为顾客介绍产品的优点和缺点。

有一天，有一位顾客光临，金亮在介绍优点的同时也介绍了产品的缺点，顾客听完之后，没说什么就走了。老板知道后，很是生气，决定辞退他。正当金亮带着私人物品要走出门外的时候，那位顾客又回来了，身后还带了一些人，这些人都准备要购买他的产品

——他们都是冲着这位推销员来的，因为金亮是一个正直的人，这样的人是值得信赖的。

憨厚正直意味着讲道德并且遵从内心的良知。一个正直的人会在适当的时候做该做的事情，即便是没人看到或知道，但是只要在你的身上有正直的光芒闪耀，成功便会顺着光芒找寻到你！

"纯真朴实、鲁直憨厚"是道家所推崇的一种优秀品质，也是中国后来武侠作品所推崇的品格。《射雕英雄传》中憨厚朴实的郭靖，《天龙八部》中呆头呆脑、毫无心计的虚竹，他们老实本分，看起来像个榆木疙瘩，但他们却懂得感恩，诚实守信，待人真诚，对人从不设防，也未有过害人之心，所以很容易赢得他人的信赖和帮助。江南七怪为了调教郭靖，教给他真本领，贡献了自己的下半辈子，全真派道士不远千里，不厌其烦地手把手地教他真功夫，其他高人甚至连九阴真经、降龙十八掌这样的真本事，都无一例外地传授给他。虚竹同样也是如此，逍遥派掌门无崖子不遗余力地将自己毕生的内功全部传授于他，让他成为逍遥派掌门。后来又被天山童姥强迫传授武功，又在无意间得到李秋水的内力，亦被传为灵鹫宫宫主。

当下，我们生活在纷扰的世界中，在追求和前进的过程中，心灵难免会被"浮华"所浸染，这个时候，我们要学会及时擦拭，保持原有的那份单纯朴素和正直憨厚的品质。这是一个人行走于社会的"通行证"，有了它，你的人生可能从此"畅通无阻"。

8. 甘于平淡才是真

老子崇尚"清静无为"的思想理念，在其著作中，他曾多次让人抛却外界的纷杂，保持内在的纯净和清静。"五色令人目盲，五音令人耳聋，五味令人口爽"，以及"乐与饵，过客止。道之出口，淡乎其无味。视之不足见，听之不足闻，用之不足既"，这些都强调了外界纷扰是内心疲惫的原因，真正的大道是无味、无声、无色的，是平淡无奇的，但它的作用却是无穷尽的。这也在向我们阐明这样一个道理，无论是人生还是生活，平淡的反而都是坚持到最后的，都是无所不能的。比如空气、水、阳光等都是平常无奇、淡而无味的，但其作用却是持久的，也是最重要的。相反地，像别墅、汽车、金钱、珠宝……这些看似光彩夺目、诱惑人心的繁杂的东西，却会让人劳心费力，还有可能会给你带来意想不到的灾祸。所以说，平淡是人生的真滋味，甘于平淡也是人生的一种至高的境界，也是老子所倡导的一种生存方式。

年轻的时候，我们都渴望自己的生活能涌起各种各样的波澜，殊不知，平淡才是人生的基调，是生命的真实的存在方式。一位饱经沧桑的哲学家说过这样一句说："年少的时候，总深觉得人生应该像大海一样波澜壮阔，才不枉走一生。但经过几十年的风风雨雨之后，才恍然大悟，人生中精彩的事情占5%，痛苦的事也占5%，剩余的90%则全部都是平淡。只可惜，人们往往会为了那5%的精彩而整日劳累奔波，为了那5%的痛苦而不停地怨天尤人，却忘记了在这90%的平淡中享受生命的快乐与幸福。"作家杨绛在耄耋之年也曾感叹道："我们曾如此渴望命运的波澜，到最后才发现，人生最为曼妙的风景，竟是内心的淡定与从容；我们曾如此期盼外界的认可，到最后才知道，世界是自己的，与他人毫无关系。"可见，平淡才是人生的真谛。

弘一法师，俗名李叔同，清光绪年间生于富贵之家，前半生享尽了荣华富贵。长大后成了一位才华横溢的艺术家。他集诗、词、书画、篆刻、音乐、戏剧、文学于一身，他将中国古代的书法艺术推向了极致，文学大师鲁迅和郭沫若等人以得到他的一幅字画为无上的荣耀。他也是向中国传播西方音乐的第一人，他所亲自创作的歌曲《送别》虽历经几十年传唱仍经久不衰，成为经典的名曲。他凭着自己在艺术上的极高的造诣，先后培养出了漫画家丰子恺、音乐家刘质平等文化大师。

但是，正当他盛名如日中天，正享荣华之时，李叔同却到虎跑寺削发为僧了，号弘一。出家后，他一日只食一餐，而且不吃菜心、冬笋、香菇等蔬菜，理由是这些菜的价格比其他素菜的价格要高出几倍。身上除了单衣破衲，一肩梵典外，再无长物，从来不受人施舍。挚友与弟子们供奉的布施，也被他全部用来印佛经了。由于他一心向佛，最终成为德高望重的律宗第十一代世祖。

弘一法师的一生可以精练地概括为"绚烂之极归于平淡"。平淡是一个极高的境界，也是最为真真切切的生活。平淡不是懦夫的自暴自弃，而是智者的胸有成竹；不是看破红尘后的心如死灰，而是经历风雨后的大彻大悟；不是碌碌无为的得过且过，而是从容处世的潇洒自信。平淡的生活是一种安逸、幸福的生活，它没有喧嚣的嘈杂，没有世俗的烦恼，更没有填不满的欲望，有的只有一份从容、一份平淡，淡淡的快乐，淡淡的宁静，在淡淡中享受生活的真谛。

当然，平淡不等于贫乏，平淡也不等于平庸，平平淡淡者，必先心态平和。一无所有者，为生存而奔波，谈不上心态平和，也就无从体会"平平淡淡才是真"的人生意境；碌碌无为，缺乏眼界和胸襟，心态虽"平"，却未必能"和"，总会有这样或那样的"不甘"，所以，也到不了"平平淡淡才是真"的境界，真正拥有此境界者，必是有大成者。陶渊明归隐田园，执杖耕耘，临流赋诗，安心做乡村野老，"采菊东篱下，悠然见南山"，是最经典的平平淡淡；唐代诗人刘禹锡蜗居陋室，敞阳台以迎朝霞，闭门扉而拒纷扰，是最率真的平平淡淡。所以，在生活中，我们要甘于平淡，因为平淡不仅是生活的本质，而且还是一种极高的精神境界。

9. 信不足焉，有不信焉

《道德经·第二十三章》中言："信不足焉，有不信焉。"其大意是说，如果你的信誉不好，别人会经常不信任你。信誉是什么？是大家对你的看法，是大家对你的信任度。

一个人如果为了自己的利益便经常欺骗大家，也许第一次可以得逞，但是久而久之，众人便会发现你的"狐狸尾巴"。如此，你的信誉度便会下降，甚至会毁于一旦。

古人说："德无信不行，人无信不立"。"信"是"德"的基本标准和标志，"信"是"道"与"德"的重要部分。"信"是前提，只有有了"信"，"道"与"德"才会守护万物、作用于万物。

做人更是要讲究诚信，拥有诚信的人才会得到别人的信任，才会有良好的人际关系，才能让自己在社会中立足，最终才能取得辉煌的成绩！

"言必信，行必果""一言既出，驷马难追""精诚所至，金石为开"等俗语，充分说明了诚信的分量有多重、人们对诚信的重视程度有多深。无论是个人还是集体，都必须要看重诚信，实践诚信。在一定意义上说，诚信是通往成功之门的一把钥匙。

有一位顾客来到了一家汽车维修店，这位顾客打量了汽修店一会儿，便笑着对店主说："您好，我有一笔生意想跟你做，想必你会答应的。"

"请您讲吧。"店主诚恳地说道。

"我是一个运输公司的汽车司机，以后我都会在你这里进行汽车维修，不过你要在账单上多写点东西，让我回去向公司报销，这样我就可以赚点外快，当然只要你帮了我的忙，少不了你的好处。"这位顾客笑吟吟地说道。

店主听了他的话，没有欣喜，反而冷冷地拒绝了。

"你这是怎么回事？我会经常来的，而且这不是一笔小生意，只要我赚了，你也会赚。这不很好吗？"顾客再一次说道，但是店主还是毫不客气地回绝了。

顾客简直不敢相信眼前的这个瘦削的店主哪来的那么多硬骨头，他气急败坏地嚷道："我看你简直就是脑子坏了，这么好的事情摆在面前，你反而拒绝了。"

谁知，那个瘦削的店主也发火了，让这位气焰嚣张的顾客滚出去。

但是，顾客并没有离开，而是伸出手换了一种语气说道："我很敬佩你，先生。其实我就是那家运输公司的老板。实在抱歉，刚才我只是对您做了一个试验。我一直在寻找一个稳定的、能够信得过的汽车维修店，今天，我终于找到了。您还让我去哪里找呢？"

店主面对眼前的诱惑，能够心胸坦荡，保持着一颗淡泊之心，实在令人敬佩。他的身体虽然瘦弱，但是他那闪光的品格却一点也不"瘦弱"，而是厚重的诚信。

古时候，有一个商人有一次出门做生意，在过河的时候船沉了，商人掉进了河里，幸好他抓住了一根大木头没有被淹死。商人拼命地呼救，最后，终于被一个渔夫发现了。商人见了渔夫急忙喊道："我是一个富商，你如果救我一命，我会给你100两黄金。"渔夫听了，便把商人救了上来。

但是商人上岸后，便翻脸不认人了。他不想守信用，只给了渔夫 10 两黄金。渔夫怪商人不守信用，商人却说："我给你的 10 两黄金已经够你用一辈子了。你一个以打鱼为生的渔夫，恐怕捞一辈子的鱼也挣不来这么多钱。你还不满足呀?"渔夫听了便愤怒地离去了。

时隔一年，商人又一次路过这条河，不幸船又翻了，正好渔夫跟同行的几个人看到了，有人想过去救人。渔夫便把去年被骗的经历告诉了他们，于是没人再想去救商人。这样商人便被河水淹死了。

这个故事如同《狼来了》的故事，如果你把别人的认真当成儿戏来玩弄，那么以后真的遇到了困难就没有人会信任你了，最终也会被自己的行为所戏弄！因为别人被你骗多了，便不会再信你，你的一次不守信用，便会失去别人对你永久的信任！

诚信能够让人获得很高的赞誉，诚信能够让人信服于你，诚信也能够给你带来巨大的精神收获！一个人如果能够诚实守信，自然得道多助，有时甚至可以解救生命之危；如果是为了贪图一时的小恩惠或者小赢利，便失信于人，日后必定会带来很多不便，甚至让自己的声誉毁于一旦。

诚信体现了一个人的修为。生活在这个世界上，我们只有拿出自己的诚意才能换取别人的认可，只有以诚待人才能拥有生活的阳光和欢乐的氛围，只有诚信做事才能在激烈的竞争中立于不败之地！所以诚信是一个人的立身之本，只有拥有诚信我们才可能取得成功！

10. 坦诚相待，以真示人

老子曾说："唯之与阿，相去几何? 善之与恶，相去若何? 人之所畏，不可不畏。"这几句谈到了做人的道德最高修养的标准。在汉语中，"唯"与"阿"这两个字形容人们说话的态度，意思就是"是的"。

同样的意思，用不同的方式和态度表示出来，便是不同的感觉。"唯"给人的感觉是诚恳、坦诚，以真示人；"阿"则是阿谀奉承，虚伪假装地迎合。

一个人的言行举止充分体现出他的内心世界和处世之道。芸芸众生，很多人唯唯诺诺、曲意逢迎，做出一些令人不齿的事情；那些能够坦诚相待而且还能推心置腹的人，无论在言行还是神态上都会让人觉得赏心悦目，内心敞亮，充满阳光和朝气！

北宋词人晏殊，是一个心胸坦荡的人，并且以诚实著称。晏殊在小时候，非常聪明且有才华，吟诗作赋，样样都会，人们都称他为"神童"。在晏殊14岁的时候，有人把他举荐给了皇帝。皇帝想要考考晏殊，便让他参加了一场一千多人的考试。试卷发下来后，晏殊发现考题正是自己半个月前已经练习过的。于是他便向皇帝如实禀告了，并要求重新换题目。皇帝非常赞赏他的诚实品格，便赐给晏殊"进士出身"。

后来晏殊在朝为官，帮助皇帝打理政务。当时，北宋国泰民安，天下太平，社会呈现出一片祥和之貌。于是，京城里的大小官员们都想出一些方法游玩，或是一家老少到郊外游玩，或是群臣举办各种宴会互相邀请。但是晏殊家里比较贫穷，没有多余的钱拿出来吃喝玩乐，他只好待在家里一心一意地读书作诗。晏殊的这一举动被皇帝看在了眼里，于是提拔他为东宫官，让他陪皇子们读书。

有些大臣不能理解皇帝的这一举动，便提出了反对的意见。皇帝说："朕听说近来大臣们都结伴游玩作乐，花费大好时光，只有晏殊闭门学习，可见他是一个多么自重、上进好学的人，有这样的人陪着太子读书，朕很放心。"大臣们听了便哑口无言了。

在一旁的晏殊却谦恭地说道："多谢皇上能够如此器重我。其实，我也是个喜欢游玩的人，只是因为家里贫寒，没有多余的钱宴游。如果我家境充实，我也会同众臣们一起享受大好时光了。"

晏殊说完了后，大臣们都唏嘘一片，想着他肯定要被皇帝责罚了。谁知，皇帝不仅没有责罚他，还夸赞道："晏殊呀，你的诚实品格真是让朕敬佩万分，你能如此坦诚相待，以真示人，实在是难能可贵呀！"

从此以后，皇帝对晏殊更加信任了，经常对他委以重任。群臣对于晏殊的品格也是赞叹不已。

晏殊没有曲意逢迎，而是大胆地说出了真实的情况，表现出了坦荡的胸襟，实在是令人敬佩。反观今天的社会中，有多少人能够脱掉虚伪的外衣，表现出自己真实的一面呢？他们总是戴着面具活在虚幻中，感受不到一点真实的存在！

我们经常说，人与人之间需要坦诚相待，朋友之间更是如此。朋友之间没有真诚，便无法交心；人与人之间没有真诚，便无法相处。

北宋著名文学家苏轼有这样两句名言："吾上可以陪玉皇大帝，下可以陪卑田院乞儿""眼前见天下无一个不好人"。前一句意思是说：我这个人可以交到高高在上的玉皇大帝为朋友，陪他聊天，也可以和平民百姓家的小儿在院子里玩耍。后一句意思是：我觉得眼中看到的没有一个不是好人的。苏轼为什么能做到此事呢？这跟他"坦诚待人，以真示人"的态度和品格是分不开的。

苏轼在黄州时朋友非常多、非常广。这并不是因为在黄州与苏轼志同道合的士大夫非常之多，恰恰相反，在这个地方真正与苏轼能够共同畅言的大儒没有几个，而是因为苏轼在交友时，不计较地位高下、个性差异，只觉得轻松愉快就行，最重要的是他对待每一个人，都能够坦诚相待，以真示人。

人与人交往，需要敞开心扉，坦诚相待，彼此之间才会产生信任，进一步盛开友谊之花。苏轼的豪爽和真诚一直以来受到人们的敬佩，他的真诚态度赢得了很多人的友谊。后来苏轼在政治上危难之际，有很多朋友冒着杀头之罪站出来帮他，才使他化险为夷。

生活中很多实实在在的例子都证明，但凡取得成功的人绝大多数都拥有坦荡的胸襟和坦诚待人的好习惯。这就很好地说明了，一个人无论在哪个方面有所突破，都必须有一颗真诚的心，这是成功的先决条件！

人是不能离开群体而独自生存的，团结才能力量大，很多事情不是一个人就能完成的，一己之力毕竟改变不了什么！其实，不管是事业上的成功，还是在生活中、感情中，人们都要怀着一颗真诚之心，敞开心扉，以真诚示人，才能同样换来别人的一颗真心。

第三章
做人应如"水"，利万物而不争

　　"上善若水，水善利万物而不争"，这是老子思想的精华之一。意思是说，最高境界的善行应该具有水的品性：至善、至柔、至净、至容，能润泽万物而不争名利。水能让万物顺畅，让青山更显苍翠，让空气更加洁净，让心灵滋润而灵动。同时，无所求、不矛盾、不冲突而悄悄地润泽整个世界，这就是水最大的德行和境界。做人如果能像水一般能效法自然之道的无私和高尚的品德，做到像水一样能在不同的环境中改变自己的形状，以适应各种环境，同时又以海纳百川的胸怀和气度包容一切，以以柔克刚的聪慧、灵活平和地去应对世间的一切人事与物，那么，一定会成为一个"无所不能"的人。

1. 做人如水：无欲无争

　　在自然万物中，老子最赞赏的就是水。其在《道德经·第八章》中讲："上善若水。水善利万物而不争，处众人之所恶，故几于道。居善地，心善渊，与善仁，言善信，政善治，事善能，动善时。夫唯不争，故无尤。"意思是说，圣人的德行就好像水一样。水善于滋润万物而不居功自傲，停留在众人都不喜欢的地方，所以最接近于

"道"。(圣人)最善于选择居处，心胸像深潭一样深沉平静，不受外界环境所扰，待人真诚、友爱和无私，说话恪守信用，为政懂得治理之道，能把国家治理好，处事能够善于发挥所长，行动善于顺势而为。(圣人)正是因为具有不争的美德，所以没有过失，没有怨怼。在老子看来，在自然万物中，"水德"是最近于"道"的，其最大的特点就是无欲无争，它无色、无味，是透明的流动的液体，没有任何欲望和私心，不与天争，不与人争，更不与自己争，完全随外界的变化而变化自己的状态、形体等。其实，水的无欲无争的境界也是为人处世的至高境界，这也是道家所提倡的做人的至高境界。

"做人如水，无欲无争"，即指内心没有任何欲求，不与任何事物相争。你高，我便退去，绝不淹没你的优点；你低，我便涌来，绝不暴露你的缺陷；你动，我便随行，绝不撇下你的孤单；你静，我便长守，绝不打扰你的安宁……那是一种无私无欲求的人间"大善"，是君子应该所效仿的做人原则。在现实生活中，要真正地做到无欲无求，就是要懂得不抱怨、不愤懑、不计得失，能时时随遇而安，时刻保持一颗平常心。

一位农夫到河边挑水，他的桶有个小洞，滴滴答答，一路上都在往下漏水。路边的人看到，提醒他说："你这么辛苦挑了一担水，可水桶却是漏的，等到寺院恐怕会漏掉小半桶了，为什么不换个桶呢？这样多浪费力气啊！"农夫坦然一笑说："没有浪费力气，你回头看看，这桶里漏的水不都浇了这一路的花草吗？你瞧它们长得多好啊！"到了来年春天，路边的草木在农夫的浇灌下，开满了各种各样的小野花，芳香四溢，点缀了路边的风景。

其实，农夫的这种不计得与失、随性而为、无拘无束的状态便是对"无欲无求"的最好解释。一个人如果对外界的得失看淡，无所计较、随心所欲，那么，他就达到了无欲无求、无烦恼的至高境界。

其实，世间的众多烦恼、疲惫乃至痛苦等都是人的"贪欲"带来的，人如果能在适当的时候削减自己的贪念，减少内在的欲望，不与他人计较，没有争夺之心，就会轻松许多。陶渊明的"采菊东篱下，悠然见南山"，无争于生活，无争于世道，得到的是一种心灵的洒脱；柳宗元的孤舟蓑衣，独钓寒秋，得到的是一份无拘无束的闲适。内心无欲无求是一个人获得快乐、幸福的重要源泉，也是生活的真谛。

在山林的一间简陋的房屋中，住着一位老妇人和她的老伴。他们的日子虽然过得清贫，但却非常快乐和幸福。每天老头子都会到山中去打猎，老妇人会到地里去干活儿，等他们吃过晚饭后，老头子就会陪老妇人到房屋后面的小山丘上看星星，拉拉家常，平静中有一种和谐的美。然而，这种和谐在不久之后，却被一件事而打破了。

有一天，老头子到外面去打猎，打到了一只小鹿，小鹿为了活命，就答应帮他实现三个愿望。老头子感到很困惑，就把此事告诉了老妇人，老妇人为此十分高兴。

从此之后，老妇人便在欲望中沉沦了，她不再下地，不再和老头儿一起外出，而是每天躺在床上冥思苦想自己究竟要什么。想了好久，她都不知道自己要什么。后来，她就将自己隔绝开来，在孤独中开始追寻，她不断地梦想自己住上了豪宅，又想到自己躺在金床上，想完了又想象自己变成女王的样子，想完了又想要去做那些鹿的掌管者，最终因为老太太过度劳累而死去了。

直至临终前，她也没能想出来，自己想要的究竟是什么！

可见，欲望是"祸端"的根源，人们多数的不幸福和不快乐，都是无休止的欲望招致的。所以，我们要获得恒久的快乐和幸福，就要懂得节制内在的欲望，与世无争，与人无争，让自己体悟到生命的真谛。

2. 真正的"善行"是无言的

在中国古代，"善"一直是被诸子百家所推崇的重要思想，身为道家之首的老子也不例外。但是对于"善"的解释，一直钟情于水的老子认为，"上善若水"，即真正的善良就应该水一般，利万物而不争。真正的善良的行为是无言、无声、无形、无任何痕迹的，那是一种存在于人的内心和品性当中的至深和至诚的情感，它是潜藏于灵魂深处的一种对人和物之心灵的感触和碰撞！

善，让一个人伸出援手而微笑离开，告诉人们这不是什么惊天动地的壮举，而是一个普通人应该有的举动。有善心的人时刻在想着做善事，从里到外，从内心到行动都饱含着人类的温情。他们用自己温暖的心去融化别人心中的坚冰，他们用最纯净的爱去抚慰别人的伤痛。他们不因为善而为善，只是在履行着一种人生的大义，至善无声！

小镇上有一个菜摊。菜摊上每天摆着鲜嫩的蔬菜，五颜六色。有红彤彤的番茄，绿油油的菠菜，紫色的茄子，黄白的大白菜……虽然每种蔬菜上标识的价格都很便宜，但是老板的生意还是不怎么好。

原来，这个小镇穷乡僻壤，住在小镇上的人们大多家里贫穷，根本买不起蔬菜。面对老板的热情招呼，大人们都绕道而行，小孩子们却挡不住"秀色可餐"，围着菜摊转悠。

老板知道孩子们不会买菜，只是玩。但他仍然像招呼顾客一样热情地与他们打招呼："孩子们，放学了？今天还好吗？"

"很好，老板，您今天卖的马铃薯看起来真大。"一个戴着扁平帽子的孩子腼腆地说。

"呵呵，是呀。这是我们自家种的，每一样蔬菜都很新鲜。你妈妈这段时间身体好些了吗？"

"多谢老板关心，一直在好转。"

"那就好，你想要点什么蔬菜吗？"

"不，老板。我只是看看，您的马铃薯可真新鲜呀。"

"那就买点回去，和你妈妈一起吃。"

"可我没钱。"小男孩低着头说。

"这样吧，你有什么东西？我们可以来交换。"老板和蔼地说。

"真的吗？"小男孩欣喜若狂地摸遍了全身，可是他失望地回答道，"我什么都没有。"

"你的玻璃球呢？我可看见你经常赢别的小孩子的玻璃球。"

"这个……可它们是我的宝贝呀。"

"你可以拿一个给我就行了，反正你有很多。"

"真的吗？"小男孩从裤兜里掏出一个蓝色的玻璃球递给老板。

可是老板不满意地说道："哦……是蓝色的呀，其实我本来想要一颗红色的。"

"红色的玻璃球我放到家中了。"小男孩回答。

"这样，那你先把马铃薯拿走，改天来再把那颗红色的玻璃球给我就行了。"

"好的！谢谢老板。"小男孩拿着马铃薯高高兴兴地回家了。

望着小男孩欢快的背影，老板露出了欣慰的笑容。

这时，也必定有一个人站在他的旁边露出了欣慰的笑容，那就是老板的妻子。只有老板的妻子才会明白丈夫所做的一切只不过是个游戏，她已经熟悉这种游戏了。

丈夫知道小男孩买不起蔬菜，也没有什么值钱的东西可以交换。

51

因此，他每次都假装一次又一次地跟小孩子们"讨价还价"，目的就是为了帮助他们。比如刚才的小男孩，老板说要红色的玻璃球，但是当下一次小男孩拿过来红色的，老板会说他想要黄色的，这样看似玻璃球一直不符合老板的"心意"，其实老板是故意不要，而每次打发小男孩走的时候，他一定会想办法让小男孩再拿上一些好菜。

就这样过了好多年，卖蔬菜的老板逐渐老去，还得了病。后来，老板去世了，小镇的所有人都去送别他，包括那些与他交换东西的孩子们。如今这些孩子们都已长大成人，个个成家立业，有的还成了有名望的成功人士。

老板的妻子站在灵柩的前面，小伙子们每个人轮流着走过去拥抱她，亲吻她的脸颊，在耳边小声地安慰，然后把温暖的手放在老板冰凉苍白的手上，深深地注视着……

他把心放得很平坦，如水般自然，他用自然的心和富于友爱的善良关爱这个镇上的每一个穷人，可谓是用心良苦！

卖菜的老板用自己的默默无闻来帮助这些生活困苦的人家，又想尽一切办法不让人感觉到自己是在施舍，悄悄地以自己的善心改变着镇上人家的生活，而他最终又选择了悄悄离开！不求回报，不以索取为前提，同时感受着别人所感受到的一切，这是人生的大善！为此，在生活中，我们要成为一个真正善良的人，就不要把善当作一朵牡丹拿在手上，不要把善当作一顶花冠戴在头上，不要把善当作一段箴言挂在嘴上，更不要把善行当作一种"投资"去做。只要炫耀了、招摇了、有功利心了，善行就会离你而去。

3. 做人如水：至净

老子所说的做人如水，除了要有水一般"无欲无争"的品性外，还要有如水一般的清澈、透亮和洁净。人人都羡慕水的清白，再浑浊的水经过沉淀都可以澄清。"见素抱朴，少私寡欲"是老子一向所提倡的，这与水至净、无瑕的品质是相同的。人生固然没有回头的余地，时光也不可倒流，即便如此，我们也应该可以如水一般，即便受到了污染也要努力地澄清自己，做到洁身自好，保持自我至净、至洁的本性。

有人说，社会是一个大染缸，任何人跳进去了，都会不同程度地受到污染，这是无法避免的。我们固然没有水的"超级净化功能"，但是我们完全可以像水一样最大限度地沉淀自己，保持自身的干净与纯洁，像水一样清清白白，纯净透明。

在古代，有一名官员被人陷害，罢官贬为庶民。这名官员被革职以后，内心愤怒不已，被人陷害了，自己却找不到证据。他心中的苦闷无法得到排解，日复一日，竟得了疾病，卧床不起。家人请来许多郎中，都摇头说这是心病，药物是不能治好的。

后来，他的儿子请来了一位智者，给父亲治病。这位高人鹤发童颜，精神矍铄，他得知了官员的病情后，笑而不语。他巡视屋内四周，指着床边桌上的花瓶对着躺在床上的官员说："你看这花瓶在这里放置了这么久，想必每天都会有大量的尘埃落入其中，但是为什么花瓶中的水还是会像当初一样保持干净透明呢？你知道这是什么缘故吗？"官员听了，微微一笑说道："高人取笑我了，谁都明白，水里的尘埃是沉淀到瓶底去了，上面的水才能如此干净透明。"

"正是如此，那么为什么你还不明白其中的道理呢？"

官员不解地望望智者，又望向花瓶，把目光久久地停留在花瓶上，好像要望穿似的。突然，官员眼前一亮，说道："多谢智者指点，我已明白其中的道理了。"随即，官员便起床下地，令在场的所有人都惊叹不已。

官员送别了智者以后，他的儿子迫不及待地问父亲悟出了什么真谛？父亲长叹一口气说道："孩子，人生在世不如意事常八九，有着数不清的烦恼。倘若你越在乎它们，它们就越会像影子一样缠着你；你越是恨它们，越想摆脱它们，它们越会报复你。正如这花瓶中的水，你若不停地摇晃它，水便会变得浑浊不堪，永远不能安宁下来；倘若你静下心来，把它静静地放在一边，一动不动，水中的污浊便会慢慢地沉淀下来，最终澄清至净。"官员的儿子听了，点了点头。

从此以后，官员的一家人隐居到田园，不问世事，一家人过得开心快乐。

白居易有古诗云："水心如镜面，千里无纤毫。"心如止水，是人生的一种境界。面对人生的困境，以一颗平常心对之；面对眼前的各种诱惑，能够冷静看待。没有任何的放不下，没有过度膨胀的欲望，没有无边无际的劳累，面对一切都能心静如水，即使人生有再大的波澜和汹涌的浪潮，也能用如水般的心化解。

陶渊明不愿与世俗同流合污，辞官后隐居山水之中，过着田园般静谧的生活，吟唱出了千古绝唱"采菊东篱下，悠然见南山"，令人神往。然而生活在凡尘俗世中的我们，不可能像他一样归隐山林，但是我们可以学会让自己的心"处于山林之中"。

喜欢养花的人都知道，插在花瓶里的花需要不断地换水，不断地剪掉水中腐烂的根须，花朵才能开得鲜艳如初。

其实，我们每一个人都像花一样。如果灵魂想要保持"新鲜"，心灵想要保持"清净"，就必须要学会不断地修剪根部的腐烂，也就是要不断地清理自己身上的恶习，不时地反省，最终才能绽放出自己的美丽。

人生更重要的是要学会保持一颗平常心，面对花的凋谢也无须强求，花开花谢，自有规律，顺其自然才能保持心静！

俗话说："有源之水流千里。"要想让生命之河长流不息，便要寻到"源头"，"源"在哪里呢？在于人的心性。首先要学会心静如水，才能心净如水；其次学会静以修身，俭以养德；学会减少自己的欲望，净化自己的心灵。

无论身在繁华的大都市还是身在寂静的穷乡僻壤，最重要的是学会修身养性。心本如水，水亦润心，当感觉到自己的心灵没那么纯洁，思想逐渐污浊，甚至眼睛都变得不再清澈时，尝试着让自己的心安静下来。

做人就应该如水一般，心静如水，心境如水，便能心净如水！

4. 做人如水：能容

老子所说的"水利万物而不争"，即水总是流向低处的，它是包容的、阔大的，它从来不会因为自己的利益而争先恐后，它可以包容一切，只要有缝隙，便会用柔弱的身体默默去填充、去温暖、去接纳。就像慈母那般温润着万物，滋养着万物，蓦然回首间，水已将万事万物包容在胸中，而万事万物都无法离开水的润泽。做人如水，也应该有水一般的能容他人所不能容的心胸。

做人如水，就应该容他人所不能容，凡事都能"忍"字当先，宽宏大量，不计较得失，不在乎荣辱。可以说，能容是一种思想境界，是一种高深的人生修养，更是一门生活的艺术。

一天早晨，小明到集市上去买东西，回家后只是气冲冲地默不作声。在一旁的爸爸看到了，便问他发生了什么。小明说："商店里的人一点都不友善，他们一边盯着我看，一边在背后嘲笑我，说我长得又矮又丑。"

爸爸听罢，微笑着说："做人不在于外表的美与丑，关键要看心灵是否善良、容宽。"说着他带着小明来到了附近的一片海滩旁，并拿着脸盆舀满了水，然后让小明在海滩上捡了一只小石头丢进脸盆。当小明把小石头扔进脸盆时，盆里的水溅了出来。爸爸父又让小明捡一块大石头扔进海里，大石头扑通一声掉进了大海，不见了踪影，大海又恢复了刚才的模样，好像从来没有发生过什么。

爸爸微笑着问小明："你说自己的心胸宽广，可是别人嘲笑你几句，你就如此生气，就像这脸盆里的水，扔一个小石头，便水花四溅。你是想做大海还是想做这脸盆里的水呢？"

做人、做事都应如此，心如大海，便能真正地包容天地万物，便能让自己的心境达到出世的境界，而不是局限在一个狭窄的"小水盆"中，任何人扔进一个小石头，都会水花四溅，荡起涟漪，真正能容的心灵，是不会受外界任何事物的影响而或喜或忧。

还有这样一个类似的小故事。

有一个老师父收了几个年轻的徒弟，他的大弟子每天都在不停地抱怨和责备小徒弟们，比如地没扫干净、菜炒咸了、衣服没有给他洗……最后，老师父实在看不下去了，他决定开导这个弟子一番。

老师父拿着一包盐，倒进一个水杯里，让大弟子尝一口。大弟子抱怨道："又咸又苦。"老师父又把盐倒进井里让大弟子尝一口，大弟子喝完后称赞道："甘甜如泉。"

老师父说道："现在你明白了这是何故了吧？你经常抱怨别人，

责备别人，对别人的过错不能容忍，那是因为你的心太小了。就像这盐一样，它的咸淡取决于盛它的容器，因此，你要把自己的心扉打开，让心的容量变大就好了。"

我们经常说一个人的心胸宽阔如海、宽广如天。其实，在这个世界上人的心才是最宽广的。尽管大海、天空能够包纳很多东西，但是人们的心能够把大海和天空都容纳进去。

心有多大，舞台就有多大！只是看我们自己有多大的胆量和魄力去拓展它了。

生命中，我们会遇到各种各样的苦难，有的是天灾，有的却是别人带给我们的。这时，我们倘若能有一颗宽容的心去包容它们、接受它们，总会"守得云开见月明"！

俗话说："退一步海阔天空，忍一时风平浪静。"包容是一种美德和修养，是一种胸怀和气度，是一种崇高的人生境界。

懂得包容的人，在人生的逆境中，就能拥有坦然的心态、进取的精神，就能战胜一切苦难，成就非凡的人生！

懂得包容的人，还会得到他人的感激和尊重，让自己的人生道路更加宽阔，让自己的内心时时充满温情和平和！

5. 柔韧有度，能屈能伸

老子赞美水除了因其有"利万物而不争"的品质外，还具有"动善时"的品质，即行动善于顺势而为，柔韧有度，能屈能伸——如果前方是高山，它可以选择绕行；如果前方是平原，那就勇敢地漫过去；如果被闸门关住，那就静静地等待机会，厚积薄发。如水般地做人，不至于让自己在波涛汹涌的社会大浪中被淘汰，而且还可以确保自己在复杂多变的环境中做到游刃有余。

自古以来，儒家所提倡的"君子"，一般都是指那些正气凛然、刚正不阿，且不肯随波逐流、虚与委蛇之人，但是在老子看来，真正的"君子"应该是懂得顺势而为的，懂得伸屈之道的，懂得随机应变的。因为世间的"道"是千变万化的，所以衡量事物时也不能拘泥于某一个固定的标准。很多时候，学会顺势而为并不是阿谀奉承的谄媚，不是溜须拍马的逢迎，更不是俯首称臣的屈辱，而是韬光养晦的一种大智慧。韩信受胯下之辱，不为苟且偷生，只为日后"韩信带兵，多多益善"积蓄原始能量；司马迁受宫刑，忍辱负重，留将正气冲霄汉，终成信史照尘寰；越王勾践卧薪尝胆，经十年积蓄力量，终成就了自己的雄心霸业。暂时的弯腰、屈服，是承受无言压力，更是积蓄能量、厚积薄发的一种大智。

他是一家上市公司的老总，腰缠万贯。他很久没有坐过公共汽车了，有一天，他突发奇想，想体验一下普通百姓的生活。他投了币，找到一个靠窗边的座位坐了下来。他好奇地打量着身边的人，他的前面是个怀孕的妇女，他的身后是个上了年纪的老人，这些普普通通的人，每天挤着公共汽车，日子虽然过得清苦，但依然很快乐。

他的对面有一个很漂亮的女人，他可以近距离地欣赏。车子到了下一站，上来的人渐渐多了，美女就渐渐被人遮住了。他看不到她，就闭上了眼睛，回味着那女人的曼妙风情。

忽然，有个尖厉的声音向他袭来："你就不能给让个座啊？一个大男人一点都不绅士！"他睁开眼睛，看到一个妇女抱着一个婴儿，站在他前面，那个发出尖厉声音的女孩继续对着发愣的他吼道："瞅什么瞅，说你呢！"全车的人都朝他这里望过来，他的脸唰的一下"霞光万丈"。他赶紧站了起来，把座位让给了那个抱孩子的妇女。

在下一站，他狼狈地逃下了车，他万万没有想到自己会出这么大的丑，下车前，他狠狠地看了一眼那个牙尖嘴利的女孩，恨得直咬牙根。

他的公司要招聘，在面试的时候，他亲自进行把关。他见到了一个面熟的人——是她，那个让他出丑的女孩。不是冤家不聚头，他在心里暗暗得意，终于有报复她的机会了。

女孩也认出了他，神情顿时紧张起来，额头上沁出了汗水。

"你把我们每个人的皮鞋都擦一遍，你就可以被录用了。"他对她说。她站在那里，犹豫了很久，家里的经济已经全线告急，她太需要这份工作了。尽管自己有高学历，也有能力，但很多公司都将她拒之门外。现在，机会就摆在她的面前，只要她放下自尊，为他们擦一次皮鞋。可是，她又怎么可以用自己的尊严去交换啊？

他在心里断定这个倔强的女孩是不会屈尊的，继续挑衅一般地催促着她，没想到她竟然同意了。她拿来鞋刷子，蹲下来，开始替这些考官们擦鞋。他得意地想，你不是厉害吗？怎么没动静了。轮到他了，他还故意跷起二郎腿。

忽然，他觉得自己有些过分了，女孩在车上虽然伤害了他，但本质上却是为了做好事，颇有点侠义风范呢。他向下属要来她的档案，她的笔试成绩第一，遥遥领先于后面的人。从各方面来看，女孩都是出色的。再说，自己也总不能在众人面前食言吧。

于是，在她给几个考官擦完鞋子后，他当众宣布，她被录用了。

她并没有显得过于兴奋，只是微微地向众考官们道了声谢。然后一字一顿地对他说："算上您，我一共擦了5双鞋子，每双2元钱，请您付给我10元钱。然后，我才可以来上班。"

他无论如何也没有想到女孩会这样说，但他宣布的决定无法再更改。他只好很不情愿地给了她10元钱。更让他意想不到的是，女孩拿着 10 元钱，走到公司门口一个捡垃圾的老人身边，把 10 元钱送给了老人。

有一些灵魂注定是高贵的，不管命运将它拿捏得如何卑微。就像这个女孩，虽然她的尊严受到了伤害，但她却用暂时的弯腰为自己赢得了一个日后高贵的站立的机会。

从此，他对这个女孩刮目相看。事实上，女孩在日后的工作中，确实表现得非常出色，业绩出众，替他完成了很多艰巨的任务。

有一天，他忍不住问她："当初我那样难为你，你的心里有没有怨念？"

女孩却答非所问："我弯下腰，只为了换一个可以昂起头的机会。"

在现实中，每个人都会遇到故事中女孩那样的境遇：在自己能力尚且不足时受到屈辱、委屈、不甘，甚至尊严也会受到他人的挑战。这个时候，与其怒然"直立"反抗，不如暂时弯腰，积蓄力量，为自己赢得一个出头的机会。

大丈夫能进能退，能够在弯直之间自由驰骋。古有蔺相如，只身持璧入虎穴，后完璧归赵，渑池赴会，与秦王斗智斗勇，何其"直"也！而面对廉颇，甘心以礼相让，以诚感人。廉将军也不愧为大丈夫，感召之下，留下负荆请罪的佳话。何其"弯"也！弯直之间，自由取之，能进能退，能屈能伸，柔韧有度。所以，在生活中，对于那些我们一时难以办到的事情和一时难以达成的目标，千万不要孤注一掷、一意孤行。否则，只会徒耗精力和体能。能屈能伸，柔韧有度，该出手时就出手，才能"屡战屡胜"，才是真正的大智大勇者所为。

6. 最高明的"争"便是"不争"

　　我们生活中的诸多矛盾都源于一个"争"字。生活中，与朋友争一个道理而伤了和气；市场上，为争一点小利而与商贩发生争吵；家庭中，为与爱人争一口气而伤了感情……一个"争"字，会让人情绪恶化、处处不顺。但是，关于"争"，老子用水的比喻表达了自己的看法："上善若水，水利万物而不争"，即水总是流向低处的，善利万物而不为自己利益争先恐后，情愿谦虚就下，滋润万物无声无息，不与万物相争，天地间往复循环，生生不息。

　　"清静无为"是老子一向的主张，在"争"与"不争"的辩证问题前，他一定是主张"不争"的。《道德经·第二十二章》中老子曾明确说："夫唯不争，故天下莫能与之争。"在老子看来，"不争"是最高境界的"争"，一个人只要保持"不争"的状态，那么天下莫能与之争。世界上那些真正强大的人，不是争名夺利者，而是那些不争而有为的人。这些人不喜欢"争"，也不会因为外物而蒙蔽自己的心智。但是他们的真才实学，最终会将他们推向"出类拔萃"的巅峰。一代"书圣"王羲之不仅是书法大家，也是"为而不争"的极品人物。

　　王羲之出身贵族，东晋著名丞相王导就是他的伯父，深处权力的核心，王家可谓煊赫鼎盛。然而，王羲之并没有浸染上狂妄轻浮的恶习，而是一心钻研书法，苦心读书。

　　大将军郗鉴家有美貌千金，为了与丞相联姻，郗将军特意派门客给丞相王导送去一封信，希望王丞相在他的家族子弟中给自己找个女婿。

　　同丞相一样，大将军也是家世显赫，成为他的女婿，不但意味着荣华富贵，同时还意味着前途无量。王丞相的家族子弟自然也明白这桩婚姻的重要性，他们都非常希望自己能够成为大将军的女婿。

　　王丞相也认同这样的婚姻，但是他没有偏向任何人，他给了每个人相等的机会。于是他对来人说："你到东厢房（子弟们的居住地）任意挑选吧。"

　　门客依言到东厢房，看了情况后，他回去禀告郗鉴说："王家的几个孩子都不错，听说您要选女婿，一个个都一本正经地让我看，都想给人留下一个好印象。只有一个人不同，他敞开衣襟露着肚皮，很随便地躺在床上，根本不关心选婿的事。"郗鉴听了很高兴，说："我就喜欢这样的人！"

　　这便是著名的"东床袒腹"的故事，那位主人公就是王羲之。"为而不争"成就了他的美满的婚姻。

　　东汉时期，有一个名叫甄宇的在朝官吏，时任当时的太学博士。为人极为忠厚，遇事也很懂得谦让，为此，他每天都乐呵呵的，官吏都愿意跟他接近。

　　有一次，皇上将一群外番进贡的活羊赐给了在朝的官吏，要分给他们每人一只，让他们领回家。

　　在分配活羊时，负责分配的官吏则犯了愁：这群羊大小不等，肥瘦又不均，如何分才让群臣们没有异议呢？

　　皇上让大臣们献计献策，这些羊到底如何分才算合理。

　　有的大臣说："可以将羊全部都杀掉吧，然后肥瘦搭配，人均一份。"也有人说："干脆大家抓阄，抓到哪只是哪只，全凭个人运气。"

　　就在大家七嘴八舌争论不休之时，甄宇站了出来，说："分只羊不是极简单的事情吗？依我看，大家随便牵一只不就可以了吗？"说着，自己便从中牵走了最瘦小的一只。

看到甄宇这样做，其他人也不太好意思专牵最肥壮的，于是，大家都挑最小的羊开始牵。很快，羊被分完了，大家都没有任何怨言。

皇上看到了甄宇如此大度，就当即赐予他"瘦羊博士"的美誉。不久后，在群臣的共同推举下，甄宇又做了太学博士院的最高官员。

在现实社会中，以"不争"之心态面对世事，并不是让人一味退让，碌碌无为，面对竞争毫无胆略，拱手把机会让与他人，而是指要以平和豁达的心态去应对复杂的事物，以静制动，以柔克刚，以柔和广阔的胸怀去包容接纳，为人处世也要学会忍耐，最终以"不争之争"而获胜。

《不争赋并序跋》里有这样一段话："夫与世无争，则天阔也！云淡心高，一品风流。与时无争，则福寿绵长也！让道于盲，积善心安。与利无争，则锦帛咸至也！金玉盈门，宝贵自来。与名无争，则美誉来归也！桃李不言，下自成蹊。与权无争，则神鼎天授也！一匡寰宇，四海归心。与功无争，则勋业垂成也！封邑万户，位列三公。与命无争，则得失淡定也！荣辱无碍，物我两忘。与人无争，则中庸和谐也！鱼水人生，血乳交融。与地无争，则万物滋生也！四季有序，五谷丰登。与天无争，则盛世亨通也！歌舞升平，太平大治。"可见，"不争"是获取幸福安康、财富功名的至佳途径和至高境界，也是获得人与人之间和谐关系的奥秘，所以，生活中，无论面对功名利禄也好，琐事人非也好，要学会以"不争"之心态应对，最终你将获得意想不到的收益与内心的和谐。

7. 进退自如的人生智慧

老子以"水"的特性来喻"大道"，也喻指做人处事。水有进退自如的性情，它绕山水而行，在低处时，它会锐意进取，在高处时，它便又会自觉地退去，时刻能保持进退自如的趋势和状态。在现实生活中，我们做人处事也应当如此。

人生固然在锐意进取，追求上进，努力向成功进发，但是很多时候，还要懂得退让，能退，更要善退。比如在自身能力不足的时候，适时的退让是为了更好的进发，它也是前进的一种姿势。

在老子看来，进退有度，也是"大道"的一种特性。就如自然界一般，日落才有月出，冬去才有春来，花落才有果实。很多时候，退是进的前提，能退才能进。能进善退，是一种圆通的智慧。退，并不意味着无能和逃避。在特殊的情况下，或时机不成熟时，采取以退为进的策略尤为必要。只退不进者是懦夫，只进不退则是莽汉。只有进退得当，善于以退为进者，才能审时度势，把握事物发展的态势，控制自己人生道路的方向。

在平常的生活中，酸甜苦辣总是在不经意间就到来了，我们要"能屈能伸，进退有度"。真正看得远的人，不会计较一时短长，有时候需要高歌猛进，有时候就要暂时退让，退一步才能海阔天空。

张良是汉朝人，他的祖父、父亲都曾当过韩国的相国。秦国灭了韩国以后，张良变卖了自己的所有家产，用来收买刺客，为韩国报仇。结果行刺失败，张良不得不改名换姓，逃亡到下邳。

张良由于国破家亡，整日抑郁，心情难以舒展，于是经常到附近散散步。有一天，他闲逛漫步，走到一座桥上，迎面走来一个穿粗布短衣的老者。张良谦虚有礼，侧身让老者先过，没想到老者走到张良跟前时，竟然将自己的鞋子丢到桥下，还喝令张良："小子，去把我的鞋取上来。"

张良很是气愤，正想转头就走。又一想，看在老者年纪很大的份儿上，就做一次好事，走到桥下把鞋子捡了上来。张良正要把鞋递给老者，老者却说："既然捡上来了，就给我穿上吧。"张良听了更加气愤，可是转念一想，好人做到底吧，于是，他就跪着替老者将鞋穿好了。

老者穿上了鞋，笑了笑，抬腿就走了。可是还没走多远，他又拐了回来，对张良说："孺子可教也，5天后的早上，还在这里会面。"

张良心中感觉莫名其妙，但也没有多想，就满口答应了。5天后，天刚刚亮，张良来到桥上，没想到老者来得比他还早。见到张良，老者生气地指责他："和长者相约，你怎么能迟到呢？5天后，早点过来。"

又过了5天，张良前往赴约，这次他来得比上次早多了，可等他赶到桥上时，老者又站在桥上等他了。老者生气地说："你的架子好大啊，又迟到了，过5天再来。"

5天后张良半夜就出发了，终于赶在老者的前面到了桥上。老者来了以后显得很高兴，笑眯眯地说："这次没有失约，这样才能够成大事！"说完，老者送给张良一本书，让他回去苦读十年。

这本书就是兵家奇书《太公兵法》。此后，张良苦读这部兵书，终于成了一代杰出的军事家，作为刘邦的重要谋士，为汉室江山立下了汗马功劳。

张良确实是个忍让的高手，该退的时候退得很到位。不仅捡了鞋，还三番五次地起早去赴约，可以说，他退了好几次了。正是因为他知轻重，懂进退，才帮他成就了大事。

有道是"有所为，有所不为"，很多时候退让只是暂时的"规避风险"，是为了有朝一日有更大的作为，更进一步的"进"。所以，当下的我们，时时要敢进能退，进时当思退，退时当思进。进的时候，不能一条道走到黑，要考虑回旋的余地；退的时候，也不能胆怯地一退到底，要以退为进，为自己留下再次起步的踏板。进一步，豁然开朗，退一步，海阔天空。进退自若，是人生的大境界。

8. 懂得谦和不自矜

人生难逃四种"病"，也就是老子所说的"四不"：不自见、不自是、不自伐和不自矜。《道德经·第二十四章》有这样的话："企者不立，跨者不行；自见者不明；自是者不彰；自伐者无功；自矜者不长。其在道也，曰余食赘形。物或恶之，故有道者不处。"在古代汉语中，踮起脚叫"企"，这样是难以长久立足的，这便是"企者不立"的道理。"跨者不行"，意为故意跨大自己的步伐走路，不能坚持永久，如果要去行远路，那是自取颠沛之道。自以为是的反而得不到彰显，叫作"自见者不明"。自我夸耀的建立不起功勋，叫作"自是者不彰"；自高自大的不能做众人之长，即为"自矜者不长"。从老子所说的"道"的角度看，以上这些急躁炫耀的行为，只能说是剩饭赘瘤。因为它们是令人厌恶的东西，所以有道的人绝不这样做。

此处，老子先是用几个普通的动作来说明有些人的好高骛远，后面又用几个行为来说明人如果太过彰显，只会适得其反。其实，不仅老子，很多古人都总结出类似的做事道理和处世经验。中国历史上自古都不乏因太过张扬而落得可悲下场的事例。杨修自作聪明，处处彰显自身的才能，最终落得被诛杀的下场；孔融自恃清高，依仗自身才华而不将别人放在心里，最终只落得惨死的结局……这些都告诉我们，为人处世要懂得谦和，懂得低调。

唐朝大将郭子仪，位高权重，享尽荣华富贵。

郭子仪心里一直担心，自己的功劳越大，麻烦就越大。就是当朝皇帝代宗，也会因为自己的声望与地位，对自己有所顾忌。为此，他处处谨慎小心。每次代宗给他加官晋爵，他都会推辞再三，实在推辞不过，才勉强接受。

郭子仪爵封汾阳王，王府建在首都长安的亲仁里。汾阳王府自落成后，每天都是府门大开，任凭人们自由地进进出出，郭子仪为了避嫌却不允许府中的人对此加以干涉。

有一次，郭子仪帐下的一名将军要调到外地任职，前来向他辞行。他知道，郭子仪的府中百无禁忌，就一直走进了内宅。这时候，恰巧他看到郭子仪的夫人与爱女正在梳妆打扮，王爷郭子仪正在一旁侍奉她们，她们一会儿向王爷要毛巾，一会儿让他去端水，使唤王爷，就好像使唤仆人一般。这位将军当时不敢讥笑郭子仪，回到家之后，他禁不住将这件事情说给了他的家人，于是，一传十，十传百，没过几天，整个京城的人都将这件事情当成笑话去议论。郭子仪听了倒没觉得什么，他的几个儿子听了，却觉得太丢王爷的面子了，便决定对王爷提出建议。

他们相约一起来找父亲，要他下令，像其他的王府一般，关起大门，不让闲杂人等出入。郭子仪听罢哈哈一笑，几个儿子看到父亲并不在意此事，就埋怨父亲说："父王你功业显赫，普天下的人都敬重您，可您自己却不尊重自己，无论什么人，您都让他们随意进入内宅，即便是商朝的贤相伊尹、汉朝的大将霍光也无法做到像您这样。"

郭子仪叹了一口气，说道："你们仅仅看到郭家的显赫，没有看到这声势随时有丧失的危险。我爵封汾阳王，往前走，再没有更大的富贵可以求了。月盈而蚀，盛极而衰，这是必然的道理。所以，人们常说要急流勇退。可是眼下朝廷要用我，怎肯让我归隐，再说，即使归隐，也找不到一块能容纳我们郭府一千余口人隐居的地方啊。可以说，我现在是，进不得也退不下，况且我生性谦和，在这种情况下，如果我们家紧闭大门，不与外面来往，只要有一个人与我们郭家结下仇怨，诬陷我们对朝廷怀有二心，就必然会有专门落井下石、妒害贤能的小人从中添油加醋，制造冤案，那时，我们郭家的九族老小都要死无葬身之地了。"

9. 当你开始谦虚时，便是近于伟大时

谦虚是老子所强调的做人智慧，其在《道德经·第十五章》中说道："保此道者，不欲盈。夫唯不盈，故能蔽不新成。"意思是说，保持这个"道"的人不会自满。正因为他们从不自满，所以才能够去故更新。可见，在老子看来，谦虚是事与物保持长久存在的重要法则之一。因为不自满，所以才能时时更新自我，与时俱进，进而保持长久不衰的状态。

在生活中，谦逊是一种姿态，一种风度。做人要懂得谦逊，谦逊能够克服骄矜之态，能够营造良好的人际关系，因为人们所尊敬的是那些谦逊的人，绝不会是那些爱慕虚荣和自夸的人。其实，谦虚也是水的重要品性之一，更是"道"的品质。水善利万物而不争，不争不抢，低头默默地穿行于自然与万物之间，这才是能够使万物受惠并折服的方式。谦虚的人大多都沉稳、智慧，不会因为得到了

实惠就张扬狂妄，更不会因为失去而呼天抢地。生活中，无论我们做什么事情，如果缺乏谦虚的心态和进取的思想就难以成功，即便有了一定的声望也仅仅是昙花一现罢了！

京剧大师梅兰芳，不仅在京剧艺术上有着极深的造诣，而且还是丹青妙手。他曾经拜著名的画家齐白石为师，并且虚心向他求教，在齐老面前总是行弟子之礼，还经常为齐老磨墨铺纸，完全不会因为自己是享誉中外的京剧大师而自满自傲。

梅兰芳不仅拜画家为师，他也拜普通人为师。他有一次在演出京剧《杀惜》时，在众多喝彩叫好声中，他听到有个老年观众说"不好"。梅兰芳来不及卸妆更衣就用专车将这位老人接到家中，并恭恭敬敬地对老人说："说我不好的人，都是我的老师。先生说我不好，必有高见，定请赐教，学生必定下决心亡羊补牢。"老人指出："阎惜姣上楼和下楼的台步，按梨园规定，应是上七下八，博士为何八上八下？"梅兰芳恍然大悟，连声称谢。此后，梅兰芳经常请这位老先生观看他演戏，请他指正，称他"老师"。正是这种谦虚的态度，才成就了梅兰芳一生的辉煌。

俗话说："低头的都是满满的稻穗，昂头的都是无果的稗子。"越是成熟、饱满的稻穗，头就垂得越低。只有那些内心空空如也的稗子，才会显得过于招摇，始终会把头抬得老高。当然了，做人要谦逊内敛而不张扬，需要有厚实的内功做支撑，一个人只有知识、阅历、素质和修养都达到了足够的沉淀时，才真正地能够做到不说张扬之语，不做张扬之事，不逞张扬之能。当一个人开始谦卑的时候，便是他最近于伟大的时候。低调做人，谦虚为人，是一种智慧、一种品质、一种美德、一种风度、一种胸襟、一种修养、一种谋略。

另外，在为学方面，老子也提倡要时时保持"谦虚"的作风，他所讲的"知者不知"，即学识越是渊博的人越是懂得自己的缺陷，

"学然后知不足"。其实，为学的人，也时时刻刻保持谦虚的心、不断进取的精神，这正是"道"所具有的美好的品德。

孔子就要求弟子们在治学过程中时刻保持谦虚。有一次，孔子带着几个学生到庙里去祭祀，刚进庙门就看见座位上放着一个引人注目的器具，据说这是一种盛酒的祭器。学生们看了觉得新奇，纷纷提出疑问。孔子就问宗庙里的人："请问您，这是什么器具啊？"守庙的人一见这人谦虚有礼，也恭敬地说："夫子，这是放在座位右边的器具呀！"于是孔子仔细端详着那器具，口中不断重复念着"座右""座右"，然后对学生们说："放在座位右边的器具，当它空着的时候是倾斜的，装一半水时，就变正了，而装满水呢？它就会倾覆。"听了老师的话，学生们都不知老师所指为何。孔子看出大家的心思，就要学生们打来了水。往器具里倒了一半水时，那器具果然就正了。继续往器具里倒水，器具中刚装满了水就倾倒了。孔子说："倾倒是因为水满所致啊！"弟子问："怎样才能不倾倒呢？"孔子语重心长地说："聪明的人，应当用持重保持自己的聪明；有功的人，应当用谦虚保持他的功劳；勇敢的人，应当用谨慎保持他的本领……这就是说要用退让的办法来减少自满。"学生们这才恍然大悟，知道了为何人们要将这器具放在座右的道理。

古希腊的著名哲学家苏格拉底，每当被称赞学识渊博、智慧超群的时候，总谦逊地说："我唯一知道的就是我自己的无知。"牛顿，人类历史上最伟大科学家之一，对于自己的成功，总是谦虚地说："如果我见得远一点，那是因为我站在巨人的肩上的缘故。"他还将自己比喻成一个海滨玩耍的小孩子，认为自己只是"有时很高兴地拾起一颗光滑美丽的石子儿，真理的大海还没有发现。"可以说，无论做人还是治学，谦虚都是一种智慧和气度。所以，生活中，我们要时时保持谦虚的姿态，做一个有气度、有智慧的人。

10. 急流勇退是一种明智的选择

"适可而止"是老子的一贯主张。在他看来，日中则昃，月满则亏，至阴则阳，至阳则阴。万物相生相息，相互转变，是天地间最普遍的自然规律，也是所谓的"道"。同样，身为自然之人，做事也不能过度，自骄自满、锋芒毕露都是无法长久的。盈则倾覆，锐则致咎，功成身退，天之道也，一个人在成就了功名之后，就应当顺时而退，才是长保的"天道"。

自古以来，建功立业都是多数人的梦想，但是功成后该如何做呢？多数人都会贪慕功名利禄，不懂得满足，得寸进尺，最终却违背了"天道"，落得惨痛的下场。更有的人在追求功名的过程中不懂得收敛，锋芒毕露，炙人耳目，不知不觉中引人共愤，落得身败名裂的悲惨下场。

在追求成功的道路上，没有人可以一直走上坡路，当自己的事业达到顶峰后，稍不注意，就可能会出现下跌的趋势。如何才能保持住自己的胜利果实呢？那就要急流勇退。

及时收步，既不是无原则的屈服，更不是软弱的退却，它是在事业最为辉煌的时候，隐芒避险、安命保身的一种大智慧。

范蠡出身于贫寒之家，虽然家境不好，但是却胸藏韬略，聪明异常。年轻的时候，就显露出其非凡的才华。他学富五车，上晓天文，下知地理，无所不通，无所不晓。

在周景王二十六年（前 494 年）时，吴国与越国发生了战争，吴国攻打越国，吴王勾践大败，最终仅带领 5000 兵卒逃入会稽山。范蠡与越王勾践在穷途末路之时投奔越国，忍辱负重，以期将来有一天能乘机攻打越国。他陪同勾践夫妇在吴国为奴三年后，终于迎来了攻打吴国的时机。

范蠡巧设"美人计"，谱写了一曲"西施深明大义献身吴王，里应外合兴越灭吴"的千古传奇。范蠡跟随勾践二十余年，同心戮力，最终成就了越王的霸业，被尊为上将军。但是，他却在那"吴王亡身余杭山，越王摆宴姑苏台"的举国欢庆之时，选择了急流勇退，悄然地退出了政治舞台，过上了逍遥快乐的日子。

范蠡可谓"功成身退"的典范，在帮助越国灭吴后，他及时抽身远遁，一方面是因为他有识人之明，另一方面也说明他懂得盈不可久的道理；相反，文种不能及时决断，结果被赐死。他在经商之中，多次散尽家财，能做到盈而不溢，也是值得后世人学习效仿的。

"水往低处流"，说明"水"是智慧的。"人往高处走"也是在汲饱了智慧之"水"的人才能达到的一种境界。一个人在成就一份伟业后，选择潇洒隐退，说明了他是智慧的，他的人生也是洒脱的。

极盛而衰，极满而亏，是天地自然之道。小到一花一树、一虫一兽，大到一家一族、一朝一代，无不是如此。事物的发展都是向着其自身的反面在一定条件下不断转化的，人们说的"否极泰来""福祸相因"都是这个道理。因此，老子依道奉劝人们趁早罢手，见好即收，在功成之后，不要贪恋权位名利，不要锋芒毕露，而要收敛欲望，及时隐退。

第四章
"耐"与"恒"的境界:适可而止,防止质变

老子在《道德经》中多次阐述了"有无相生,难易相成"的道理,在老子看来,一切事物,相反的两种属性总是相互融合、相互统一的。"曲则全,枉则直,洼则盈,敝则新,少则得,多则惑"表达了以退为进、不争而争的处世方式。一味求强、求盈,只会导致失败。"希言自然。故飘风不终朝,骤雨不终日,孰为此者?天地。天地尚不能久,而况于人乎?"表达了做人要少说话,谨慎发布政令是合乎于自然的。狂风刮不了一个早晨,暴雨也持续不了一整天。谁使它这样的呢?天地。天地的狂暴尚且不能长久持续,更何况是人呢?老子所说的这些古老的语录都蕴含着一个朴素的道理:量变积累到一定程度就会发生质变,要想长久恒远,就要懂得适可而止,防止质变,以防事情达到相反的效果。

1. 端谨则兴,骄泰则亡

"小心谨慎"也是老子所提倡的行事原则。其在《道德经·第十五章》中这样说道:"古之善为士者,微妙玄通,深不可识。夫唯不可识,故强为之容;豫兮若冬涉川;犹兮若畏四邻;俨兮其若客;

73

涣兮其若凌释；敦兮其若朴。旷兮其若谷；混兮其若浊。"大意为，古时候得道的人，微妙通达，深刻玄远，难以让人理解。正因为不能理解他们，所以只能勉强地形容他们：他们小心谨慎，（做事时）好像冬天踩着水过河；他们警觉戒备，好像（随时）防备着周边的危险、隐患；他们恭敬郑重，好像随时准备去赴宴做客；他们行动洒脱，好像冰块缓缓消融；他们纯朴厚道，好像没有经过加工的原料；他们旷远豁达，好像幽深的山谷；他们浑厚宽容，好像不清的浊水。

老子所谓的"道"本身都是玄妙精深、虚空无形的，它视而不见、听之不闻、搏之不得，故而常人很难真正"得到"，只有那些具有大智慧的人，才能体悟到"道"，才能掌握世间万物运行的规律，用俗话说就是"上知天文，下知地理，前知五百年，后知五百年"。而这些得道之士因为体悟了"道"的真谛，其为人处世、思想行为自然和常人有所不同，他们依从"道"来处世行事。所以，世俗之人"嗜欲深者天机浅"，他们极其浅薄，让人一眼就能够看穿；得道人士则静谧幽沉、难以测识。老子也说这些人只能"强为之容"。他们心理素质极好，人格修养极高，智慧出众，思虑缜密，淡泊名利，朴质无华；他们可动可静，可清可浊，不断改变，与时俱进。

高超和玄秘是相连的。老子认为可以"托天下"的圣人都是深不可识的，"术"就是要君主刻意变成这样，最典型的就是"藏于无事，示天下无为"，要求君主"去听""去视""去智"，装听不见，装看不见，装不知道事情真相，避免暴露自己，这使大臣摸不清君主的底细，没办法投其所好，也就没法掩盖他们自己的缺陷，而君主则可以看得明白，辨别出忠臣和奸佞小人。中国古代的许多君主确实是这样做的，他们喜欢藏在深宫之中，帘幕后面，人们不可以随意看到他们的样子，甚至抬头直视他们都犯了杀头大罪。就连武侠小说都深受其影响，很多精妙绝伦的故事中往往都有一个武功高强的人在幕后操纵，但人们却不知道他的样子，不知道他的身份，这种"隐藏"之道在当下仍具有现实的意义。比如，遇到险境要沉得住气，不随意发怒，以免暴露自己的弱点；得意时切莫忘形，以避免因为麻痹大意而为自己招来祸患，都告诉人们要时时谨小慎微，懂得"守""藏"之道。

当祸害来临的时候，我们几乎都是无法躲避开的，唯一的方法就是在灾祸还没有到来之前，时时谨小慎微，注意自己的言行，避免种下灾祸的种子。

2. 人的豁达源于对规律的了然

人内在的豁达源于对自然、人生之道的了然，对老子来说，这里的"道"多指自然或人生的规律，其在《道德经·第十六章》中讲道："万物并作，吾以观复。夫物芸芸，各复归其根。归根曰静，是曰复命。复命曰常，知常曰明。不知常，妄作凶。知常容，容乃公，公乃全，全乃天，天乃道，道乃久，没身不殆。"大意为：万物都一齐蓬勃生长，我从而考察其循环往复的道理。那万物纷纷纭纭，最终都将各自返回它们的本根。返回到本根就达到了清净安宁，它们在清静安宁中又复归于生命。（循环）复归于生命就是自然的永恒规律，认识了这种永恒的自然规律就叫作聪明，不认识这种自然规律而轻妄举止，就会导致灾凶。认识自然规律的人是包容博大的，包容博大就会坦然公正，坦然公正就能周备齐全，周备齐全才能符合自然的"道"，符合自然的道才能长生长存，终生不会遭到危险。这段话向我们阐述了一个道理，万事万物都有其规律，认识了这种永恒规律的人是聪明的，是包容和豁达的。也就是说，一个人要想拥有豁达的心胸、包容通达的智慧，就要看通自然真理、人生真谛，这样才能平和地面对生活中的一切。这与我们平时所说的"看得透想得开"是同样的道理。

对于我们来说，要变得豁达，就要看得通生与死的自然规律，看透人生真谛等。生死问题从来都是人生永恒的话题，在生的时候畏惧着死，将死的时候惦念着生，是我们凡夫俗子的最大心病。关于此，老子说："物壮则老，是谓不道。"是指一个东西壮大到极点，自然要衰老，老了表示生命要结束，预示另一个新的生命就要开始了。用通俗的话来说，真正的生命不在于现象上的生死，而在于灵魂和精神上的存在意义。所以，我们要看透生死，将生死看成一个自然的过程，一切顺应自然，不苛求，重生乐生，这样才能变得豁达，不会被后天的感情所扰乱了。

对死亡存在恐惧的人有很多，他们生的时候不懂得好好地珍视生命，被过多的忧虑和痛苦所缠绕，死的时候也不愿意痛快地死，该生的时候带着种种的忧虑，如何能活得健康，活得潇洒呢！

另外，关于人生真谛的问题，也是多数人所困惑的问题。其实，生命的真谛在于过程，一个人从婴儿呱呱坠地开始，生命就直指着终点——死亡，不会回头，毫无例外。终点毫无意义，而关键在生的期间，我们要赋予它怎样的内容。就如老子所说："夫物芸芸，各复归其根……复命曰常，知常曰明。"就宇宙而言，从一无所有的朦胧状态变为有形有象的明晰世界，又由有形有象的明晰世界回归到无形无象的朦胧状态；在有形有象的明晰世界中，由一种东西变成另一种东西，又由另一种东西变成了第三种东西。如此而已，永无止境。人生只不过是这一大流变中的一个瞬间，人生人死只是一种物的转化，故生不足喜，死不足悲。同时，生命的乐趣也绝不在于不断地奔跑，而在于享受多彩的过程。每天清晨出来呼吸一下新鲜的空气，给自己泡一杯清茶，听一曲优美的曲子，抑或是在休息的时候给朋友送去自己亲手做的糕点，或者是陪着父母一同坐在电视机前说一些琐碎的家常，等等，这些过程都让生命变得精彩而有意义。所以，生活中，我们切勿太过注重结果，而忘记了享受过程的精彩。

3. 无欲则刚：祸莫大于不知足

老子在《道德经·第五十五章》中说："含德之厚者，比于赤子。毒虫不螫，猛兽不据，攫鸟不搏。"大意为，道德涵养浑厚的人，就好比初生的婴孩。毒虫不螫他，猛兽不伤害他，凶恶的鸟不搏击他。在老子看来，只有道德涵养浑厚的人，才能像婴儿一样。老子认为婴儿是人最纯真、最朴实的状态，他无知无欲，还没有受到任何外界的干扰，故而其在《道德经·第十章》说"专气致柔，能如婴儿乎"，在《道德经·第二十八章》说"常德不离，复归于婴儿"，在《道德经·第四十九章》说"圣人皆孩之"。可见在老子心中，人们因为受到外界事物的诱惑，产生了私欲杂念，以致自己偏离了本来的纯真，修道之人需要做的就是摒弃妄念，削损欲望，重新回归婴儿般的无思无虑、无求无欲，这样的人是无敌的，这与孔子"无欲则刚"的说法是如出一辙的。

在老子看来，人生的许多灾难都源于人无"度"的欲望。关于此，老子在《道德经·第四十六章》中说："祸莫大于不知足；咎莫大于欲得。故知足之足，常足矣。"老子认为，人生最大的祸患就是不知足，最大的过错就是贪欲多。所以知道满足才会永远知足，这也给当下的我们以忠告，在追求成功、财富的道路上，要懂得适可而止，要懂得知足，不可过分地贪婪，否则，必将走向自我毁灭。

人的贪婪好比一樽心灵的毒酒，它腐蚀人的灵魂，是一切罪恶的根源。生活中，很多人为了获得个人私利，不择手段，不仅会使心灵背负太多的东西，最终也会走上自我毁灭的道路。

和珅是乾隆年间臭名昭著的大贪官，他生性贪婪，依仗着皇帝对他的宠信，贪赃枉法，巧取豪夺，不择手段，卖官鬻爵，个人财产富可敌国。他的私欲已经达到了无法满足的地步，正是无尽的贪婪终将他送上了断头台。

嘉庆皇帝在抄他家的时候，他的财产折合白银达二亿二千三百八十九万余两，而当时整个大清朝的年财政收入也还不到四千万两。和珅可谓是贪官中的"极品"，他将贪婪演绎到了极致。后来，有人评价说，哪怕再给他双倍的财富，他可能也不会满足吧！

不可否认，每个人都有欲望，人人都想过上美满幸福的生活，都希望自己能够丰衣足食，这是人之常情，然而，如果将这种欲望变成不正当的欲求，变成无止境的贪婪，那我们就在无形之中变成了欲望的奴隶了。在欲望的支配之下，我们会为了权力、地位、金钱而削尖了脑袋往里钻。我们常常感到自己非常累，扪心自问：这样的生活，不累吗？被欲望死死地压着，能不筋疲力尽吗？

伟大的作家托尔斯泰曾经讲过这样一个故事：

有一个人很想在当地得到一块土地，地主就对他说道："清早，你从这里往外跑，跑一段就插个旗杆，只要你在太阳落山之前赶回来，插上旗杆的地都可以归你所有。"

于是，那个人就拼了命地往前跑，直到太阳偏西了还不满足。太阳落山之前，他是跑回来了，但是人已经精疲力竭，摔了个跟头就再也没有起来。于是有人就挖了个坑，就地埋了他。

最后，牧师在为他做祈祷的时候说道："一个人需要多少土地呢?"其实，就这么大一点。

一个人需要的"土地"也就那么大，何必去苦苦追求，把自己的性命也搭上呢？所以，让我们斩断过多的欲望吧，将一切欲望减少，再减少，从而让真实的欲求浮现。这样，你就会发现真实的、平淡的生活是最为快乐的。拥有这样超然的心境，你就能做起事来不慌不忙、不躁不乱、井然有序。面对外界的各种变化不惊不惧、不愠不怒、不暴不躁，面对物质诱惑，心不动，手不痒，不会因为小事而斤斤计较，也不会为功名利禄而被拖累。活得轻松，过得自在。白天知足常乐，夜里能安宁入睡，走路感觉踏实十足，生命活得安然而自在。

4. 福祸相依：别因得失或喜或悲

"祸兮福之所倚，福兮祸之所伏。"这是老子所有言论中非常有名的话语了。它告诉人们，祸患中孕育着幸福，幸福中隐含着灾祸；身处于灾祸悲伤之中，要坚定自己的信念，等待幸福来敲门，在成功富贵之时，要时时警醒，防止隐藏着的灾难忽然降临。古人有"塞翁失马，焉知祸福"的说法，这与老子所说的福祸理论是相同的。

在边塞上有个老翁，一天，家中仅有的一匹马跑丢了。邻居都觉得很可惜，老翁却说："怎见得这不是一件福事呢?"几个月后，跑了的那匹马带回一匹骏马。失马还另得一马，引得邻人都来祝贺。老翁又不以为然，说："怎见得这不是一件祸事呢?"果然，没几天，他儿子驯马时把腿摔断了。这时，邻人又都来表示同情，老翁又说：

"这可能又是件福事哩。"不久，边境发生了战争，壮丁都被抽去打仗，而且十有八九都战死了，老翁的儿子因断了腿没有被抽走，成为战争的幸存者。在这个故事的最后，作者感叹道："故福之为祸，祸之为福，化不可极，深不可测也。"

可见，生活中所谓的好事或坏事，福和祸都不是绝对的，而是相对的，在一定条件下是可以相互转化的。世界上任何事物都不是僵死不变的，其自身的矛盾都会在特定的条件下发生转化。这就是老子所说的"道"的规律，如同自然界中，白天转化为黑夜，黑夜转化为白天。春夏秋冬，依次互相转化一样。一种能可以转化为另一种能，一种元素可以转化为另一种元素。

从前，有一位国王很喜欢打猎。有一次在追捕猎物时，不幸弄断了一截食指。国王剧痛之余，立刻召来一位富有智慧的大臣，征询他对意外断指的看法。智慧大臣仍轻松自在地对国王说，这是一件好事情，并请国王往积极的方面去想。

国王闻言大怒，以为智慧大臣在幸灾乐祸，即命待卫将他关进监狱之中。

待国王的断指伤口愈合之后，国王又兴冲冲地忙着四处打猎，不幸却被丛林中的野人活捉。

依照野人的惯例，必须要将活捉的这队人马的首领献祭给他们的神。祭奠仪式刚刚开始，巫师发现国王断了一截手指，而按他们部族的律例，献祭不完整的祭品给天神，是会受到天谴的。野人连忙将国王解下祭坛，驱逐其离开，另外抓了一位大臣献祭。

国王狼狈地回到朝中，庆幸大难不死。忽而，他想起智慧的大臣曾说，断指是一件好事情，便立刻将他从牢房中释放出来，并当面向他道歉。

智慧大臣还是保持他的积极的态度，笑着原谅国王，并说这一切都是好事。

国王不服气地质问："说我断指是好事情，如今我能接受；因我误会你而将你关进牢中受苦，这难道也是件好事情吗？"

智慧大臣微笑着说："臣在牢中，当然是好事。陛下不妨想想，如果臣不在牢中，那么，今天在祭坛上的大臣会是谁呢？"

这个故事告诉我们，人生的祸和福是相互依存的，失去是另一种获得，"得"往往就在"舍"的那一瞬间。所以，生活中，当你失去的时候，请不要悲伤和沮丧，你会发现，你会有所收获；当你得到的时候，也请你不要得意骄傲，也许你已经为这份收获失去了什么。不管舍还是得，我们都要有一个平和的心态，因为上帝是公平的，世事是有因果的，福也好，祸也罢，我们都该微笑应对，坦然地接纳！

5. 长存法则：懂得"守藏"之道

老子主张"守与藏"之道，在《道德经·第九章》中，他阐述了做人应"适可而止"的道理。"持而盈之，不如其已；揣而锐之，不可长保。金玉满堂，莫之能守；富贵而骄，自遗其咎。"大意为，执持盈满，不如适时停止；显露锋芒，锐势难以长久保持。金玉满堂，无法守藏；富贵且骄横，是自寻祸患。老子在这里向我们阐述的是一种"守藏"之道，一个人要想长久地存于世，就要懂得谦卑，不能随意张扬。在当下，他给我们的启示就是，在现实中遇到险境时，要安心"隐藏自己的锋芒"，坦然接受坎坷，及时思考自我，随时寻找机遇，最终都能如愿以偿，一击必成。

《周易》有云："君子藏器于身，待时而动。"一个人的才能就像刀剑的锋刃，可以加以利用，亦可被其所害。因此，夸饰自己的才能好比随意向别人袒露防身的武器。有才之人须懂得藏锋不露，隐器于身，待时而动；喜欢炫耀而不知收敛，必将招致祸患而不自知。

三国时期，群雄争霸看的是谁能够坚持长久，谁能够笑到最后，这其中性格比较急躁的诸侯，如董卓、袁术、袁绍都早早地失败了，因为他们太急功近利、锋芒毕露了，过早地消耗掉了实力，失去了民心的支持。雄霸一方的曹操却不着急称帝，刘备就更加小心潜伏着。且看一段印于历史的佳话"青梅煮酒论英雄"。

刘备归附曹操后，每日在许昌的府邸里种菜，以为韬晦。用张飞这个粗人的话讲，就是"行小人事"。刘备乃当时豪杰，虽手下将领只有关张二人，兵不过数千，但一向"信义著于四海"，且"盖有高祖之风，英雄之器"，和刘邦一样，都不是屈居人下之人。曹操何等人物，遍识天下英雄，当然对刘备有很透彻的了解。他自然也知道，一旦羽翼丰满，刘备将是一位非常可怕的对手。这场酒局，远不是那种朋友畅叙的欢聚，分明是一场政治试探和政治表态的会面。

酒至半酣，二人遥看天上变幻的风云，好像神话中传说的蟠龙一样幻化着。曹操感叹地说："龙这种东西，好比世上的英雄。使君啊，你来说说看，当今世上，有谁能够称得上英雄？"

刘备请教似的问："袁术拥有淮南，兵广粮足，算得上英雄吗？"

曹操摇了摇头。

刘备又问："荆州的刘表、益州的刘璋、江东的孙策以及张绣、张鲁、韩遂等人，他们算得上英雄吗？"

曹操不停地摇头。

刘备仍然装作一脸不解："袁术的堂兄袁绍，虎踞河北，麾下人才济济，应该算得上一个英雄吧？"

曹操说："袁绍看上去厉害，其实胆子很小。虽然他有很多聪明的谋士，可他自己却欠缺一个领导人应有的决断能力。像他这种人啊，干起大事来总是不愿意付出，见到一点小利益却又不顾危险，不算是什么真英雄。"

刘备以上的这些回答着实高明，因为当时但凡一个市井小民都会如此回答。这样，曹操也就认为刘备见识一般，和常人无异了。

接着曹操给出了当世英雄的标准，他说："夫英雄者，胸怀大志，腹有良谋，有包藏宇宙之机、吞吐天地之志者也。"

刘备继续装痴，问道："谁能当之？"

曹操用手指向刘备，然后又指了指自己，说："今天下英雄，唯使君与操耳！"

当时大雨将至，雷声大作。刘备佯装受了惊吓的样子，筷子掉到了地上。

"一震之威，乃至于此。"曹操笑着说，"丈夫亦畏雷乎？"

刘备诚惶诚恐："圣人迅雷风烈必变，安得不畏？"将内心的惊惶巧妙地掩饰过去了。

当曹操高谈阔论，眉飞色舞，肆无忌惮地抒发英雄气概之时，刘备却能寄人篱下，忍辱负重。试想，这般忍辱对于一个英雄来说是需要多大的气魄！由此也证明了一句话：雌伏是为了雄飞，而非隐退；沉默是为了雄辩，而非噤声；忍辱是为了雪耻，而非饮恨。

《麦田里的守望者》里有一句话是这样说的："一个不成熟男子的标志是他愿意为某种事业英勇地死去，一个成熟男子的标志却是他愿意为某种事业卑贱地活着！"刘备就用他那特有的执着坚韧、韬光养晦、不露锋芒给予了"成熟"最完美的诠释。

刘备之锋，路人皆知。只是在当时环境之下，曹操以"锋"为刺，所以不得不藏。倘若真是有锋，便不急露于一时。免了眼前患祸，刘备才有机会装备兵力，以争天下。如若刘备逞一时之快，连声响应，那杀身之祸就不远了，又何来资本与之争天下？懂得适时地"藏锋",才不会失去更好的"露锋"机会。

抱头藏尾是等待机遇，蓄势待发。每个人的人生难免会遇到逆境，即便自己才华横溢，也会有不被世人认可的时候。愚者往往陷入愤世嫉俗的圈子，永远无法逃离，才华便在不断的绕行中消耗殆尽。但是有一个人却从中领悟到了这一点：

中学毕业后，他就开始了艰难的谋生和创作生涯。到 30 岁时，共收到 60 余封退稿信，但他并未气馁，依然默默地耕耘着。

他并未做出毫无意义的"挣扎"，反而一面不断在图书馆里进修，一面刻苦创作新的作品。后于 1892—1950 近 60 年间，他创作了 52 个剧本，逐渐让社会注意到他，并凭借一部《人与超人》奠定了他"西欧戏剧大师"的地位。

《伤心之家》《千岁人》《圣女贞德》都是他 60 岁以后的重要作品，在技巧和情调方面均出现了崭新的姿态。80 岁以后，他还孜孜不倦地创作出了四个剧本：《波扬家的亿万浮财》、《牵强附会的寓言》、《莎萧之战》、《她为什么拒绝了》（未完成）。

他就是继莎士比亚之后英国最杰出的戏剧家、诺贝尔奖获得者萧伯纳。

相信所有智者都懂得，时刻武装好自己，在时机成熟时崭露锋芒是多么重要！遇到挫折时，暂且平静，沉下心来，藏起本就拥有的锋芒，做更充分的准备，这便是下一次保证成功的关键。

6. 以柔克刚：柔弱可以胜刚强

道家主张"守柔无为"的做人做事原则。老子说："天下之至柔，驰骋天下之至坚。"意思是说天下柔弱的东西，可以变通穿行于最坚硬的东西之中。为什么会如此呢？因为至柔弱的东西善于改变自己，懂得变通，这就是以柔制刚的道理。

殷商时期有一位贵族，叫商容，是当时一位很有学问的人，老子就曾向他求过学。在商容生命垂危的时候，老子来到他的床前问候："老师您还有什么要教诲弟子的吗？"

商容说："我的学问你已完全掌握了，而且还有你自己的发展。现在我只想问你，人们经过自己的故乡时要下车步行，你知道这是为什么吗？"

老子回答说："我想这大概是表示，人们没有忘记故乡的养育之恩吧。"

商容点了点头，又问道："走在高大茂盛的古树之下，人们总要低头恭谨而行，你知道其中的原因吗？"

老子回答说："那是因为大家仰慕它顽强生命的缘故吧。"

商容满意地笑了笑，然后张开嘴让老子看了看，又继续问："你看我的舌头还在吗？"

老子大惑不解地说："还在啊。"

商容又问道："那么我的牙齿还在吗？"

老子说："已全部掉光了。"

这时商容睁大了眼睛看着老子，说道："你明白这是什么道理吗？"

老子想了一会儿说道："我想这是因为刚强的容易过早衰亡，而柔弱的却能长存不坏吧？"

商容欣慰地笑了："你能悟出这个道理，我死而无憾了。"

坚硬的牙齿象征着刚强。有时候一不小心还会咬着柔弱的舌头，舌头破了还会长好，而牙齿坏了，就不能自己修复了。舌头虽然柔弱，但是它的寿命要比牙齿长得多。正是刚则易折，柔可保身，一时的厉害未必是真的强大，能活到最后的才是真正的强者。

在老子看来，那些看上去软弱的柔要比看上去强大的刚要强，这是事物发展深层次的道理。那么，"柔"是否能克制"刚"呢，答案是肯定的。水滴石穿就是这样的一个道理。

水滴之所以能够穿透石头，其关键在于"水滴"的韧劲。水滴之量很微，水滴之力又小，但却能将坚硬的石头滴穿，这是因为它有锲而不舍的韧劲。韧者，柔而固也，水滴那柔软而牢固的特征最为集中地揭示了意志的坚毅品质。

在这个世界上，最坚硬的东西，只有用柔软的东西才能化解，因为已经再没有比它更坚硬的东西了。正所谓"以柔克刚"，这个"柔"，是智慧与修养的结晶，是需要长时间修炼才能拥有的。

司马懿是三国时期的一个谋臣，和其他大臣不同，他不仅能治国安邦，还能带兵打仗。他与诸葛亮的斗争持续了几十年，最让他引以为豪的就是祁山之战，这场持久战打了整整 6 年。

有一次，诸葛亮亲自率领蜀国大军北伐曹魏，司马懿认为蜀军远道来袭，后援补给必定不足，所以决心闭门休战，对蜀军不予理睬，准备拖延时日以消耗蜀军的实力，等待取胜的良机。

诸葛亮多次派兵到城下骂阵，企图激怒魏兵，引诱司马懿出城决战，但司马懿却一直按兵不动。骂阵不见成效，诸葛亮于是用激将法，派人给司马懿送去一件女人的衣裳，并修书一封：你身为大将，统帅数万中原大军，却不敢应战以决胜负，每天躲在土巢之中，这完全是女人的所为。所以我派人送给你一套女人的衣服，你穿上以后会比较合身。

司马懿看后心中大怒，但是表面上还是故作镇静，笑着对使者说："孔明把我看成了妇人吗？"司马懿不仅当时接受了礼物，还当着大家的面把那件女人衣服穿了起来，并且下令好好招待前来送衣的蜀国使者。

魏军众将得知此事，无不气愤，纷纷来到司马懿大帐请命出战。但是司马懿却说："众将有所不知，我并不是不敢出战，而甘心忍受侮辱，只是天子早有命令，让我们坚守不战。如果大家执意要出战，待我奏明圣上后再行决定。"

司马懿随后上书魏明帝，假意愤恨难平，请求出兵。魏明帝看完后有些不解，便召集众大臣商议："司马懿之前要求坚守不出，为什么如今又上表求战？"

大臣卫尉辛毗说："司马大人想必是因为诸葛亮的这一番侮辱，使得众将愤怒，才故意上了这道表章，目的是希望陛下重申坚守不战的旨意，以平复众将之愤怒。"

曹叡认为十分有道理，便下了一道圣旨："如果再有人胆敢提出迎战，便以违抗圣旨论处。"司马懿的手下只好服从命令，不敢再提出请战的要求。

后来的事态发展也正如司马懿所料。诸葛亮由于长期积劳成疾而旧病复发，不幸病逝，蜀军因为没有军师坐镇，而且补给不足，只得悄悄退兵。这一战，司马懿不战而胜。

就像古代民间英雄打虎，极少有人直接与其正面肉搏。人们都是在老虎扑向他时，灵活躲避，避开锋芒，几个回合后，老虎锐气大减，体力和智力大打折扣，这时再向其发起致命的进攻。

刚有时候代表着强，但并不意味着长久；柔有时候代表着弱，但并不意味着失败。刚者的弱点就是易折，不能持之以恒。针对刚的弱点，柔就能很好地对付刚，用耐心和持久的努力，最终的胜利还是属于柔的。

7. 曲则全：妙用"曲线"处世

老子向来主张"无为柔曲"之道，他认为，无为、柔弱、弯曲是事物长存恒久之道。其在《道德经·第二十二章》中说："曲则全，枉则直，洼则盈，敝则新。"在老子看来，委屈便能保全，屈枉便会直伸，低洼便会充盈，陈旧便会更新，这可以理解为一种安身处世的法则。

对于老子的"曲则全"的说法，著名国学大师南怀瑾是这样理解的，他说："老子将我们老祖宗传统的原则紧紧地抓住了，指出了做人处世与自利利人之道——曲则全。为人处世，要学会巧妙是地运用曲线，由此一转，便万事大吉了。"同时，南怀瑾在诠释老子的这个"曲则全"的处世智慧时认为，为人处世要走直路，多走弯路才能全，处理事情转个弯也就能获得成功。比如说小孩玩火，大人直接责骂干涉，小孩就会跑，起不到实际的教育效果；如果转个弯教育他，以后便不会再玩火了。这就是"曲则全"的处事艺术。

国学大师南怀瑾有个朋友叫侯承业，平时说话直言快语，常因直接批评别人而得罪对方。

有一次，当办公室没有其他人的时候，南怀瑾就请他进来，随即写了句话给他："扬善于公堂，规过于私室。"接着说道，"你同你的妻子富士最大的不同点就是，富士每做一件事情的出发点都是为别人好，去帮助别人，就是批评或指责别人，别人还会心存感激。而你呢，虽然你与她的目标是一样的，也做了好事情，但出发点却不同，你是认为别人做不好，所以你一定要做好，你是不服气，所以你做起来是十分辛苦。你可谓是儒家的'中流砥柱'。而富士是遵循道家所谓的'顺其自然'，也就是顺其势，知其力，再用其势。这样不仅获得了别人的感激，也达到了自己的目标。"

侯承业听了这几句话，十分受用。他认为南怀瑾指出了自己一生最大的毛病，是十分中肯的，所以，他就愉快地接受了他的批评。

在上述故事中，南怀瑾先生实际上是用了"婉转批评"的"曲线"法则。他选择在办公室无人的时候与侯承业面谈，并在谈话中，将他与其妻子在批评别人的时候的不同出发点以及主要的处事方式进行了比较，十分含蓄地指出了他因直言而得罪他人的缺点，看似没有一句批评之语，却句句中肯，声声入耳，因此侯承业才能够愉快地接受。南怀瑾先生只是稍微转了一个弯，就达到让别人改正错误的目的，真可谓"以曲求全""以曲求直"。

几何学上认为，直线距离是空间上最短的距离。然而，在为人处世中，最短的距离不是直线的距离，而是曲线的距离。因为"曲线"，更能够拉近人与人之间的距离，因为"曲线"使许多事情更容易达成。处世要讲婉转的美。

然而，在现实生活中，许多人却不懂得这个道理，当承受不住来自生活各方面压力的时候，因为不懂得弯曲低头，最终使自己身心疲惫，耗尽精力，也为此付出了极大的代价。

在一个阳光明媚的午后，一只美丽的花蝴蝶从敞开的窗子飞进了一幢漂亮的房子中，一圈又一圈地不停地飞舞着，它的舞姿吸引了房子的主人，主人的目光顿时随着这只蝴蝶运动的曲线而飘移。飞了几分钟后，蝴蝶的舞姿越来越凌乱了，显然它是迷路了。

迷失方向后，蝴蝶开始在屋子上空焦急地寻找出路，有好几次它差点就要飞出窗子了，但是它总是拼命地使自己往高飞，最终撞在窗子上空的天花板，它使尽全力为了让自己飞得更高、更远，但是它哪里知道，只要它飞得再低一些就会飞出窗子，飞向外面的世界了。最终，这只因为在高空盘旋而不肯弯曲低飞的蝴蝶却耗尽了全力，奄奄一息地落在地板上。

现实生活中，有很多人都会如这只蝴蝶一样，遇事不肯低就，结果不仅把自己搞得身心疲惫，还错失了光明的前程。

人生在世，每个人都会遇到压力，当你承受不住的时候，不妨就灵活地弯曲一下，向生活低个头。做人虽然不可无傲骨，但为人处世也不能总是昂着头，那样只会让你错失眼前美丽的风景，甚至还会因看不清脚下的路而栽跟头，弯曲低头是为了更好地站立。

千百年来，我们一直推崇"大雪压青松，青松挺且直"的精神，但是那些小枝干无法承受这样的压力时，它却还要坚持"挺且直"，最终的结果只有一个，枝断干折。那么，当身上的"积雪"压得自己喘不过气来的时候，不妨试着弯曲一下，抖落满身的积雪，就可以为以后自己长成参天大树创造条件。

"曲全""枉直""洼盈""敝新"，老子用寥寥数语点破了处世的精髓，这也备受南怀瑾先生的推崇。人世间的许多事情，只要思路一转，变直为曲后，便可以化腐朽为神奇。以言谈为例，那些善于言辞之人，讲话婉转而圆满，既可以达到目的，又能够皆大欢喜。

"曲"的内涵是极为丰富的，比如：柔和、变通、圆融、灵活、弹性、应变、适应、隐藏、低调、退让、适度地妥协……为人处世，学会巧妙地运用曲线，实际上是为了更好地站立。有时候，适当的弯曲是一种理智。

弯曲也不是妥协，更不是一种毁灭，而是在战胜困难时的一种理智的忍让，是为了让生命锻炼得更坚强。

人世之旅，有诸多的磨难与坎坷，很多时候难免要直面矮檐。而弯曲就是生命在不堪重负的情况下，适时适度地低下头，躬一下腰，抖落掉多余的沉重，以求走出矮檐而步入华堂，避开逼仄而迈向辽阔。唯有如此，人生之旅方可伸缩自如。

8. 月盈则亏，水满则溢

俗话说"月盈则亏，水满则溢"，月亮圆的时候就容易发生月蚀，水满了就会溢出来，寓意事物盛到了极点就会衰落。

所谓万事万物皆有度，自然规律中存在的一条铁定的规律是"物极必反"。任何事情到了一定的限度，都会出现矛盾转化的现象。比如，绷紧了的发条终有一刻会断裂，自高自大的人必然会遭受挫折，等等。

范进中举的事例也告诉人们：情绪激动过度了，不仅会喜极而泣，甚至喜极而疯。古人有"合久必分，分久必合"的感慨，所谓此消彼长、物盛则衰，是万物发展的一种规律。

做人也是如此，人常说"骄兵必败"。任何自命不凡、盛气凌人、目中无人、目空一切、自高自大、咄咄逼人的人不仅不讨人喜欢，更会给自己招来横祸和失败；那些平易近人、谦虚谨慎、大智若愚、和蔼可亲、光明磊落、宽宏大量的人不仅会受到人们的尊敬和爱戴，自己也会受益匪浅，正所谓"谦受益，满招损"。

在人生的道路上，我们不能违背事物的发展规律，否则就会四处碰壁而远离幸福。我们要把握住万事万物发展的真谛，并将其运用到我们的生活中。

有一只狐狸总是喜欢自夸自大、目中无人。它凭借自己狡猾的小聪明，总是占小动物们的便宜。小动物们吃亏上当久了，见了狐狸都害怕了，躲得远远的。这样一来，狐狸还以为自己成了"森林之王"。

一天傍晚，狐狸出去散步，一路上它总觉得有什么东西跟着它。

狐狸回头一看，看到的是一个巨大的影子，它觉得非常奇怪，这是怎么回事呢？自己的影子好像从来没有这么大过。狐狸故意跳来跳去，影子也跟着它闪来闪去。狐狸这才知道原来这个巨大的影子是自己的，它高兴极了。因为，狐狸平时就觉得自己很高大伟岸，但是一直苦于没有证据，现在终于找到了表现自己优越感的证据了。

为了表现自己的伟大，狐狸就故意来到了老虎的家门口，对老虎说："不要以为你是森林之王，我才是，我可以证明给你看。"这时，好多小动物们都聚拢过来围着看热闹，许多小动物悄悄地说道："狐狸平日里在咱们面前盛气凌人、耍威风就行了，今日竟敢在老虎面前逞威风，真是不想活了。"

狐狸听到了小动物们的窃窃私语，便叫嚣道："你们这些小东西懂什么，不信我证明给你们看。"狐狸指着地上自己的巨大影子说，"你们看，我的影子是不是比老虎的影子大？""这是你的影子吗？"小动物们不信地问。

"当然是了，不信，我跳给你们看。"狐狸随即跳起来，地上的影子也跟着跳起来，狐狸跳到那边，影子跟到那边，狐狸越跳越得意忘形，最后甚至翩翩起舞，在一旁气得浑身发抖的老虎根本不理睬。最后，老虎终于发威了，大吼一声扑了过去，把狐狸咬死了。

狐狸的目中无人和骄傲自大，最终葬送了自己的生命，自食了恶果。人生也是一样，我们要引以为戒，不要在今后的生活中上演"狐狸"的一幕，要走好脚下的每一步！

经典名著《红楼梦》中也曾经提到了"月满则亏，水满则溢"这个道理，是出自秦可卿之口。虽然这或许只是一个故事，但是其中的道理却值得我们每一个人深思、回味！

作者曹雪芹安排秦可卿把这道理托梦说给了王熙凤听。在贾府表面看起来很兴盛的时刻，秦可卿却一命归西了。

这一天夜里，王熙凤睡着以后，做了一个稀奇古怪的梦。她梦见死了的秦可卿来向她告别，秦可卿说道："婶子，我现在要走了。但是我有一件心事必须要对你说，因为婶子平日里对我不薄。"

"你有什么事就说吧。"王熙凤说。

"婶子，在女人里面你是出类拔萃的人，然而你却也是个糊涂人，你怎能不明白'月满则亏，水满则溢'这个道理呢？所谓'百年之虫，死而不僵'，你别看咱们贾家一百年来繁荣昌盛，但现在只是表面的现象。'树倒猢狲散'，总有一天贾家难免会衰落，大家落荒而逃。"

王熙凤听了，说道："你说得很有道理，但是怎么能眼看着咱们这一个大家庭破落衰败呢？有什么办法可以维持吗？"秦可卿摇摇头说道："婶子，你怎么还不明白呢？天下没有不散的宴席，荣华富贵不可能世世代代享受不尽。我看你还不如现在早作打算，给自己留条后路，保护自己。"

最后，秦可卿走的时候，又嘱咐道："婶子，你记住，三春去后诸芳尽，各自须寻各自门。"意思是说花儿凋谢了，都会各自寻找各自的出路了，寓意贾府衰败了，里面的所有人都必须要各自寻求自己的出路了。

看过《红楼梦》的人都会感慨四大家族的兴衰，尤其是曾经极其兴盛的贾府。贾府的金银财宝、奇珍异宝是多少穷人所羡慕的；府里有着成百上千的丫鬟服侍，里面的小姐、太太享受着人间的快乐。然而正是这样一只"百足之虫"，最终也难免遭来横祸，走上衰败的一天。

生活中，万事变化都遵循着一定的规律，物极必反。

终会有一天，富人也许会变成穷人，高高在上的人也许会遭万人唾骂。正如老子所言："飘风不终朝，骤雨不终日，孰为此者，天地！天地尚不能久，而况于人乎？"

因此，在兴盛的时刻，千万不要得意忘形，骄傲自大，需要明白美好的东西都会尽数地还给时光。

道家极其强调"物极则反"的辩证法思想，做人也是如此，时刻要记住"月盈则亏，水满则溢"的道理和智慧。

在平凡的生活中，我们要居安思危，要学会从反面看待事物。骄傲的反面是谦虚，圆满的反面是缺陷，高调的反面是低调。我们要时刻告诫自己，不断地中和自己的思想，平和自己的心态，净化自己的心灵，做自由快乐的自己！

9. 欲速不达，循序渐进

《道德经·第六章》中有这样一句话："绵绵若存，用之不勤。"意思是说大道就如同一缕游丝，虽然绵延不绝却看不见形迹，但是它所发挥的作用却是永远不能衰竭的。这就告诉我们：世间万物的发展是有规律的，只有不勤不惰、稳定一贯、持久永恒才能循序渐进，才能脚踏实地，一步一步地走出宽敞大道来。

正如一日三餐，只有细嚼慢咽，才能品出其中的美味来；在欣赏风景时，只有步伐慢点，目光停留下来，才能欣赏到真正赏心悦目的美景。做人也是如此，学会"慢"的境界，当然这里所说的"慢"并不完全是性格上的慢性子，而是循序渐进的耐心、智慧、策略和境界！

宇宙万物都在一定的规律中不急不慢运行着，所以才会有秩序井然的四季轮回、草长莺飞！我们每个人也只有在适当的步伐当中才会走得稳、行得正！

一位著名的推销大师被人们邀请到城中最大的体育馆，进行一场职业生涯的演说。离演说开始的时间还有很长，体育馆里到场的人们已经有很多，等到开场的时候，聚集的人已经密密麻麻，有坐着的，有站着的，有的是来凑热闹的，而大部分是想来听一听大师的成功秘诀究竟是什么？

可是当舞台的大幕徐徐拉开后，出现的是在舞台正中央吊着的一个巨大铁球。接着，推销大师缓缓走出来，大家惊奇地望着这个巨大的铁球不知道他要干什么。大师指着旁边的一个大铁锤说："你们谁可以拿着这个大铁锤把这个铁球敲得让它摆动起来呢？"

推销大师话音刚落，就有许多年轻人纷纷跑上来大显身手。可是铁锤虽然把铁球敲得震耳欲聋，但是铁球却丝毫不动。一个又一个的年轻人试过后都垂头丧气地走下舞台，终于没人再敢上来，大家静静地等候推销大师的答案。

这时，推销大师从衣服兜里拿出一个小铁锤，观众爆笑，推销大师不理，他走到大铁球旁，认真地敲起来。小铁锤碰上大铁球，发出像蚊子一样的嗡嗡声。10分钟过去了，观众停止了笑声，推销大师还在认真地敲打着。20分钟过去了，在场的观众开始各做各的事情，有说笑的，有吃零食的，有的甚至起身离开……30分钟过去了，观众终于按捺不住，开始躁动起来，有人开始大声喊叫，有的人干脆叫骂起来："什么鬼玩意儿呀！"然后愤然离去，但是推销大师好像根本没有听见这些声音，一如既往地敲打着大铁球。

又过了10分钟，突然，坐在第一排的一个青年叫起来："球动了！"刹那间，全场的人安静下来，屏住呼吸，瞪着眼睛观察大铁球。果然，大铁球在大师一锤又一锤的敲打下，越荡越高，它带动的气流像一阵风吹乱了推销大师的头发。足足过了5分钟，全场的人才反应过来，爆发出雷鸣般的掌声。

这位推销大师只说了一句话："我这一生没有什么成功的秘诀，我只是比你们有耐心而已，我喜欢一步一步来，按规律来。"

欲速则不达，的确如此！任何事物如果只追求速度，只追求结局，便会忽略掉了过程的美好。欣赏风景如此，人生亦如此。凡事都不能急于求成，在循序渐进中有了量变才会有质变。

任何人任何事都不能只在速度上追求指标，过于性急，必会造成焦躁的心理，必然会导致半途而废。

有一个小男孩，特别喜欢研究生物，尤其是对昆虫，更加感兴趣。一天，他看到一只美丽的蝴蝶，便心想：这么美丽的蝴蝶却由丑陋的毛毛虫变成的，毛毛虫是怎样破茧成蝶的呢？

小男孩在草丛中寻觅了老半天，终于看到一只蛹，便高兴地拿回家，开始了观察和研究。他很是认真，废寝忘食。终于在几天之后，那只蛹的背上出现了一条裂缝，小男孩看见里面的蝴蝶开始缓缓地挣扎，慢慢地，蝴蝶的挣扎幅度开始加剧，它试图抓破蛹壳飞出来。但是几小时后，蝴蝶仍然在辛苦地挣扎，蛹壳对于弱小的它来说实在太坚硬了，小男孩看在眼里急在心里，他不忍心让蝴蝶这么辛苦了。

小男孩想要帮助蝴蝶，于是，他便拿来剪刀，小心翼翼地将蛹剪开，蝴蝶终于破茧而出，小男孩高兴地拍起手来。但是，蝴蝶在空中刚飞了一小会儿便重重地摔倒在地上。原来，蝴蝶的翅膀没有经受磨炼根本不能撑起它的身体。就这样，蝴蝶再也没有飞起来，不久，它便悲惨地死了。

人们经常喜欢用"破茧成蝶"来比喻和形容一个人经受了很大和很久的磨难，才达到某种程度，修成正果！因为破茧成蝶的过程是非常艰辛和痛苦的，它需要时间，它需要适宜温度，它需要自身努力地挣扎和对生命的无限向往！只有经受了这些历程才能换来日后的翩翩起舞!

小男孩根本不懂得生命繁衍和进化的过程。无论他的举动是为了帮助蝴蝶，还是好奇心的驱使，总之他是害了蝴蝶。他违背了自然的发展规律，不懂得万事万物都需要遵守循序渐进的原则，当然得受到自然规律的惩罚，为蝴蝶的生命买单!

这些故事告诫人们，做人做事都不能急功近利，鼠目寸光，而应该放远眼光，学会韬光养晦和厚积薄发。所谓"水到渠成"，只要你努力奋斗、慢慢积累，自然会向着自己的心中目标一步步靠近。

10. 不急于求成，注重点滴的积累

任何事物的发展都是由量变到质变的一个过程，老子在《道德经·第六十四章》中讲道："合抱之木，生于毫末；九层之台，起于累土；千里之行，始于足下。"这是老子的经典语录，它蕴含着一个朴素的道理：量变积累到一定程度就会发生质变。一个人，如果坚持每天进步一点点，终有到达成功的那一天。

关于这一理论，庄子也极其认可。《庄子·杂篇》中讲到这样一个故事，是说颜成子游说其获得成功的历程："自吾闻子之言，一年而野，二年而从，三年而通，四年而物，五年而来，六年而鬼入，七年而天成，八年而不知死、不知生，九年而大妙。"在这里，颜成子游对东郭子綦说："自从我听了你的谈话，一年之后就返归质朴，两年之后就顺从世俗，三年豁然贯通，四年与物混同，五年神情俱得，六年灵会神悟，七年融于自然，八年就忘却生死，九年之后便达到了玄妙的境界。"

颜成子游从听了东郭子綦的话到最后达到"玄妙的境界"，整整

用了 9 年时间。这告诉我们，一个人无论做什么事情都一定不能急于求成，只要每天学习，每天进步一点点，日积月累，自然就会获得最后的成功。

海尔集团张瑞敏说："什么叫作不简单？能够把简单的事情天天做好，就是不简单；什么叫作不容易？大家公认的、非常容易的事情，非常认真地做好它，就是不容易。"就是说，把简单的事情重复去做，不断坚持，量变一定会转为质变的。

成功，就是简单的事情重复地做，要成功其实不难，只要重复简单的事情，养成习惯，"一旦你产生了一个简单而坚定的想法，只要你不停地重复它，终会使之变成现实"。现实生活中，我们做事也应如此，每天进步一点点，最终就会产生无穷的威力。

我们每天进步一点点，就是让自己在修道修德漫长的人生旅途中，今天比昨天强，每天都在为心中那个大目标做着永不懈怠的努力！为此，要始终保持一个平静、从容的心态，步履稳健地走好人生的每一步，不允许每一天虚度，不原谅每一天的懒惰，用"自强者胜"来不断地勉励、监督和强迫自己，克服浮躁，战胜动摇。要求自己在修道修德的旅途中每天进步一点点，不是做给别人看，所以不懈怠，更不能糊弄自己，而是要用严于律己的人生态度和自强不息、每天进步一点点的可贵精神，走一条回归自然的光明大道。

每天进步一点点，不是可望而不可即的事情，也不是可遇而不可求的，它就在我们每天自身的努力之中，所以在前进的过程中，我们不能有一点成绩就骄傲自满、自以为是，而是要以一种平和的心态、笨鸟先飞的态度，永远不满足、不停步、不回头！

第五章
自知者明，自胜者强：
真正的强者在于内心的强大

"知人者智，自知者明。胜人者有力，自胜者强。"是老子千百年来的至理名言，即了解他人的人算是聪明的，能了解自己的人是明智的；能战胜别人的人是有力量的，能战胜自己的人更加强大而不可战胜。在这里，老子向我们传达了这样一个理念：真正的强大者不仅"知人"，而且"知己"，与人处时，他们能胜别人，独处时，能战胜自己。

在老子看来，"知人""胜人"十分重要，但是"自知""自胜"更加重要。也就是说，一个人如果能自省自身、坚定自己的生活信念，并且切实推行，就能够保持旺盛的生命力和饱满的精神面貌。

1. 知人者智，自知者明

现实生活中，我们说要做一个强大的人，才能抵御万事万物对我们的侵袭或伤害。但是，对于一个人来说，什么才是真正的强大呢？老子在《道德经·第三十三章》中提及了这个问题，他说："知人者智，自知者明。"在老子看来，一个人若能了解、认识别人才叫作智慧，能认识、了解自己才算真正的聪明。

的确，知人不易，自知更不易。大文豪苏轼曾感叹："人之难知，江海不足以喻其深，山谷不足以配其险，浮云不足以比其变。"可见，知人是件极难的事情，但是自知更难。俗话说"人贵有自知之明""医生不能治自己，卜者不能算自己"，人们看到的总是别人的形象，听到的总是别人的声音，感觉总是和别人相处时得来的，所以对自己的了解要比了解别人难得多。只有认识自己才能称得上是真正的大智慧。

在雅典德尔菲神庙的石板之上，古希腊的先哲们在上面刻下了这样的箴言："认识你自己。"所谓认识自己，就是认清楚自己的内在，包括优缺点和个性等。一个人只有真正地认清自己，知道自己的个性所在，才能在为人处世时扬长避短，才能在现实生活中找到自己的人生发展方向，让生命开出更灿烂的花朵。

生物学家达尔文16岁就被父亲送到爱丁堡大学学医。这期间，他每天唯一能做的就是读大量的枯燥的医学文献，然后再回去写报告。

对于达尔文来说，那是一段可怕的噩梦一般的时光，他的脑海中经常盘旋着这样的意念：这不是我想要的，我要逃出去。几年的学医生涯，他并未取得任何成绩，而且还对医学产生了抵触感。其实，在学医期间，他就对自然历史产生了浓厚的兴趣，经常到野外去采集动物和植物的标本。

后来，他开始不断地反思自己，认识自己，他曾经十分谦虚而又自信地谈到自己的性格："热爱探索自然，善于观察又十分喜爱收集事实材料，而且对问题都会不倦地思索、锲而不舍。"同时，他又客观地评价了自己的才能："我的记忆范围很广泛，但是都比较模糊……在想象力方面也不是很出众，也谈不上机智。所以我应该是个蹩脚的评论家。"在清醒地认识到自己之后，他决定去做自己喜欢的工作，那就是自然科学。后来，他有幸进入到农学院，仍旧坚持自己的兴趣爱好。他的父亲曾认为他"游手好闲""不务正业"，一怒之下，在他 19 岁时，又送他到剑桥大学，改学神学，希望他将来成为一个"尊贵的牧师"。然而，达尔文对自然历史的兴趣变得更为浓厚，完全放弃了对神学的学习。在剑桥期间，他结识了当时著名的植物学家亨斯洛和著名地质学家西基伟克，并接受了植物学与地质学研究的科学训练。后来，经过不断努力，在历经了 5 年的环球航行之后，在自然科学方面他为人类做出了划时代的巨大贡献！

只要真正地深入地剖析和了解自己的性格之后，才能更清楚地认识自己，找到与自身素质相对应的人生目标，凭着自身素质上的信号找到这个目标之后，才能用自身所长攻其一点，攻出成果，由此及彼，不断扩大。从内在真正地认清自身，才更容易找到适合自己的发展方向和发展目标，开发属于你的领域，这是通往成功的一条捷径。

人最大的失败在于不能真正地认识自己，因为不明白自己的优、劣势所在，更不能准确地找到适合自己的职位、发展方向，不能最大限度地发掘自身的潜力，最终一无所成。

现实生活中，人为什么会活得累呢？许多人都想得到答案，你可能也在内心发出过类似的呐喊！每个人都有压力，压力一方面源于生存向我们的索取，另一方面源于对自我的不"知"。我们因为不能清晰地认识自己，总是在相当长的时间内在不适合自己的领域迷茫地重复那些无效的人生程序，多数人的苦恼都由此而起，难道不是吗？

当然了，要真正做到有"自知之明"，还应该在知道自己的优缺点后，通过具体的行动去改正自己、更新自己，不要仅将"自知之明"停留在"自知"的层面上，不付诸行动，这样就不能达到"明智"的效果。

《管子》上有这样一个故事。齐桓公到郭国去，问那里的百姓道："郭国为什么会灭亡呢？"那里的百姓回答说："国君能'自知'，喜好善，而讨厌恶。"桓公说："按照你们的说法，他应该是一位贤明的国君，为何还会亡国呢？"百姓这样回答道："不是。郭国的国君能'自知'，他喜好善，但是却不能向善；讨厌恶，却不能够去除自身的恶，所以会亡国。"由此可见，在"自知"后，更重要的是将"自知"付诸行动，努力去发扬自身的优点，改正自己的不足，这样才是真正的"明智"。

2. 识人先识己：读懂自己最重要

《道德经·第五十四章》中言："故以身观身，以家观家，以乡观乡，以邦观邦，以天下观天下。吾何以知天下然哉？以此。"意思是说：凡事要通过观察自己来认识、了解别人，先了解自己家的情况然后再来认识别人的家；如果想要了解别人家乡，就要先通过观察自己的家乡来达到目的；如果我们想要了解别的国家，也要先对自己的国家有所熟悉。我们认识天下也是一样，只有先了解观察一方的天下才能真正达到我们的愿望！我依靠什么知道天下的大事呢？就是因为我用了以上的方法和道理。

老子的识人、识家、识乡、识国乃至识天下的方式是一种由此及彼、由小到大、由近及远的处世智慧！生活在当今的社会中，我们无论从事何种行业、生活在何种环境，都需要懂得识人。只有学会识人，我们才能够更好地与人结交、知人善用，才能够更好地处理所面对的生活和人生！

想要看透别人，那么我们首先要看透自身！老子认为"以身观身"是一种便捷的认识他人的方法。每个人生活的境遇不同，但是大家对事物的反应和感触都是相通的，言行在一定程度上也是相近的，都遵守一定的道法，所以，在认识别人之前，我们先更好地了解自己，通过自己去读懂一个人！

有一名挪威作家总是觉得自己的写作水平很高，只是生不逢时，造化弄人。因为，在作家刚要出版自己的第一本书时，"二战"却爆发了，他不得不流落到他乡。他来到了地广人稀的俄国，由于拖儿带女，当务之急是他必须要找一份工作来养家糊口，他的梦想又被搁浅了。

作家思考了很久以后，决定找一个关于写作方面的工作，他首先想到的是翻译员，因为工资也许会高点。

他给好多公司都写了求职信。但是，不幸的是每一个公司都给他寄来了拒绝信，其中有一份说："我们公司近段时间来，不雇用翻译员，哪怕雇用，也不会选你，因为你的俄语实在太差劲了。你给我们写的求职信中，错字百出，还想当翻译员，简直是天大的笑话。"

作家拿看到这封信后，怒火冲天，把来到俄国这段时间里的怨气都发泄了出来。他大骂这个没有人情味的公司，抱怨自己生活的困苦。骂完以后，他心里还是不解气，于是拿出信纸，奋笔疾书，准备报复那个嘲笑他的俄国公司。

信写到一半时，作家突然改变了自己的主意。他让自己冷静下来后，才意识到自己本来就不擅长俄语，尤其是书写方面，毕竟俄语不是他的母语，他还没有练到很熟练的程度，别人当然不会雇用自己了。他刚才觉得俄国公司没人性，不能理解自己的苦衷，那样大骂俄国公司，实在是不应该，自己都没有了解自己，何况让别人理解自己呢？自己与他从未谋面，对方这样回复，必定是自己所表现出来的态度没有做到尊重对方！

想到这里，作家就撕掉这封信，重新写了一封，信中他对于自己的错字向对方表示了道歉，并感谢公司给予自己的鼓励。

意外的是，三天后，作家收到了这个公司的面试邀请，并且被录取了。最终，他与那个回复他第一封求职信的俄国人成了同事，并且通过相处了解成了好朋友。后来，在这位朋友的资助和鼓励下，作家又开始写作，并且一举成功。

故事中的作家不仅能够站在对方的角度去理解别人，还能够正视自己的过错。这时他才认识到，自己都没有认识到自身的不足，一开始就没有给自己一个客观的评价，有什么理由让别人去认识他呢？

这样一来，他冷静地避免了一场"唇枪舌剑"，甚至是更大的纠纷。最终由于他能够及时认识到自己的错误，给自己一个合理的分析，不仅得到了一份工作，还得到了一个影响他一生的朋友，真是不幸中的万幸。

生活中，也许有很多人像作家一样，起初觉得是别人的错，别人对自己不尊重，不能理解自己，别人误解自己，很难站在对方的角度去想一想。当我们在抱怨别人的时候，不妨先想想别人是否了解自己，自己是否了解自己，自己是否正确对待自己。如此，你不仅会消除不必要的抱怨，还能够更清楚地看到自己和别人！

做人最重要的就是先认识自己，了解自己，然后才能判断是非，才能有资格评判别人。责备别人的缺点之前我们最好先对自己有一个全面的认识，看看自己是否也存在这些缺点或者站在别人的角度考虑一下问题。这样才能更好地认识自己，同时认识别人；一个人如果能正确地认识自己，便能更加全面地对待他人和自己。

3. 胜己者无敌：人生最大的敌人是自己

老子言："胜人者有力，自胜者强。"在老子看来，一个人若能战胜别人，只说明其有力气，真正强大的人，是能够战胜自己。其实，战胜自己主要指一个人能克制自己的弱点，改掉自己的缺点，敢于和内在的惰性做斗争，它考验的是一个人的自制力、毅力、恒心，真正的强者就要敢于面对自己，并战胜自己的偏执和欲望。

课堂上，一位同学问老师："什么人才是最令人害怕的呢？"

"你认为呢？"老师微笑着反问这位爱思考的学生。

"是孤单寂寞吗？"

"不是。"

"是被人误解？"

"不是。"老师继续摇头道。

"我知道了，是失败。"学生高兴地叫起来，他觉得自己这次肯定猜对了。

但是，老师还是摇了摇头。

这位同学低下头，思索了一下，又说道："是绝望？"

"继续想。"老师说道。

学生连续说出了十几个答案，但是都被老师否定了。

学生终于泄气了，老师就笑着对他说："就是你自己呀！其实，你刚才说的那些，比如孤单寂寞、绝望、误解等都是你自己心里的想法。你觉得自己孤单寂寞，内心才会感到孤单寂寞；你觉得自己失败了，才是真正的失败。归根究底，你是被你自己打败的，这样看来，你最大的敌人不是你自己吗？"老师又继续说道："同样，假如你告诉自己，我没失败，我一定会成功的，只要我积极勇敢地面对，那么，你成功的机会就会越大。一个人，如果连自己都不怕，他还会怕什么呢？将来你若想取得成功，就要勇敢地战胜自己的内心，让自己从内到外真正强大起来，你就离成功不远了。"

的确，人生最大的敌人是我们自己。生活、工作以及感情中遇到的所有烦心事，虽然有外界因素的影响，但是其实更多的是因为我们的内心产生了一些无法排解的情感。人常说："相由心生"、"境由心生"。其实，只要我们自己的内心足够强大，外界环境的因素根本不能侵害到我们。正所谓，天气变化我们无法控制，但是我们可以控制自己的心情；周围的环境我们无法改变，那就改变自己的心态，去适应环境。

心理学上有一种叫"瓦伦达心态"的现象，说的是这样一个故事：

瓦伦达是美国最为著名的高空走钢丝表演者，在一次极为重大的表演中，不幸失足身亡。事后，他的妻子这样说道："我已经预想到他会出事了。因为他上场前总是不停地说，这次太重要了，不能失败，绝对不能失败；而以前的每次成功的表演，他总全身心地想着走钢丝这件事情，而不去管这件事情所带给他的一切结果。"

这就是心理学上著名的"瓦伦达心态"，即指一个人专心致志地做事，而不管这件事所带来的一切，不患得患失的心态。

一项研究表明，人体大脑中的某一个区域会像实际情况那样刺激人的神经系统。比如一个高尔夫球手击球前一再告诉自己"不要把球打进水中"时，他的大脑中往往就会出现"球掉进水中"的情景，而结果真的就将球打进了水中。这项研究从反面证实了瓦伦达心态。这种心态充分说明了，一个人真正的敌人是内在的自己，而非外界的环境。一个能战胜自我的人是无敌的。

杰克是美国一家铁路公司的一位调车员，他工作认真而负责，但有一个缺点，就是对自己的人生很是悲观，经常以否定的眼光去看周围的世界。

有一天，下班后，其他同事都急急忙忙地回家了。不巧的是，杰克不小心被关在了一辆冰柜车里，任凭他如何努力，总是无法把门打开。于是就在冰柜中拼命地敲打着、叫喊着。可因为除他之外全公司的人都已下班了，没有一个人来给他开门。杰克的手敲得红肿，喉咙喊得沙哑，也没有人理睬，最终，只是绝望地坐在地上喘息。

他想，冰柜中的温度如果在零下 20 摄氏度以下，在里面待不了多久，便一定会冻死的。于是，他愈想愈可怕。最终，只好用发抖的手，找来纸和笔，写下了遗书。在遗书中，他这样写道：在这么冰冷的冰柜中，我一定会被冻死的，所以……当第二天公司的所有职员都打开冰柜时，就发现了杰克的尸体。同事们感到万分奇怪，因为冰柜中的冷冻开关并没有启动，而这巨大的冰柜中也有足够的氧气，在这样的情况下，人是不应该被冻死的！

最终的尸检报告也显示，杰克并非是死于冰柜中的温度，而是死于他心中的"冰点"。因为他根本不敢相信这辆一向轻易不会停冻的冰柜车，这一天恰巧因为要维修而未启动制冷系统，他根本不敢相信，他连试一试的念头都没有产生，就坚信自己一定会被冻死。

在前进的过程中，每个人心中都潜藏着"冰点"，人只有战胜了这个"冰点"，才算战胜了自我，才能生出积极的心理暗示，在此过程中他们会坚信自己一定能行，一定能够办好自己想做的事情。

常言说：一个人征服世界并不伟大，能征服自己，才是世界上最伟大的人。打败别人容易，战胜自己却很难。一个人若想成功，若想超越他人，首先就要树立起成功的信心，超越自己，你便是最伟大的人。

4. 仁者无敌：仁爱比武力更有力量

《道德经·第六十七章》中，老子传下来了三件法宝："一曰慈，二曰俭，三曰不敢为天下先。慈故能勇……今舍慈且勇……死矣！夫慈以战则胜，以守则固。天将救之，以慈卫之。"老子的三件法宝一是慈爱，一是俭，一是不敢居于天下人的前面。有了柔慈，所以能勇武；现在丢弃了慈爱而追求勇武……结果都是走向死亡。慈爱，用来征战，就能够胜利，用来守卫就能巩固。天要援助谁，就用柔慈来保护他。在老子的三宝里，他着重阐述了"慈"的重要性。在老子看来，任何的勇武，都比不上"慈"的力量。这观点在今天仍闪烁着智慧的光芒。

慈，即为"慈善、仁爱"，它能比得上任何强大的武力，所以，拥有"仁慈"之心的人，才是无敌的，也才是真正强大的人。

有这样一个故事：

一位孤独的老人，无依无靠、孤苦伶仃并且还体弱多病，于是他决定搬到养老院去，随即便出售他那漂亮的住宅。住宅的底价是8万英镑，购买者没有一个如他所愿。后来，有一位年轻人就对老人说："我虽然买不起这幢住宅，如果您能把这住宅送给我，我保证会让您生活在这里，和我一样散步、喝茶、读报，相信我，我会用全身心来照顾您！"于是，年轻人成了这幢住宅的主人，不可思议地梦想成真。

这便是仁爱的力量，它是无敌的，是比生活中任何高明的手段、心计都强大的力量。所以，生活中，为了达到自己的目标，就要先学会施予真诚的仁爱，它会让你收获意想不到的硕果。

仁慈是从心里发出，然后传播到别人的心里，在人与人之间搭建起一条长长的爱心之桥，它有着令人想象不到的巨大力量。

温和、友善永远强过激烈与狂暴。当你试图打开他人的心扉时，温和、友善是最快、最有效的方式。一个人要想活得更加快乐、幸福而有意义，就应该使自己多一点真、善、美的东西。试想，如果你对他人没有真诚，毫不友好，又怎能期望从他人身上得到友善的回报呢？

世界上最强大的不是坚船利炮，而是一颗仁慈的爱心，生活中我们应该具有仁爱心理，保持对真、善、美的追求，地位、财富固然重要，但真正使人获得永久尊重和帮助的还是那颗善良的心。

5. 自控力——个人成败的关键

在《道德经》中，老子也阐述了做一个好领导者所必备的标准："善为士者，不武；善战者，不怒；善胜敌者，不与；善用人者，为之下。是谓不争之德，是谓用人之力，是谓配天，古之极。"在老子看来，要做一个好的领导者，绝不逞其勇武；善于作战的人，不轻易被激怒；善于胜敌的人，不与敌人发生正面冲突；善于用人的人，对下人表示谦下。这叫作不与人争的品德，这叫作运用别人的能力，这叫作符合自然的道理。通过此处可以看出，要做一个好领导的关键在于有极好的自控力，即控制自我情绪的能力。主要表现在：

1. "善为士者，不武。"真正好的领导，不是动武的。

项羽勇猛天下无双，妄图以武力征服天下，最后却被韩信围在垓下；吕布一杆方天画戟无人可敌，却被曹操绑在白门楼之下；齐闵王、智伯依靠武力骄横无道，最终身死国破。一个最好的统帅，应该是一个知进知退、相时而动的智者，而绝不是一味逞匹夫之勇的暴虎冯河之辈。

2. "善战者，不怒。"善于战争的人，不会轻易被敌人激怒。

《孙子兵法·火攻》写道："主不可以怒而兴师，将不可以愠而致战。"如果主将被激怒，就会失去判断力，失去判断力，就会妄为，妄为就会导致失败。

人在恼怒时，很容易丧失理智，会对周围的环境、自身的现状都缺乏一个客观而清醒的认识，从而做出不明智的举动，明明不可为而为之，尤其是领导者，最终会导致不可挽回的损失。在关羽败走麦城、惨遭杀戮之后，作为兄长、作为一国之君的刘备，就终究没能沉住气，把控好自己的情绪。

刘备历尽艰辛，终于拥有了东西两川和荆州之地，创建了帝业。然而由于关羽的失误，荆州被东吴所夺，关羽也被算计杀害。

刘备听闻，悲愤交加，立刻要起兵伐吴，发誓要为关羽报仇。

赵云劝说道："当今的国贼是曹氏，并非孙权。曹操虽然死了，但曹丕却篡汉自立为帝，神人共怒。陛下应该讨伐曹丕，而不是剑指东吴。一旦与东吴开战，就不容易立刻停止，其他大计就无法实施，还望陛下明察。"

刘备心知这番话确是审时度势之言，然而，兄弟之情让他的心中已充满了复仇怒火，一心向战。他对赵云说："孙权杀害了我的二弟，还有其他忠良志士，这是切齿之恨，只有食其肉、灭其族，方能消除我心中的仇恨。"

赵云再劝道："曹丕篡汉的仇恨，是天下的仇恨；兄弟之间的仇恨，是私人的仇恨。希望陛下以天下为重。"

刘备甩袖反问："我不为二弟报仇，纵然有万里江山，又有何意？"

遂起兵伐吴，欲扫平江东。但最后落得个火烧连营、白帝托孤的下场。

刘备的这一决定显然不是建立在冷静的心态之上的，他已完全被自己悲伤和愤怒的情绪所控制，由此导致了他失去了应有的理智，丧失了审时度势的能力。不但复仇未成，还把自己的性命赔上了，而初有所成的蜀国帝业也受到重创。

这样的失败对于刘备而言，可以说是灭顶之灾。感情用事的结果常常是彻底的失败，且越恼怒，造成的损失越大。

物无美恶，过则为灾，感情的流露也是如此。感性行事中有个理性"调节器"，使之适可而止，不至过盛过溢。控制好情绪，抑制住冲动，不随意发怒。遇事沉得住，才能使目更明、耳更聪，才是图谋远虑之举，也是身为一个领导者所必备的素质之一。

3. "善胜敌者，不与。"善于战胜敌人的人，不与敌人正面交战。

《孙子兵法·谋攻》中有："不战而屈人之兵，善之善者也！"杀敌一千，自损八百，与敌人正面交战导致血流漂橹、伏尸遍野是最下等的胜利方法；胜一筹的是用诡道、奇谋出其不意地攻击并战胜敌人；最好的是不战而屈敌。如何能不战而屈敌呢，就是得"道"、修德。尧舜修德于都城之中，不出一卒而天下都归顺于他们；帝辛无道，周文王修德行善，天下诸侯都听命于他；齐威王接受邹忌的劝谏，改过革新，燕赵韩魏都朝觐齐国，史称"战胜于朝廷"，这就是不战而屈人之兵。

4. "善用人者，为之下。"圣人后其身，才可以为天下先；不与天下争，才可以为天下谷。

统治者要想得到人心，一定要有居下、不争之心。优秀的将领，有了功劳让给部下，有了过错自己承担，和士兵们同甘共苦，同饮同居，所以将士才能用命，在战场上才能慷慨赴难，死不旋踵。

有了这些优点，一个人才能成为合格的统治者，才能运用群策群力取得成功，才叫作符合天道。

6. 逃避缺点就是自取灭亡

一个人成败的关键不在于其优点，而在于其是否能规避缺点，在现实生活中，我们该如何看待和面对自身的缺点呢？关于此，老子在《道德经·第七十一章》中表达了自己的看法，其为："知不知上，不知知病。圣人不病，以其病病。夫唯病病，是以不病。"意为，知道自己还有所不知，这是很高明的。不知道却自以为知道，这就是很错误的。圣人没有缺点，因为他把缺点当作缺点。正因为他把缺点当作缺点，所以，他没有缺点。在老子看来，一个人只有了解自己的缺陷和不足，并能不断弥补的人才是真正明智的人。真正的智者唯恐自己不能看到自己的缺陷，于是以铜镜正衣冠，以人言察得失，以往事观兴败，自省其身，有败改之，无则加勉。那些自以为完美却十分愚昧的人，却唯恐看到自己的缺点，唯恐别人发现自己的缺点。殊不知"人之视己，如见其肝肺"，这种掩耳盗铃的行为只能欺骗自己，不仅得不到好处，反而阻止了自己的进步，最终沦为世人的笑柄。

秦朝末年，政权被宦官赵高把持，秦二世整天只知道饮酒作乐，天下百姓陷入水深火热之中，只好起兵反秦。从陈胜、吴广发出第一声怒吼后，起义的烈火立刻燃遍了关中大地。

地方官吏无法镇压，只得向朝廷汇报，秦二世听到这个消息后，就召集群臣商讨对策。秦二世向身边的博士和儒生问道："楚地派去守边的士兵半路造反，现在已经攻下蕲县，攻入了陈郡，你们说该怎么办？"三十多个博士儒生们都一齐说："做臣子的绝不能兴师动众，谁兴兵聚众那就是造反，对于造反的人绝不能宽恕，请陛下火速发兵前往剿灭。"秦二世一听脸色通红，原来他已经很久没有亲自打理政务了，平时都是自己饮酒作乐，由赵高处理这些事务的，而赵高向他汇报的国家情况都是四方边境不见狼烟，天下百姓安居乐业，人民都感激皇帝的恩德，整日歌功颂德。他得到发生起义的消息后，并不完全相信，而是认为这是地方官吏的小题大做，没想到这些博士儒生们竟然都相信天下发生起义了。

这时，一位老博士忽然走出来说："他们刚才说的那些都是谬论。如今天下归为一统，各郡各县城池高筑，民间所有的兵器都已销掉，早已向天下人宣布用不着这些东西了。当今又上有英明的皇帝，下有完备的法令，派出去的官吏都效忠职守，四面八方都像辐条向着轴心一样地向着朝廷，在这种情况下，哪里还有什么人敢

'造反'呢！那些人不过是一群偷鸡摸狗的盗贼，哪里还值得一提呢！各地的郡守郡尉们很快就可以把他们逮捕问罪了，有什么可担心的！"这位老博士，名叫叔孙通，因为精通儒术被召进了朝廷，做了个待诏博士。

秦二世听了叔孙通的话，立刻转怒为喜，说："好。"然后又挨个问其他的博士儒生，博士们有的人说是"造反"，有的人说是"盗贼"。于是秦二世让御史把那些认为是造反的人都抓起来，投进了监狱。那些说造反根本就是不存在的人，他们身为博士竟然相信这么明显的谎言，真是愚昧；而那些说是盗贼的人一律无事，都被放回，同时二世皇帝还赐给了叔孙通 20 匹丝绸、一套新衣服，并给他提升了职位。

叔孙通出了宫门，回到住所后，那些儒生们都斥责他说："你怎么能如此拍马屁呢，岂不违背了圣人的教诲？"叔孙通说："你们不了解，我刚刚是救了大家。皇帝被赵高蒙骗，已经听不进去正确的话了，如果大家都坚持说真话，惹怒了他，所有人都会被投进大牢。"说罢就卷起行李逃走了。秦二世相信了天下无事的谎言，继续沉迷于歌舞酒色之中，直到被赵高杀死也没有省悟过来。

真正的智者，唯恐不知道自己身上的缺点，每日要"三省其身"，听到别人指出他的缺点就欣喜不已；愚者则唯恐别人发现、说出自己的缺点，所以他们每日生活在自己梦幻的完美之中，永远不会进步。

一个人只有学会向别人真实地袒露自己的性格缺陷，才能真正平静地正视自己、超越自己，使自己达到人生的另一个高峰。要知道，每个人都不是一台设计完美的机器，都有缺点和弱点，这都是极为自然的事情，不必要去刻意地遮盖或者躲避。

有一次，记者问一位足球明星："几乎没见你哭过，你难道从来不会难过得想掉眼泪吗？"

他说："是的，每个人都可能会遇到难过甚至痛苦的事，我也一样，但是我从不会掉眼泪，我认为那是一种软弱的表现。"

记者这样说道："掉眼泪是一种释放，并不是软弱的表现，在难过的时候，你也不妨掉掉眼泪，这样才能让球迷认识一个更为真实的、有喜怒哀乐、感情丰富的男子汉。"

生活中，很多人都有同样的想法，认为不暴露自己的缺点就能赢得他人的尊重，殊不知，你所隐蔽的内心世界，正是他人所希望了解的。认识到自身的性格弱点，并加以改正和克服，会加倍地受到人们的尊重。其实，所谓的本色主要是向人们真实地表露你的为人、性格，而不是去极力地掩饰、伪装，这样只会让你变得更糟糕，只会使你面对更多的挫折和磨难。

每个人都有其性格弱点，即便是你崇拜的人物，他们也不是完美的人。大人物尚且如此，我们又何必去回避自己的弱点，进行自我欺骗、自我蒙蔽呢？

只有敢于正视自我，敢于袒露自我性格缺陷的人，才能够不断地修正自我、超越自我，最终走向成功。

7. 知进知退的勇敢才是大勇

《道德经·第七十三章》中说："勇于敢则杀，勇于不敢则活。此两者，或利或害。"意思为：勇于逞强的就会自取灭亡，勇于柔弱的就可以安然保全，这两种都是勇，有的得利，有的受害。在这里，老子解释了何为真正的"勇"，在他看来，真正的勇敢不是肆意妄为，而是知进知退，知道坚守柔弱。

对此，苏轼也曾经阐述了"大勇"之人的特点："古之所谓豪杰之士，必有过人之节，人情有所不能忍者。匹夫见辱，拔剑而起，挺身而斗，此不足为勇也。天下有大勇者，卒然临之而不惊，无故加之而不怒；此其所挟持者甚大，而其志甚远也。"真正的"大勇"之人是有大见识、大度量、大胸襟、大气魄的。那些缺乏胸襟气度、目光短浅的"勇猛"之人只能成为世人笑柄，以提供血的教训成为他人借鉴的对象。

星期天，张波与一伙朋友闲聊时谈及一位朋友："那个家伙什么都好，就是有个毛病，他脾气太过暴躁，爱生气。"谁知，被说的那个人刚好路过，听到了这句话，马上怒火中烧，立即冲进屋中，揪住张波，拳打脚踢，一顿暴打。

众人赶忙上前劝架说道："有什么话，好好说，为何非要动手打人呢？"而对方则怒气冲冲地说道："此人在背后说我坏话，还冤枉我脾气暴躁，爱生气，所以就该打！"众人听罢，便说道："人家没有冤枉你啊，看你现在的样子，不是脾气暴躁是什么呢？"对方立即哑口无言，灰溜溜地走开了。

但凡逞匹夫之勇的人，遇到一点不顺心或不愉快的事就会怒不可遏，立即上去乱打一通，结果却让事情变得越来越糟糕。这是因为内在的智慧和定力不够，所以对周围的世界与事物看不透，分不清，所以，极容易生出怨气和怒气来，长此以往，只会让众人远离，将自己推入绝境中。一个真正富有勇气的人，其内在思想是丰盈的，他对这个世界、社会和人生都有一套较为完整的看法，所以，无论遇到何事何人都会保持淡定和从容，以智慧去解决一切冲突，最终不仅能保全自我，还能达到既定的目标。

曹操平定了青州黄巾军后，声势大振，拥有了一块稳定的领地。于是派人把自己的父亲曹嵩接来，同乐尽孝。

曹嵩带着一家老小四十余人途经徐州时，徐州太守陶谦想借此交好曹操，便有意奉上一片好心，亲自出境迎接曹嵩一家，并连续两日大设宴席，热情款待。

礼节到如此地步应算是比较到位了。但陶谦讨好心过重，好心却办了坏事。他派兵士五百人护送，可谁知护送的这批人中竟有黄巾余党，当初归顺陶谦只是一时之屈，归顺后也并未得到任何好处。如今看到曹家财宝数车，便起了歹心。兵士一行人半夜杀了曹嵩一家，抢光了所有财产，夺路而逃。

曹操接到报告，咬牙切齿道："陶谦放纵士兵杀死我父，此仇不共戴天！我定要尽起大军，洗劫徐州！"

然而，当曹操率军攻打徐州，报仇雪恨之时，情况发生了变化。陶谦惶恐中向孔融求助，而孔融又找刘备帮忙。刘备向公孙瓒借兵以解徐州之围。在两方对峙的时候，吕布在陈宫的劝说之下偷袭了曹操大营兖州，占领了濮阳。

此边大仇未报，怎料又生其他枝节。曹操虽然复仇心切，但同时又十分冷静地分析，认识到自己处境的严重性："兖州失去了，就等于让我们没有了归路，不可不早做打算。"

于是，曹操便咬牙停止了复仇计划，拔寨退兵，去收复兖州。因此，曹操摆脱了这次危机，保住了自己的地盘和势力。

从情理上讲，曹操内心的仇恨是强烈的、难耐的，可他没有完全被复仇的情绪所左右，奋力而起逞匹夫之勇，而是时刻能清醒地察觉危机，冷静地把握事情的发展趋势，以柔弱的姿态以图以后的发展，这才是真正的大勇之士。

关于"勇"，孔子和荀子也有论断。孔子认为，勇是由仁者之心产生的，故而言"仁者必有勇"；荀子在《荣辱篇》中也说过这样一段话：有猪狗般的勇敢，有奸商和盗贼的勇敢，有小人的勇敢，有士君子的勇敢。争喝抢吃，没有廉耻，不懂是非，不顾死伤，不怕众人的强大，眼红得只看到吃喝，这是猪狗般的勇敢。做事图利，争夺财物，没有推让，行动果断大胆而振奋，心肠凶猛、贪婪而暴戾，眼红得只看见财利，这是奸商和盗贼的勇敢。不在乎死亡而行为暴虐，是小人的勇敢。合乎道义的地方，就不屈服于权势，不顾自己的利益，把整个国家都给他他也不改变自己的观点，虽然看重生命，但是，坚持正义而不屈不挠，这是士君子的勇敢。这些儒家的大师们认为符合仁义的才是勇敢，这和老子的看似有异，实则相通。

"勇于敢则杀"，看似是勇，实则非勇，也就是荀子所说的小人之勇，孔子所说的暴虎冯河之勇，是自取灭亡之道，而真正的勇则是"勇于不敢"，正是心中有"道"，有"德"，有"大义"，有"大志"，所以才能忍辱负重。于是乎，蔺相如回车避廉颇，韩信当街受胯下之辱，司马迁身受腐刑而忍辱偷生。得道之人知道这个道理，所以不会逞强妄为，能够爱惜自己，远离灾祸。如何才能远离灾害呢？那就是回归于自然之道，不争、不先、不卖弄智慧，不逞匹夫之勇。

8. 真正强大的，都处于下位

老子在《道德经》中多次提及了"柔能胜刚"的观点，在老子看来，"柔"才是事物发展的恒远之道，也是一个人立于社会的长存之法和刚强之道。其在《道德经·第七十六章》中有言："人之生也柔弱，其死也坚强。万物草木之生也柔脆，其死也枯槁。故坚强者死之徒，柔弱者生之徒。是以兵强则灭，木强则折。强大处下，柔弱处上。"意为人在活着的时候身体是柔软的，死了以后就变得僵硬了。草木生长时是柔软脆弱的，死了以后就变得干硬枯槁了。所以坚强的东西倾向于死亡，柔弱的东西倾向于生存，兵势强劲就会遭到灭亡，树木繁盛就会遭到砍伐。凡是强大的，总是处于下位，凡是柔弱的，反而居于上位。在老子看来，真正强大的东西，都是处于下位的，是谦卑的、不争的。就像大海一般，因为处于低位，所以才得以容纳百川；亦如水般，因为总是处于低位，所以才能滋润万物，是异常强大的，人亦是如此。真正有能力、内在强大的人，都是沉稳的、淡定的、谦卑的。因为他们内心是丰盈的、智慧的，所以能淡定地面对外界一切的不稳定与不确定因素，在与人发生冲突或产生矛盾时，总会置自己于下位。

在一条菜市街上，一位卖果蔬的老妇人，做人很是厚道，对客人也极为热心，无论面对怎样刁难的顾客，她都能和颜悦色地对待。另外，她的果蔬不仅新鲜，而且价格也极为公道，所以，生意总是特别好。这让与她相邻的几家小商贩很不满。出于忌妒，他们每天在扫地的时候，总会有意地将垃圾扫到她的店门口。对此，这位老女人看在眼里，却从未与他们计较，而且每次还会把垃圾扫到角落里堆起来，然后又将店门清扫得干干净净。

后来，有一位热心的人忍不住问她说："周围所有人都将垃圾扫到你家大门口，你为什么一点脾气都没有呢？"老女人却笑道说："在我们家乡有个习俗，过年的时候大家都会把垃圾往家里扫，因为垃圾就代表财富，垃圾越多，就代表来年你赚的钱也越多。现在每天都会有人把垃圾扫到我这里，代表我的财运不错，我感谢他们还来不及呢，怎么会发脾气呢？"

就这样，老妇人每天都会在清扫垃圾的过程中，将有用的收起来，变废为宝，为自己带来了一笔额外的收入。

面对他人的故意挑衅，很多人都会大动干戈，怒火中烧，但这位老妇人却能欣然接纳，并将垃圾变废为宝，为自己赢得财富，而且还化解了矛盾，这难道不是一种强大的表现吗？

其实，一个人真正强大的时候，就是他懂得示弱的时候，无论在情场上、交际场上，还是职场上都如此。当与爱人发生冲突时，他不会强硬地与之争吵，而是懂得用宽容和大度取得和解；当他与朋友相处时，他总是会把朋友置于高位，用谦卑、体贴赢得对方的好感和青睐；当工作遇到挫折时，他不会强拼强攻，而是先暂时放下，让自己的心平静下来后，再去想办法解决。这样的人，因为有厚实的知识底蕴和修养做支撑，所以他不会去计较个人的得与失，更不会在乎周围人对他的冒犯，也不会在乎他人的误解和世俗偏见对自己的评价，因为他的内心本身就是一个完美的世界，为此他不会色厉内荏、外强中干，更不会随意对人发脾气。这样的人，对自己与周围的人和世界都有极为强大的信念，这种信念能让他坚持原则，与世界万物和谐地相处，并时刻置自己于低位。在现实社会中，这种"以柔克刚"的低调、谦卑的做人处事方法，是值得我们学习的。

有这样一个故事：

美国著名作家马克·吐温曾接到一封刚从学校毕业的年轻人的信。信中说："我刚刚走出校门，想到美国西部当一名新闻记者。无奈人地生疏，不知马克·吐温先生能否帮忙，替我推荐一份工作？"

马克·吐温回信为这个年轻人提出了求职设计的"三步骤"："第一步，向报社提出不需要薪水，只是想找到一份工作锻炼自己；第二步，到任后努力去干，默默地做出成绩，然后再提出自己的要求；第三步，一旦成为有经验的业内人士，自然会有更好的职位等着你。"

年轻人认真地按照马克·吐温的"三步骤"去做，结果在职场上不仅得到了"一席之地"，而且还获得了他心仪的"好职位"。

起初，不计报酬薪水，可以说是最大程度的"低就"了，但同时，由此获得一个锻炼自己的工作平台，既可以从中获得经验与资历，又可以借此展现自己的能力和才华。这种做法，可谓聪明，为他以后的"高成"奠定了坚实的基础。这样的人与那些强硬的因嫌待遇低，而不入岗的人相比，难道不是强大的吗？可见，老子所谓的"积弱图强，守弱保刚"是一种高明的做人做事原则。正如一位哲学家所说："人生中不争就是大福，不抢就是自在，不辩就是智慧，不贪就是福祉，就是解脱，知足就是放下，利人就是利已。"

9. 一个人炫耀什么，说明他内心缺少什么

"一个人炫耀什么，说明他内心缺少什么。"从当下心理学的角度分析，这话是极有道理的。一个人因为内心缺少而不想被别人知道，所以就会以外在的炫耀来掩盖，还叫作欲盖弥彰。其实，早在几千年前，老子也曾有类似的论点。他在《道德经·第八十一章》中有言："信言不美，美言不信。善者不辩，辩者不善。知者不博，博者不知。"意思为，真实可信的话不漂亮，漂亮的话不真实。有德的人不巧辩，巧辩的人德行不完满。真正有智慧的人不卖弄，卖弄自己懂得多的人不是真有智慧。在老子看来，真实的话是质朴而不是华丽的，那些听起来华美的语言往往并不是真实的。老子一方面告诫世人说话要真实可靠，另一方面也告诉人们，应回归朴素，不要被华美的外表所迷惑。同时，老子也认为，大道是无言无声的，所以守道的人、圣人也不会夸夸其谈。他们"致虚极，守静笃"，用合乎道的行动来教化世人，而那些口若悬河的说客、舌灿莲花的游士，大多怀着不可告人的功利目的，如果相信他们一定会带来灾祸。孔子说："巧言令色，鲜矣仁。"所以，在生活中，我们都应该牢记"善者不辩"的道理。关于智慧，老子也认为"知者不博，博者不知"。就是说，真正的智者隐藏自己的智慧都来不及，哪会到处炫耀、自以为是呢？

有一位看上去很普通的女作家被邀请参加一个会议，坐在她身边的是一位匈牙利年轻的男作家。男作家看看身边这位衣着简朴、沉默寡言、态度谦虚的女人，并不知道她是谁，男作家认为她只不

过是一个不入流的作家而已，于是，他有了一种居高临下的心态。

男作家主动上去搭讪："请问小姐，你是专业作家吗？"女士看到他，回答说："是的，先生。"男作家于是立马询问道："那么，你有什么大作发表吗？能否让我拜读一二。"那位女士听到他的话，很淡然地说："我只是写写小说而已，谈不上什么大作。"男作家听到此处，心里面开始洋洋自得，更加证明了自己的判断。

男作家继续问道："你也是写小说的？那我们算是同行了，我已经出版了上百部小说，请问你出版了几部？"女人听到她的问话，很镇定地说："我只写了一部。"男作家听到女士说只写了一部，有些鄙夷地问："噢，你只写了一部小说。那能否告诉我这本小说叫什么名字？"女作家平静地说："《飘》。"狂妄的男作家顿时目瞪口呆。女作家的名字叫玛格丽特·米切尔，她的一生只写了一本小说。

那位文中的男作家至今已经无法考证，但是从他高调炫耀的结果可以想到他当初的窘迫处境。可以说，玛格丽特·米切尔表现得十分低调，充分地展现了一个人谦逊的气质。谦逊是一种以静制动的艺术，玛格丽特·米切尔之所以如此平静，是因为已经有了强大的底牌在支撑着她。

作家亦舒在小说《圆舞》中有一句经典名言是说，真正有气质的淑女，从不炫耀她所拥有的一切，她不告诉人她读过什么书，去过什么地方，有多少件衣服，买过什么珠宝，因为她没有自卑感。可见，那些真正有智慧的人，是从不向别人炫耀什么的！在人群中，他们也是沉静的，从不夸夸其谈，这也是一种富有吸引力的气质。

有一个记者采访一位著名演员："在喧闹的人群中，你会选择什么方式引人注意？"这位演员说："我会选择沉静地坐着。"是的，沉静地坐着，沉静地微笑，沉静地站在世界的面前，这种沉静所流露出来的自信、端庄、高贵是很能引人注意的，是很有穿透力的，它足可以让人在喧哗中停下来。可见，智者的沉静是一种极富吸引力的力量，能让人在瞬间魅力大增。所以，在生活中，一个真正的君子或者智者，都是沉静的、内敛的，他们绝不会通过夸夸其谈去显示自己的才能，更不会在众人面前故意彰显自己的功力，而是通过默默的努力在切实的行动中默不作声地表现他们的能力。

10. 骄兵必败：得意时不要忘形

"骄兵必败，哀兵必胜。"这是日常生活中的一句俗语。其实，这句话出自于老子之口。其在《道德经·第六十九章》中写道："祸莫大于轻敌，轻敌几丧吾宝。故抗兵相加，哀者胜矣。"意思为：再也没有比轻敌更大的祸患了，轻敌几乎使我丧失了"三宝"。所以，两军势均力敌的时候，怀有悲悯之心的一方可以获得胜利。在老子的思想中，他是反对"骄、奢、刚"，而倾向于"哀、敛、柔"的。在他看来，骄兵会不自觉地自我膨胀、自我放大，遇敌时必会轻视，最终必会遭受惨败；怀有悲悯之心的"哀兵"，则会谨慎对敌，积蓄力量，最终必胜。在这里，老子虽然说的是打仗的事，但这对我们也具有极深的启示，旨在告诫我们，得意时不要忘形，失意时不失志。

人的一生，时有失意时，也总有得意时。人在失意时，不可颓废、一蹶不振，而是要保持不断向上的志气，才能走出困境，摆脱失意；人在得意时，也要时刻保持低调，谨记老子的"锐者易折"的道理，不骄傲、不狂妄，才能避免陷阱，才能一帆风顺。当然，这个道理说起来容易，但是做起来就难了，因为人很多时候很难摆脱自我情绪的掌控，于是会造出许多的人生悲剧来。

明朝有个人叫沈万三，是当时的"全国首富"。他家有田产上万顷，而且在四路八乡的城镇开设有许多的店铺。对于他的商业才能，余秋雨先生有过一句评价：中国 14 世纪杰出的理财大师。

沈万三太有钱了，就连当时的首都南京城，有一半都是他修筑的。朱元璋定都南京后，准备重修都城。可是由于连年的战乱，造成国库十分空虚，国家确实是没有那么多钱，只好向几个大户借钱。财大气粗的沈万三是当仁不让，主动表示承担 1/3 的钱粮开销。

商人出身的沈万三自然有他的道理，自己这次出了大钱，而且是帮皇上的忙，这个功劳还小吗？如果靠上皇帝这棵大树，名利双收指日可待。

沈万三的自我感觉好极了，得意之情溢于言表。当今皇上都得靠我接济，这是何等荣耀啊！他与皇帝的工程同时开工，结果沈万三先于皇帝完工，朱元璋很不高兴。

修筑帝都三年之后，沈万三觉得"不过瘾"，又申请由自己"掏腰包"犒赏三军。全国军队每个兵士银子一两，总共近百万两。看到这种情况，朱元璋更难受了，他本来就出身贫苦，再加上心胸狭窄，终于由妒而恨："匹夫犒天子之军，乱民也，宜诛之。"从那时起，朱元璋下令收他重税每亩九斗三升，相当于亩产的一半多。

沈万三认为，自己是修建首都的头号功臣，而且还给大明的军队花了那么多钱，皇帝怎么也得向我这个"土财主"表示一下谢意。可是他忘了那句话：功高盖主。大明朝是人家朱元璋的，姓朱不姓沈，朱皇帝哪里容得下你沈万三这样的普度众生的"活菩萨"？

朱元璋看到沈万三比皇帝还富有，本来就很郁闷。后来又主动发钱犒赏三军，朱元璋不得不开始琢磨：花了那么多钱，会不会是想收买我的天下？就算你有再多的钱，我说句话就能给你安个乱民的罪名，把你的财富变成姓朱的！

朱元璋翻脸了，要不是马皇后求情，沈万三真要人头落地，最后他被发配云南，没收亿万家产。

曾经的荣华富贵一下子变成了过眼烟云，一贯养尊处优的他，根本受不了云南的凄凉清苦。身体上的折磨还是次要的，心理上的痛苦才让他不能承受，自己为了大明朝出了那么多的财力，最后却落得这样的下场，太窝囊了，不出三年，沈万三就在愤懑抑郁中死去了。

好事没办好，还惹来了一身祸。这个结果谁都不能怪，只能怪沈万三自己得意忘了形。皇帝缺钱的时候向你开口借，你给的钱比他借的还多；皇帝用来统治天下的军队，你却要上赶着去花钱犒劳。这么夸张的炫耀，这么盛气凌人，别说是一国之君了，就是普通百姓有几个能看得过去呢？所以，最终也难逃人生的悲剧了。

所以，我们在做人行事的过程中，一定要牢记"无限风光在险峰""高处不胜寒"的古训。正如《史记·滑稽列传》所言："酒极则乱，乐极则悲，万事尽然，言不可极，极之而衰。"人生得意时，一定要在内心给自己划一道警戒线，哪些是不可以逾越的，哪些是不能触碰的。这体现了一个人的修养，身居高位而沉得住气，才是真正胸中有大韬略的人。同时，在失意时，也不要轻易意志消沉，自暴自弃，失去前进的动力，要时刻保持一颗平常心。

孔子为人之道

　　孔子是儒家学派的创始人，他一生致力于教书育人，创办私塾，收受弟子无数。他看人不论出身，只论品德。在教育中，孔子将"德"的教育放在了文化知识的教育之前。孔子一生最重德行，认为君子应有"德"。君子的德行体现在多方面，比如孔子说"君子坦荡荡，小人长戚戚"等话，均勾勒出君子应有的德行。而"温、良、恭、俭、让"是孔子的德行之道，是孔子为人处世之道，这是值得我们这些后人学习的。

第六章
清清白白做人，坦坦荡荡做事

　　孔子在《论语》和《中庸》中讲述了儒家做人处世的基本要义，从中归纳出孔子的大义，就是一个"仁"字，他强调君子做人做事都要坦坦荡荡、清清白白。孔子认为，推己及人为仁之方，就是要我们凭借自身的宽大心胸，来容纳世事，在儒者的眼里，无论是"好仁者"或"恶不仁者"，其实都有一颗仁爱的心，人性本善的另一层意思就是人性本仁。这是孔圣人给世人开出的一剂良方，以此为仁德的原点，要我们清清白白做人，明明白白做事。君子当求仁义为本，坦荡无愧，便可以傲视天下。

1. 成事的根本在于会做人

　　无论在交际场上、商场上，还是在生活中，我们常会以"做事先做人"的训诫告诉人们，为人处世的关键在于一个人的德行。其实，关于此，在《论语》中，孔子也有类似的说法。《论语·学而篇》中有语："子曰：'弟子入则孝，出则悌，谨而信，泛爱众，而亲仁，行有余力，则以学文。'"大意为，孔子说："弟子们在家里，就要孝顺父母；出门在外，就要尊重师长，言行要谨慎，要诚实可

127

信，慎言慎行，广泛地关爱民众，亲近有仁德的人。这样躬行之后，还有余力的话，就去学习文献知识。"这段话孔子提醒弟子们先修德再为学，即先学做人，再学做事。德行是发挥才学的保障。有德才能得到社会的认可，才能在社会中发挥自己所学的知识、技能；没德，就会被所有人厌恶，连生活都成问题，有再多的文化知识又有什么用呢？德行是求得学识的载体。只有德行深厚才能了解那些最高深的知识，才能洞悟那些最精妙的奥秘，所以《易经》说：君子以厚德载物。

在教育中，孔子将"德育"放在"智育"之前，认为"行有余力，则以学文"。这点值得所有的教育者深深思考：教育为行，德育为先。一个人的思想品质是教育的根本，只有抓住了这个根本，才算得上是成功的教育；否则，教育也只是无源之泉。另外，这也告诉我们，德行是做人的根本，而做人是成事的基础。这与我们平时生活中所说的"做事先做人，成事先成人"等的说法是相通的。

司马光在《资治通鉴》中说过："才者，德之资也；德者，才之帅也。云梦之竹，天下之劲也，然而不矫揉，不羽括，则不能以入坚；棠溪之金，天下之利也，然而不熔范，不砥砺，则不能以击强。"一个人是否可用的根本在于他是否有德，而不是才智有多高，能力有多强。一个没有道德的人，越是有才，对社会所造成的危害就越大。希特勒的演讲才能，政治、军事洞察力都是一流的，然而他却是个自大、狂妄的恶魔，纳粹德国在他的带领下发动了第二次世界大战，令数千万人死亡，上亿人流离失所。纳粹德国的很多高级战犯，如卡尔登勃鲁纳、汉斯·弗兰克、威廉·弗里克等，都是博士学位，他们知识渊博，却没有用于造福人类，而是利用这些知识为战争提供依据，将无辜的人推向死亡。

在当今社会中，无论在哪个领域，要成事也必先会做人，高深的修养和德行是一个人做事的"通行证"。

北京一家著名的数码影像有限公司要招聘一名技术工程师，有一个叫冯柯的年轻人去面试，他在一间空旷的会议室中忐忑不安地等待着，不一会儿，有一个相貌平平、衣着朴素的老者进来了，冯柯站了起来。那位老人盯着冯柯看了半天，眼睛一眨也不眨。正在冯柯不知所措的时候，这位老人一把抓住他的手说："我可找到你了，太感谢你了！上次要不是你，我可能再也看不到我的女儿了。""对不起，我不明白你的意思。"冯柯一脸迷惑地说道。

"上次，在中央公园，就是你，就是你把我失足落水的女儿从湖里救上来的！"老人肯定地说道。冯柯一下子明白了事情的原委，原来老人把自己当成他女儿的救命恩人了。"先生，你肯定认错了！不是我救了你的女儿！"冯柯诚恳地说道。"是你，就是你，不会错的！"老人又一次肯定地说。面对这个对自己感激不已的老人，冯柯也只能做些无谓的解释："先生，真的不是我！你说的那个公园我至今还没有去过呢！"听了这句话，老人松开了手，失望地望着冯柯说："难道我认错了？"冯柯安慰老人说："先生，别着急，慢慢找，一定可以找到救你女儿的恩人的！"

后来，冯柯接到了录取通知书。有一天，他又遇到了那个老人。冯柯关切地与他打招呼，并询问道："你的女儿的救命恩人找到了吗？""没有，我一直没有找到他！"老人默默地走开了。

冯柯心里很沉重，对旁边的一位司机师傅说起了这件事。不料那司机哈哈大笑："他可怜吗？他是我们公司的总裁，他女儿落水的故事讲了好多遍了，事实上他根本就没有女儿！"

"噢？"冯柯大惑不解。那位司机接着说："我们总裁就是通过这件事来选拔人才的。他说过有德之人才是可塑之材！"

入职后，冯柯开始兢兢业业地工作，不久就脱颖而出，成为公司市场开发部总经理，一年为公司赢得了 3500 万元的利润。当总裁退休的时候，冯柯就继承了总裁的位置，成为一位财富巨人，家喻户晓。后来，他谈到自己的成功经验时说："一个一辈子做有德之人的人，绝对会赢得别人永久的信任！"

的确，世间办事的方法有千万种，而唯有德行者才可以事事如意。世界变幻莫测，也唯有人品可立一生！这就是作为一个成功人士或希望成为一个成功人士的人应该具备的优秀品质。

人们常说，如果把一个人看成一个产品的话，有德有才的是正品，有德无才的是次品，有才无德是危险品，无德无才是废品。可以说，好人品是人生的桂冠和荣耀。它是一个人最宝贵的财产，它构成了人的地位和身份，它是一个人信誉方面的全部财产，它比财富、能力更具威力，它使所有的荣誉都无偏见地得到保障。

品行不佳的人，在这个世界上会丧失很多机会。管理学上有一种"中庸"理论，意思是说，任何一个想要稳步发展的组织，都要划分出三个档次，首先是德才兼备，其次是德高才中，最后才是德才中等，唯一不可用的是有才无德的人，因为这样的人极其危险。

人生道路，不管你是用人还是为人做事，都要牢记"做事先做人，拥有好人品"这句箴言，好的人品将有助于你走上成功之路。

2. 内在的"德"决定外在的"得"

《论语》中有这样一段对话："子禽问于子贡曰：'夫子至于是邦也，必闻其政，求之与，抑与之与？'子贡曰：'夫子温、良、恭、俭、让以得之。夫子之求之也，其诸异乎人之求之与？'"这段子禽问子贡的对话勾勒出了孔子为人处世的品格，指出了孔子之所以受到各国统治者的礼遇和器重，就在于孔子具备温和、善良、恭敬、俭朴、谦让的道德品质。子禽问："我们的先生到了一个国家，总是听闻这个国家的政事。这是他自己求得的呢，还是人家主动提供的呢？"子贡说："先生温顺、善良、恭敬、俭朴、谦让，所以才得到这样的资格。即便算是求得的，也与别人的求法不同。"这句话也告诉我们，一个人是否受到尊重，不是由别人来决定的，主要在于其内在的修养。也就是说，一个人要想得到什么，往往不在于他多么努力多么拼命地去争取，而在于他的德行是否配得上得到，他是否能够以"德"载"得"。老子在《道德经》中说："上善若水，水善万物而不争，夫唯不争，天下莫能与之争。"孔子就深深地明白了这个道理，他修身治学，自己的品德学问都达到了极高的境界，所以即使不去了解什么，那些统治者们也愿意将政事告诉他，来咨询他的教导。所以说，一个人无论干什么，求什么，都要以德为根本，求之于内，然后得之于外。

有位哲人曾说："世界上有两种东西最能震撼人们的心灵——内心里崇高的美德和头顶上灿烂的星空。"内心里崇高的美德，让人在前进的道路上不会迷失方向，让人在生活的逆境中坚守信念；灿烂的星空使人在黑夜中看到光明，让人心中燃起希望。没有了星空，我们会失去太多的想象，失去太多的梦想；没有了美德，我们则会失去立身之本，失去在社会上生存的能力。

一位先生有一群学生，学生们都很好学，但因为大多都是富家官宦子弟，个个都比较好强，经常提如何做大官、如何取厚禄等问题。每次面对询问，先生都笑而不语，告诉学生们安心读书，好好学习。学生们很不理解，问："先生，您教我们读书，难道不是为了让我们过得更好、拥有更多的钱财、得到更高的官位吗？为何每日只教些仁义道德的道理，不教我们做官、求财的实用知识呢？"先生听了学生的话，皱皱眉头，对他们说："好吧，明天我就教你们求官、求财的学问。"

第二天，学生们早早地来到书院，看到院子中摆满了大大小小的篮子，他们被告知，今日要去果林中摘果子。学生们都很疑惑，平时先生要求严格，每日要求他们诵诗读经，昨天说好了要教升官发财的学问的，为何要去摘果子呢？但整日学习，出去放松一下也不错，于是学生们拿起篮子，来到果园中。

先生早已在此等候多时了，看到学生们到来后，他说："今天摘果子并不是为了娱乐放松，而是一场测试，看看你们谁更有能力。你们可以去摘果子了，尽量在正午前摘到最多的果子。"

园子中的果子很多，学生们的篮子很快就摘满了，还未到正午就回到了先生身边。先生指着一个篮子最大的学生说："现在你们看到谁最会获得了吗？"其他学生纷纷抱怨说："先生，他摘得多并不是因为有能力，而是因为篮子大而已。"先生笑着说："是啊，就是因为篮子大，所以我才说他最会摘果子。"

看到学生们都不了解，先生接着说："你们平时常常问如何做官，如何发财，其实这和摘果子是一个道理，摘果子摘多少，不在于摘得有多快，有多好，而在于他的篮子有多大。一个人能做多大官、能发多大财，往往也不在于他做官、发财有多少窍门，而是在于他能承受多大的官、多大的财。我平时教你们的仁义道德，就是这个篮子啊！只有人生的篮子大了，你才能走得更远，拥有更多！"学生们这时才恍然大悟，原来先生每日教他们的仁义道德的学问，就是一切升官、发财学问的根本，没有"德"哪来的"得"？于是，他们从此跟着先生学知识、修德行，最后都成了有作为的人。

一个人所具有的美德决定着他能站在多高的颁奖台上；一个人所具有的美德决定着他一生能走多远，飞多高；一个人所具有的美德决定着他一生成败的心灵力量。我们在生活中都希望多"得"，却不知道"得"并不是由别人给你的，而是由你自己的"德"来决定的。只有有德的人，才能充分发挥他的才能；只有有德的人，才能成为组织中的正能量；只有有德的人，才能与他人和谐相处，成功地融入集体之中。"德"与"得"是相辅相成、息息相关的。人生中，对"德"的修炼，就是对"得"的获取。小德小得，大德大得。如果说人生就是一座大楼的话，那么"德"便是这大楼的地基，"得"便是大楼的高度，"德"是否牢固，注定"得"能达到的极限。如果"德"不稳，而盲目地追求"得"，只能导致大楼过早坍塌。

3. 多敲"当面鼓"，少击"背后锣"

生活中，一些人总是热衷于在背后说人闲话，趁人不备，便开始与人谈人是非。其实，关于背后论人是非的问题，孔子早有评论。《论语·阳货篇》中有这样的话："子曰：'道听而途说，德之弃也。'"即，在路上听到传言就四处传播，这是违背道德的。在孔子的心中，在背后随意说长道短、传播流言是一种违反道德的行为。用我们今天的话来说，就是很不磊落、很不光彩的事情。在这里，孔子旨在教导人们，不要成为流言的传播者，更不要成为造谣者，以混淆世人的视听，给当事人带来严重的精神困扰。即便是听到别人在传播谣言，也应该自觉规范自己的行为，让流言止于此。另外，要多敲"当面鼓"，即对一个人有什么意见或建议，最好当面委婉地说出来，这比在背后随意议论别人要好得多。

在现实社会中，很多人都知道在背后说人闲话是不对的事情，但仍旧对此事乐此不疲。其实，说闲话就相当于在打击一个"落水狗"，它本身就没有还击的力气了，你还朝它扔石子，不会让别人觉得你厉害，只会让别人看到你丑陋的外貌。

初次来到公司的欧阳洋是一名刚刚毕业的大学生，她在学校的时候，学习成绩优秀，刚刚大学毕业就被招进公司做业务员。为了能够快速地爬上更高的位置，她决定先从身边的人下手。公司带她的一个女孩是早她一年来到这里的员工，女孩叫可可，平时人很热心。她们的小组长是一个叫缓缓的女孩，人很年轻，看上去和他们不相上下。欧阳洋想要首先爬到缓缓的位置，但是缓缓却对她不是很照顾。

欧阳洋看到可可也很有能力，但是却没有做到缓缓的位置，于是便和可可说："我觉得你很有能力，完全可以代替缓缓做组长，缓缓有什么能力在你头上啊？"可可听到欧阳洋的话，起初露出了一个奇怪的表情，随即说道："缓缓有缓缓的优势，她的工作能力和管理方法都在我之上，而且比我又多一年的工作经历，站到那个位置是应该的。"听到可可的话，欧阳洋挺不服气地说："多一年经验有什么啊？没看出她哪里好，整天就知道使唤人。"

马上就要到欧阳洋的转正日期了，缓缓一次找到欧阳洋谈话，希望她能够将工作中有什么不满的地方说出来，但是欧阳洋却说："我没有什么不满意的啊，我还要多向你学习呢！"缓缓笑了笑，没说什么。但是在新来的五名员工中，有两个人公司都没有聘用，其中的一个就是欧阳洋。等她离开公司的时候才知道，原来可可是缓缓的妹妹，新来人员的去留是缓缓选择的，面对一个喜欢背后说人坏话的女孩，缓缓自然不会选择将其留下来。

流言蜚语就像是柳絮一样，遇到风就会随处飘散，而且风越大，扩散、波及的面就越广。搬弄是非不仅伤人，还伤己，爱击"背后锣"的闲话人，你在他的身上看不到一点高尚的道德情操。要知道，光明正大的话是不可能出自小人之口的。只有那些经过添枝加叶的谣传才会在那些小人之间生根发芽，最后祸及无辜，伤及自己。随意对他人品头论足，本身就是一种不礼貌的行为，不能显示出一个人的高贵和美丽，只会让一个人变得毫无修养和缺乏道德。

真正有智慧的人在生活中不会轻视任何一个人，他会时时站在别人的立场上为对方着想，给人自信，为人服务而不求回报。一个人的内在修养并不仅仅表现在为他人做好事，在他人面前保持谦卑的态度，还表现在要随时给人欢喜，多对人说鼓励、赞美的话。

4. 以身作则，多行少言

《论语》中季康子问："使民敬、忠以劝，如之何？"子曰："临之以庄，则敬；孝慈，则忠；举善而教不能，则劝。"意思是说：要想让老百姓对当官的人尊重，努力尽忠尽责，该怎么做呢？孔子认为，你对待老百姓的态度要庄重，反过来老百姓才会尊重你；同样，你孝敬父母，爱护幼小，百姓看在眼里才能从内心里去忠于你；如果你选用善良的人，教育能力差的人，老百姓就会相互勉励，奋发努力！

这告诉我们一个什么道理呢？其实很简单。上至君王，下至百姓，任何人只要你想要别人尊重你、维护你，那么首先你就要尊重别人、顾及别人的感受；相反，如果你不尊重别人，还怎么要求别人去尊重你呢？

尤其在古代，一国之君更是这样。天子代表着最高权威，他的一举一动都被老百姓看在眼里，记在心上。如果国君在很多事情上都充当表率，以身作则，那么当他推行政策的时候，就会得到百姓的拥护。

孔子说:"其身正,不令而行;其身不正,虽令不从。"在我们的日常生活中也是这样,无论是家庭还是社会中,处处都要以身作则,尤其是管理者要多做表率的事,才能在群体中挺直腰板说话、做事,才能树立起威望,才能带动周围的人共同进步。

有一天,曾子的妻子要去集市,孩子哭着叫着要和母亲一块儿去。妻子不想带孩子过去,就微笑着对孩子说:"听话啊,待在家里等娘,娘赶集回来杀猪给你吃。"

孩子信以为真,高高兴兴地在家玩,还向他的同伴炫耀着:"能吃肉了,能吃肉了,妈妈要给我杀猪了。"孩子什么事儿也不干,一整天都待在家里等妈妈回来,好让她兑现自己的承诺。村子里的小伙伴来找他玩,他都一一回绝了,一心就等妈妈回来杀猪吃肉。他靠在墙根下一边晒太阳一边想象着猪肉的味道,心里甭提多高兴了。

当太阳快下山的时候,远远地看见妈妈回来了,孩子立马来了精神,蹦蹦跳跳前去迎接妈妈,他三步作两步地跑上前喊着:"娘,杀猪吧,杀猪吧,我好久都没吃肉了。"

曾子的妻子说:"我是哄你玩的,一头猪得值多少钱呀,怎么能随随便便杀猪呢?"孩子哇的一声就哭了。曾子闻声而来,问清楚事情的前因后果,二话没说回屋了。

过一会儿,他拎着菜刀出来了,曾子的妻子以为他要吓唬孩子教训他一顿,因为他一向对孩子非常严厉,连忙把孩子搂在怀里。哪知曾子却径直奔向猪圈。

妻子不解地问:"你拿着菜刀去猪圈干吗?"曾子果断地回答:"杀猪。"妻子听了扑哧一声笑了:"不过年不过节杀什么猪呀?"

曾子严肃地说:"你不是答应过孩子要杀猪给他吃吗,既然答应了就应该做到。"妻子说:"我只不过是骗骗孩子,和小孩子说话何必当真呢？"

曾子说："答应了孩子就应该办到，不然，咱们的孩子以后不也学会了撒谎吗？咱们都说话不算话，不以身作则，以后有什么资格教育孩子呢？"

妻子听后惭愧地低下了头，夫妻俩真的杀了猪给孩子吃，并宴请了乡亲们。

可能很多人会认为曾子的做法有点过了，没必要那么认真，可是谁又明白曾子教育孩子的良苦用心呢？或许大家都明白这个道理，但是真正去实践的又有几个呢？可是曾子做到了，他用自己的言行教育了自己的孩子，还教育了世世代代的后人！

有人说，身教胜于言教。这句话的确是有道理的。如果不去做，口头上说得再多，再怎么气壮山河，纵使你侃侃而谈，说得天花乱坠又能如何？真正支撑你底气的不是言语，而是你的行动。你可以什么都不说，但是你必须要做。只有做好了，只有做到位了，只有走在了前面，人们才会尊重你，人们才会赞成你！

以身作则，不仅仅是一个人的事，也不仅仅是哪一个家庭的事，它应该是所有人的责任。一个国家需要以身作则，一个民族更要以身作则，这样整个社会就会以身作则。

5. 言必信，行必果

诚信是儒家所极力推崇的一种道德品行之一，孔子也不例外。其在《论语·为政篇》中有语："人而无信，不知其可也。大车无輗，小车无軏，其何以行之哉？"孔子意思是，如果一个人不讲信用，不知道他能够做什么，就好像大车没有輗、小车没有軏一样，如何能够行驶呢？同时在《论语·子路篇》中又提出"言必信，行必果"，这是一个士人所必备的一种品质。在《论语·颜渊篇》中也提出"民无信不立"的论断。在孔子看来，诚信是每个人的道德根基，也是每个人为人处事的重要基础，同时也是国家存在的重要基础。

诚信是中国的传统美德，是华夏民族最崇尚的品质，诚信已传承了数千年。在当下社会中，它仍旧具有现实的指导意义。

在当今社会，诚信可以说是许多成功者身上的特质，比如说被人尊敬、为人信赖等，都是建立在待人有诚信的基础之上的。因此，对待任何人、任何事，都要诚信以待，言必信、行必果，这样才能处处受人欢迎，事事顺心如意。

诚信是待人接物中最重要的资本，我们只有事事以"信"为重，才会"信"满天下，如果你是个有诚信的人，人们就会愿意接近你，甚至和你成为朋友。不论在什么情况下，人们都知道你不会掩饰、不会推托、不会欺骗。他们清楚地知道你说的全是真话，做的全是实实在在的事情，那么，这时你就有了交天下友的巨大资本。

有人曾在书中这样写道："如果我尝试运用人际关系这种策略或手段时，让别人做我想做的事，让别人做得更好，让别人更受激励，或是让别人更加喜欢我——而我对待他人却不够诚恳，里外不一或是虚伪狡诈——那么，长远看来，我最终还是没办法成功。我的不够诚恳会让人产生不信任，无论我做什么事，就算我运用所谓良好的人际关系技巧，别人也会认为我是在操纵、玩弄他们。无论我的辞藻多么华丽，或是我的本意多么美好，这些其实都是不重要的。如果没有他人的信任，就没有稳固的根基，也不会有长久的成功。只有拥有做人最基本的美德，你的技巧才能发光发热。"可见，诚信是一个人结交朋友，立足于现实社会的根本道德法则。

无论在哪里，诚实都是力量的一种象征，它显示着一个人的高度自重和内心的安全感与尊严感。诚实具有吸引力，会把别人吸引到你的身边。人们可能搞不清楚为什么被你吸引住了，但是他们会喜欢你，这就是诚实的好处。

在现代社会，讲诚信是进行商业活动的基础，是经商的一种有效方法和最基本的道德准则，它能产生巨大的经济和社会效益，一个人如果一生都能秉承诚信的准则，那么，他无论做什么事情都会处处顺畅。正像李嘉诚所说："在任何地方做生意，信用都是最重要的，一时的损失，将来可以赚回来，但损失了信誉，就什么事情也不能做了。"诚信能成就一个人，也能毁掉一个人，所以，生活中人人都要尽力做到诚信，因为诚信是生命中最绚丽的色彩，是我们屹立于天地之间的基石，是我们成功的保障。

6. 贫而不忧，富而不骄

《论语·学而篇》中有一段孔子与学生子贡的对话，道出了儒家对于贫富的看法。原文为："子贡曰：'贫而无谄，富而无骄，何如?'子曰：'可也。未若贫而乐、富而好礼者也。'"意思为，子贡说："贫穷而不谄媚，富有而不骄傲自大，怎么样?"孔子说："这也算可以了。但比不上贫穷却乐于道，富裕却喜好礼。"在这里，通过子贡和孔子的一问一答，表现出了孔子对人在贫和富时候的看法。子贡所说的"贫而无谄，富而不骄"，是对君子的基本要求，即贫贱而不移，不谄媚，不低俗，富贵而不骄奢，不自以为是，不为富不仁，在财富利禄面前不忘自己所坚守的道义。故而，古人说："君子见利而思义。"这对于普通人来说已经是一种很高的人生境界了。但

139

在孔子看来，这仅仅是入门而已，还不够。人在道德的修养上是没有止境的，只有以学习、修德为乐，才能让自己的人格不断完善。孔子希望弟子们能够安贫乐道、富而好礼。这就将对贫富的看法上升到了新的思想境界，即人应当明白财富不过是身外之物，君子所追求的应该是内在品性的提升，不因生活的贫困而忧愁，反而在困窘中践行道义，不悲不怨，安享快乐；不因富贵而骄奢自大，反而更应该行礼仪来规范和恪守自己的行为，磨砺自己的品行。

孔子的"贫而不谄，富而不骄"的观点，对当下的我们有现实的指导意义。每个人的一生都不是一帆风顺的，都会有贫有富的时候，这时，我们就要恪守自己的行为，做到贫而无忧，富而不骄。

传说，孔子有学生 3000 余人，其中最出名的有 72 人，而颜回又是孔子最得意的门生之一。颜回的一举一动，在孔子看来，都合乎心意。所以孔子常常以颜回的事例来教育其他学生。颜回，字子渊，所以也叫颜渊。

有一次，孔子对学生们说："贤哉，回也！一箪食，一瓢饮，在陋巷，人不堪其忧，回也不改其乐。贤哉，回也！"意指：贤德啊，颜回吃的是一小筐饭，喝的是一瓢水，住在穷陋的小房中，别人都受不了这种贫苦，颜回却仍然不改变向道的乐趣。贤德啊，颜回！

孔子十分赞赏颜回的这种"贫而不谄"的品质。然而这究竟是一种什么样的品德呢？孔安国说，这是"安于贫而乐于道"。这种说法与孔子的"贫穷却乐于道"的品行是一致的。

还有一次，鲁哀公问孔子："弟子孰为好学？"孔子说："有颜回者好学。不迁怒，不贰过。不幸短命死矣！"意指，颜回最爱学习。他遇着发怒的时候，能做到随发随化，从不转移到别的事情上去；有了错误就改，绝不重犯。颜回 29 岁头发尽白，40 岁就死去了。孔子为他的短命感到非常悲痛。

一个人即便在贫穷中仍能固守自己的道义，可谓是一种极高尚的品格，也难怪颜回能受到孔子的推崇了。这也告诉我们，无论在什么情况下，都要保持一颗平常心。在现实社会，富业巨子李嘉诚是"富而不骄"的代表。

有一次，李嘉诚请中国内地30位著名企业家吃饭聚餐。在聚餐中，这位财富巨人留给每位客人的印象是平易近人，谦恭有礼。

30多位著名企业家在参加晚餐的前一天晚上就收到了李嘉诚的请柬，请他们到长江中心大厦午餐。实际上以李嘉诚的地位，通知大家一声也就行了，不用那么正规地发请帖。来的时候，更出乎人意料的是，这位78岁的老人李嘉诚会亲自站在电梯口彬彬有礼地迎接他们。席间，企业家们分成四桌，按事先抓好的号各自归位。李嘉诚从第一桌开始，每桌坐半个小时，首先给客人敬上一杯酒，然后与客人对话交流。两三个小时过去了，告别前，大家都抢着拍照，李嘉诚仍旧笑容可掬地满足大家的要求。临行前，李嘉诚又彬彬有礼地站在门口与每位客人握手送行。

一位企业家对李嘉诚的行为曾这样评价道："做得最出色的人，往往最平易近人。这样的人非常值得人尊重。李嘉诚的彬彬有礼比他的财富更让人称道。"

一个人在富有的时候，还能恪守礼仪、和蔼可亲，这需要多么强大的内在修养去做支撑啊！所以，在生活中，我们一定要勤于去磨砺自己的内在品行，做到安贫乐道，富而不骄，时刻保持一颗淡泊之心。

7. 遇任何事都要行君子之风

君子之风是孔子向大家提供的修身标准。什么是君子之风呢？孔子在《论语》中曾多次提及。在《论语·学而篇》中有这样的总结性的阐述："君子不重则不威，学则不固，主忠信，无友不如己者，过则勿惮改。"意思为，君子不庄重就没有威严；学习可以使人不闭塞；要以忠信为主，不要同不如自己的人交朋友；有了过错，就不要怕改正。其实，在当时，孔子希望自己的弟子们都能成为君子，所以，从内到外地论述了君子所应具有的品行、道德。他告诉弟子做人要稳重，举止要得体，要通过学习让自己内心充实，以忠信的美德作为人生之根本，向比自己贤能的人看齐，有了过错就及时改正。

君子不仅仅是一种人生目标，更是一个人修养的标准，是人们衡量他的尺度。君子好学而不殆，君子重义而轻利，君子贵信而守诺，君子坦荡而无私，君子宽容而大度……正是因为有了君子，一个社会才有了标杆，才有了主导，才有了更多的善和美。每个人在日常生活中，都应该以君子的尺度来衡量自己，让自己拥有君子之风。

生活中常常有些人显得卓尔不群，他们不需要整天保持严肃的面孔，就能够在人群中具有威严；他们不需要和别人有多深的交往，就能够得到他人的信任；他们说出的话，会让人不自主地相信；他们做出的行为，会让人不自主地去效仿；他们不一定拥有财富，却让人仰慕；他们不一定具有权力，却让人愿意跟随；他们举止得体，进退有度，言必信，行必果，正直可亲，宽容大度。这便是君子。

　　"君子"是儒家修身的目标，每个人都应该通过修养自己的品德来成为一个君子，通过不断地学习、自省，让自己具有君子之风。君子之风是一种层次，它让人变得远离庸俗，变得出淤泥而不染；君子之风是一种气度，它让人宽厚宏博，能容人之所不能容；君子之风是一种品质，它让人高贵优雅，充满自信和骄傲；君子之风是一种修养，它让人谦虚、礼让，富而不骄、安贫乐道。

　　英国就是一个重视君子之风的国家，他们将其称为"绅士风度"。英国有句谚语："行为美好品自高。"一个人的美不仅取决于面容之姣好，更在于他所具有的美德和风度。

　　1912 年，"泰坦尼克"号巨轮在航行时不慎撞上冰山，在其即将沉没的时刻，很多英国人表现出了极高的绅士风度，让后人感动不已。

　　当巨轮开始下沉时，船长、船员们都继续坚守在他们的岗位之上。有乘客听到爱德华·约翰·史密斯船长向人们大喊："有点英国绅士的样子，男士们，有点英国绅士的样子！"这位船长到最后也没有登上救生艇，他和他的巨轮一起沉入了冰冷的海底，带着他的使命感和他的荣耀。但在他沉着的指挥下，无数乘客，得到了逃生的机会。

　　盖根海姆，一位富有的先生。当面对即将到来的危险时，毅然把自己的救生衣送给了一位女乘客，而自己则系好了领带，穿上燕尾服，"像绅士一样"从容地面对死神。尽管他的生命终结于黑暗的海底，但他那"君子之风"却长存于人世。

　　在海水大量涌入机舱时，为保持船上照明，锅炉房的工人拒绝撤退；在客轮即将沉没时，机械师在机房沉着冷静地工作，直到船底涌进的海浪把他卷走；当轮船已经开始倾斜时，那些乐队成员泰然自若地演奏着既定的曲目，直至海水把他们完全淹没；男士则放弃了逃生的机会，静静地抽着烟，看着妇女儿童先上船，体面地面对死亡……

季子守诺，挂剑而去是君子之风；子路面对死亡，从容地整理好仪容是君子之风；蔺相如为了大义，回避廉颇是君子之风；鲁仲连慷慨赴难，不求回报是君子之风……"君子之风"，存之于心，付之于行，美在其中矣！

当我们面对人生路上的苦难，面对与他人交往时的纠葛时，何不豁达一些、大度一些、宽容一些呢！让自己做个君子，让自己具有君子之风。这样，你会发现社会变得和谐了，人与人之间变得友善了，生活变得充实了，自己也越来越快乐了！

8. 竞争也要讲求君子风范

孔子讲究君子之风范，无论做人还是做事，都要讲究礼仪规范，不可相互倾轧，相互诋毁。同时还要能够适时地换位思考，凡事不可只为自己着想，遇事不择手段，不顾君子风范的竞争行为是孔子所鄙弃的。

在《论语·八佾篇》中，关于竞争，孔子说出了自己的看法。即："君子无所争，必也射乎！揖让而升，下而饮，其争也君子。"孔子认为，君子之间没有什么可争的事情。如果有的话，那就是射礼了。比赛时，先相互作揖谦让，然后上场。射完后，又相互作揖再退下来，然后登堂喝酒。这就是君子之争。在孔子看来，君子本来是"无所争"的，这里的"无所争"是指君子不会因为利欲而作小人之争。而君子真正有所争时，也会依义直行，无所避让，互相谦恭地竞争。所以说，"君子之争在于义，其争也守礼；小人之争在于利，其争也无所畏忌。"

君子应该有谦谨、恭让之德，他们不会争强好胜，不会以利相倾，即使存在争议，也会像举行射礼那样，遵守礼仪，遵守法则，有序地公平竞争。君子应当时刻怀着仁德，时刻守着礼仪，他们坚强不屈是为了行义、守善，谦逊温和也是为了行义、守善。这对当下时时处于竞争之中的我们有着极深的指导意义。也就是说，我们在竞争中，要有君子风范，不可因为个人私利而做出"小人"之事。

鲁定公十年（前500年），齐鲁两国国君在夹各相会，孔子任鲁君的相礼（相当于今天的司仪）。会盟时，齐国要以奏四方之乐为名，刀枪剑戟，鼓噪而至，以便在乱中劫持鲁君。孔子见状，立即登上盟坛土阶，两眼直视齐景公，以礼怒斥。齐景公心知失礼，只得将这班人马斥退，并表示歉意，孔子赢得了第一个回合的胜利。在双方最后缔结盟约时，齐国突然增加一条，规定：在齐国出征时，如果鲁国不派三百乘兵车相从，就是破坏盟约。这显然是要鲁国无条件承认自己是齐国的附庸国。当时，齐强鲁弱，这一条难以拒绝，但孔子又不想无条件接受，所以，立即提出了另一个新条款：如果不把齐国侵占鲁国的汶阳归还鲁国，而要鲁国出兵车，这也是破坏盟约。这使齐景公难堪，会后齐国把占领的汶阳地区郓、灌、龟三地归还了鲁国。孔子又赢得了第二个回合的胜利。

孔子对这样"欺辱"他的对手都能以礼相待，做到"其争也君子"，真是真真正正的君子。在现代社会，孔子的这种"君子之争"的竞争方式，在职场中也较实用。在办公室，与同事之间在表面上存在着竞争关系，但是从长远来看，其利益是一致的，更何况，同事之间除了竞争关系还有朋友与相互协作的关系。所以，在竞争的时候一定要有君子风范，这样才能服众。

竞争使人进步，而背后的礼让更是进行良性竞争的秘诀。我们生活在竞争日益激烈的现代社会，应该学习孔子，自觉建立一种良性、充满善良和友好的竞争风尚，同事之间、对手之间的竞争也应该在一个公平的环境中有序地进行。竞争的至高境界是和谐，而不是损耗式的"互燃"。

9. 患得患失是失败的先兆

"患得患失"语出《论语·阳货篇》："鄙夫可与事君也与哉？其未得之也，患得之。既得之，患失之。苟患失之，无所不至矣。"意思为，可以和鄙陋的人一起共事吗？他在没有得到（官位）时，总担心得不到。已经得到了，又怕失去。因为害怕失去，他就什么事都干得出来了。鄙夫就是庸俗谫陋的人，在孔子看来，这些人世俗心太重，做事总是患得患失，一旦他们害怕失去名利的时候，就很有可能做出伤天害理的事情来。在此，孔子旨在告诫我们，无论做什么事情，绝不能患得患失，否则就会心有旁骛，不能集中精力，一时失利了倒还是小事，若是信誉扫地，甚至做出有悖道德的事情来，那就是大忌了。

在现实生活中，每个人遇事时都会患得患失，尤其在遇到重大事情的时候，得失心太重，心中就会产生各种各样的担忧和矛盾，从而影响自己的能力或水平的发挥。患得患失是人生的精神枷锁，是罩在人身上的阴影，是浮躁的一种表现形式。

从前，有一个特别优秀的弓箭手，他射出的箭百发百中，从来没有失手过。为此，人们争相传颂他的高超的射技，对他也十分敬佩。后来，他的美名也传到了国王的耳朵里。国王就命人将他请到宫中亲自表演，并对他说："今天请你来是想请你展示一下你精湛的射技，如果你射中了远处的那个目标，就赐给你万两黄金，如果射不中，就发配你到边疆充军去。"

这位弓箭手听了国王的话，一言不发，神色变得激动起来。他取出一支箭搭上弓弦，但是心中只是想着能否射中，这可关系着自己的命运呀！当开始发箭的那一刻，一向镇定的他呼吸变得急促起来，拉弓的手也开始抖起来，最终箭落在离靶心几尺远的地方。

旁边的一位大臣叹道："看来一个人只有真正地将得失置之度外，才能成为真正的神箭手呀！"

弓箭手之所以没能发挥他真正的射箭水平，就是因为他太在乎自己的得失了，内心有太多的顾虑，使自己的心灵背上了沉重的包袱，最终也只能以失败告终。

在现实生活中，人类都在犯着同弓箭手同样的错误。在生活的道路上，我们可能都要面临各种各样的痛苦的选择，当遇到高成本的机会时，人们常常无法迅速做出选择，因为他们都不愿意轻易地放弃可能得到的东西。为此，我们可以说，舍弃也是需要胆略和智慧的。只有认准心中的真正目标，勇于将得失置之度外，才能减轻内心的痛苦，也才更容易到达成功的彼岸。

当然了，要避免患得患失的心态，就要学会拿得起放得下。正如法国哲学家、思想家蒙田所说，今天的放弃，正是为了明天的得到。我们只有懂得放得下，才能更好地拿得起。如带着这样的心态去做事，便可以避免在"患得患失"的抉择中烦恼甚至痛苦了。

吉姆·特纳在自己40岁的时候，继承了拥有30多亿美元资产的莱斯勒石油公司。当时，所有人都认为这位新上任的总裁会在自己的有生之年大干一番，好好地为公司做加法，而吉姆·特纳却并没有如人们想象的那样去卖命。

吉姆·特纳先组建起一个评估团，对公司资产做了全面盘点，然后以 50 年作基数，在资财总和中先减去自己和全家所需、社会应承担的费用，再减去应付的银行利息、公司的刚性支出、生产投资等，一切评估做完后，他发现还剩下 8000 万美元。剩余的钱如何用？

他先拿出 3000 万为家乡建起一所大学，余下 5000 万则全部捐给了美国社会福利基金会。人们对他的行为表示了不理解，他却说："这笔钱对我已没有实质意义，用了它就减去了我生命中的负担。"

在公司员工的印象中，吉姆·特纳从来没有愁眉苦脸、唉声叹气的时候。太平洋海啸，给公司造成一亿多美元损失，他在董事会上依然谈笑风生，说："纵然减去一亿美元，我还是比你们富有十倍，我就有多于你们十倍的快乐。"当他的一个孩子在车祸中不幸身亡时，他说："我有五个孩子，减去一个痛苦，我还有四个幸福。"

吉姆·特纳活到 85 岁悄然谢世，他在自己的墓碑上留下这样一行字：最令我欣慰的是我能在最后几十年为自己做了人生减法！

吉姆·特纳正是因为勇于舍弃，才获得了幸福和快乐。如果他像人们所想的那样，在有生之年大干一番，只"拿"不"放"，那么，他的最后的几十年就有可能会在忧愁和痛苦中度过了。

人生短短几十年，遇事的时候，唯有以"拿得起放得下"的豁达、轻松的心态去面对，才更容易成功，才更容易获得快乐和幸福。拿得起在于不随波逐流，保持自我；放得下在于通达世故，使自己免于劳神费力。只有放得下，才能将拿起的东西更好地握住，抓住重要的东西。只有这样，你的人生才会有一个更美好的结局。

10. 别让安逸毁了你的一生

生活中，我们都以为悠闲、碌碌无为是一种极舒服的生活，事实上，那是一种折磨。有句话说得好，懒惰是很奇怪的东西，它使你以为那是安逸，是休息，是福气；但实际上，它所给你的是无聊，是倦怠，是消沉；它剥夺你对前途的希望，割断你和别人之间的友情，使你心胸日渐狭窄，对人生也越来越怀疑！关于懒惰，孔子有什么样的看法呢？

在《论语·阳货篇》中孔子这样说道："饱食终日，无所用心，难矣哉！不有博弈者乎？为之，犹贤乎已。"意思是说，整天吃饱了饭，什么心思也不用，真是太难了！不是还有下棋的游戏吗？干干这些，也比闲着好。孔子通过这句话，告诫人们应远离惰性。在孔子看来，即使从事下棋这样的游戏也要比每天无所事事好得多。无所事事会让人安于现状，消磨进取之心；无所事事的人习惯于在生活中随波逐流，志气磨灭。所以，心怀理想的人最害怕的就是生活安逸而没有目标。

晋文公逃亡到齐国时，齐桓公对他很好，给他车马，帮他娶妻，让他过着丰衣足食的生活，于是他便变得消沉起来，多亏妻子识大体，与随从们将其强制送走，才有了他后来的伟业。晋代名将陶侃在任期间，每天清晨把砖头一块块搬出室外，傍晚又一块块搬回室内。部属们议论纷纷，始终猜不出陶侃这样做的用意。有一位部属终于忍不住好奇心，鼓起勇气去问他。陶侃沉重地说："北方多事，国土沦丧，我辈立志要还于中原，收复失地，如果终日耽于安乐之中，就会将意志消磨，我这样做，正是为了磨炼自己，不要有一刻忘记自己的使命。"

安逸是理想的大敌，只有摆脱安逸的束缚，战胜自己的惰性，才能在学问、道德之上取得更大的成就，才能在对理想的追求上走得更远。

在现实的生活中，很多人总以为每日无所事事是最幸福的，是安享富贵，所以，总渴望自己最终能过上那样的生活，殊不知，懒惰、无所事事其实是人生的灾难。

一个贫穷的人，平生极为懒惰，却总是梦想自己能过上富贵无忧的生活。

有一天夜里，他做了一个梦：自己到了一个极为美妙的地方。那里有花园美景，有绝色美女，有令人眩晕的娱乐节目，还有享用不尽的华丽的服饰和美食。

里面还有大批的奴仆，一位奴仆过来告诉他说："从此以后，您就是这里的主人，这里的一切都是您的，想吃什么就吃什么，想玩什么就玩什么，奴仆也可任由您支配！"这个人极为庆幸，这种日子一直是他梦寐以求的，终于实现了目标。于是，他每天都将自己浸泡在美色与美食之中，得到了前所未有的快乐。

就这样，日子一天天地过去，他发现美食不再那么可口了，游戏也越来越乏味了，那些曾经让他感觉天仙般美丽的女人们再也提不起他的兴趣来了。他每天早晨醒来以后，也不知道如何打发时间，于是就对仆人说道："这样的生活真是太过无聊了，我需要做一点事情，你能给我一份工作做吗？"

让他感到意外的是，这个要求被拒绝了。仆人说道："很是抱歉，这里没有工作可以给您做。"在沮丧之余，他愤怒地说道："这里真是太无聊了，早知道这样，还是送我去地狱好了！"听了他的抱怨，仆人温和地对他说道："先生，您以为这里是什么地方呢？这里

就是地狱啊!"

由此可见，拥有一份能够自食其力的工作，是一件多么幸福的事情！生活中，我们经常会听到这样的抱怨：工作太紧张，每天早起晚归，疲于奔命，不知何时是个头；如果来世，我希望自己变成一头猪，吃了睡，睡了吃，什么都不操心；什么时候可以不用工作，就能住上大房子，开上名车……要知道，人活着就要思考，就要劳动，如果你整天置自己于安逸之中，每天衣食无忧，表面上看似在享受，实则是生活在地狱之中。长时间将自己浸泡在安逸之中，人也无异于行尸走肉。

一个人最可悲的行为，就是丧失了理想，没有了进取心，一味地去享受安逸。这样会让你的人生苍白无力，使你越来越堕落，不懂得珍惜你得到的东西，也不会对周围的事物心存感激，更不容易找到满足感。通过工作来实现自我价值，通过个人努力来获得成就，你会体会到收获的快乐，珍惜自己所拥有的，对周围的一切心存感激，你就会获得长期的快乐和幸福。所以，无论你是腰缠万贯的富豪，还是一贫如洗的穷人，都要记住，只有工作才能让你在充实中体会到生命的本质意义，才能让你获得快乐和满足，才能让你在奋斗中感受到生命的真精彩。

第七章
做事要讲究"变通"

在做事方面，孔子一向讲求"中庸"之道，懂得变通，不可锋芒毕露，不可太过极端，否则将不会维持长久。孔子 70 岁"从心所欲不逾矩"，要达到这一境界，孔子特别强调了一点：君子不器。为人处事，守不器之道，自能屈伸进退得宜，刚柔并济、无往不利。能屈能伸、方圆有度是能量的积聚，伸是积聚后的释放。进退得宜、能屈能伸，保持中庸是高超的处世技巧，君子不器，以"中庸"为道，才能使人生之路越走越宽，也才是长久立世的法则。

1. 学会换位思考，了解别人的需要

懂得如何与人相处是当今取得成功的关键之一。但是在现实社会中，与人相处的关键是什么呢？《论语·学而篇》中有言："不患人之不己知，患不知人也。"意思为，不怕别人不了解自己，只怕自己不了解别人。孔子的这句话旨在告诫我们，如果想和别人真心共处，就要了解别人的需要，要学会换位思考，即把自己放在对方的位置上考虑问题。

是否懂得去体察他人的情绪，已经成为当下社会评判一个人情

商高低的重要标准。一个懂得体察他人情绪，能时刻站在他人角度考虑问题的人，一定是善解人意的，他们能细致入微地去感受别人的感受，同时，还能够通过倾听别人的意见和想法，注意到他人的情绪变化，能够察言观色，体谅别人的需求和感受，能够对别人关心的事情保持一种积极的态度。相反，那些不懂得体察别人情绪，不会换位思考的人，会给人带来一种压迫感和不尊重感，从而不受人欢迎，人缘也不会很好，这样的人，在做事的时候，也很难成事。

万超是某公司的销售人员，口才不错，工作能力也强，于是，每次与别人谈及他的工作业绩时，便会滔滔不绝，得意之情自然溢于言表。

有一次，万超与几个朋友在一起吃饭，一是为了深化朋友间的感情，二是想借此机会就目前的市场情况进行一些讨论，以便制定合理的工作安排。

但是，席间酒一下肚，万超就开始口不择言了，加上刚做成了一大笔订单，忍不住就开始大谈他的捞钱经历和销售功夫。谁知，在场的一朋友是公司的销售经理，看到万超滔滔不绝地讲个没完，面色极为难看，低头不语。一会儿去洗脸，一会儿假装去厕所，最后饭没吃几口，就找借口提前离开了。原来，李经理最近因为销售业绩提不上去被降了职。

后来，万超自己也感觉到李经理对自己的态度冷淡了许多。两人关系日渐生疏，到最后还慢慢地与万超断绝生意上的往来了。

万超尽管是个能言善辩之人，但因为不懂得察言观色，说了不合时宜的话，让他失去了友谊。可见，体察别人的情绪，懂得换位思考是多么重要的一件事。

懂得换位思考的人，还会主动去帮助别人发展，他们能够了解并鼓励人们发挥自己的长处、技能和潜力，能够提供有价值的信息反馈，并且明察人们的发展需求；同时，他们能够及时给人们提供指导，培养其技能。

北京一家文化公司的老板，希望自己的员工对自己能够忠诚，能长期跟随自己，把事业做大。他给员工的工资在当地属于中等偏上，5500元左右，但他的员工在发薪水时却总与他讨价还价，哪怕是100块钱。老板开始看不惯、想不通，觉得员工都太贪心。后来，他站在员工的角度去想，将他们每个月的生活开销列了个账单，通过分析发现，这些员工都是北漂一族，他们的日子过得确实很苦，于是就增加了他们的工资，员工都很感动，觉得老板很是体贴下属，于是工作也更卖力了，对公司也更为忠诚了。

由此可见，换位思考能达成一个双赢的局面。当然，要更好地体察别人情绪，就要懂得站在对方的角度去考虑，考虑的因素主要包括对方的年龄、性别、工资、学识、远见、工作性质、出身条件、家庭状况等，否则，换位思考只能停留在嘴上。

2. 要想"被人知"，首先得有"闪光点"

生活中，很多年轻人刚工作的时候，都会抱怨自己的才能被人埋没，总是以一种"怀才不遇"的郁郁寡欢的心态去应付一切。那么，对于此，孔子是如何看待的呢？

《论语·里仁篇》中讲："不患无位，患所以立；不患莫己知，求为可知也。"意思为，不忧患没有官位，就怕自己没有足以胜任的本领。不忧患没有人知道自己，只求自己成为值得别人了解的人。在孔子看来，一个人不怕怀才不遇，就怕你没有才能，没有足够的技能或本领去胜任一些职位。从名望方面来说，也不怕别人不知道你，就怕你没有值得他人了解的价值或必要。孔子向来是重于内而轻于外的，他觉得一个人要想当官、有名望，最重要的是修炼自己的内在，即内在的品性、本领、才能等，这是一个人成功的基础，没有这些，就算给你职位，给你名望，也会让你将之毁于一旦。这对于现实生活中的许多年轻人都有指导意义。

有这样的一个故事：

一个满腹抱负、自以为极有才华的秀才，因为一直得不到重用，所以，他经常愁肠百结，异常苦闷。

终于有一天，他气愤地跑到当地的知府衙门中去大声质问知府说："命运为什么对我如此不公？我并不比那些当官的差，为什么我却不能得到重用？"

知府听了此话后沉默不语，他捡起了一颗不起眼的小石子，并把它扔到乱石堆中。

知府说："你试着把我刚才扔掉的那颗石子找出来。"秀才就翻遍了所有的乱石堆，却没找到。这时候，知府又向乱石堆里扔了一枚金戒指。结果，这一次，秀才却很快就找出了那枚戒指——那枚金光闪闪的戒指。

知府虽然没有说什么，但是那位秀才却顿时醒悟了：当前的自己还只不过是一颗石子而已，如果自己真是一块金灿灿的金子，就不会抱怨命运的不公平了。

在生活中，很多人就是这样，总是一味地抱怨上天对自己不公平，自己怀有才华，却得不到重用。殊不知，很多时候，原因全出于我们自己。所以，我们在埋怨的时候，首先要静下心来反思一下自己，问题是否是出在自己的身上。自己真的是一位德才兼备的人吗？自己真的符合他人的选材标准吗？

有句话说，你总是抱怨自己怀才不遇，那是因为你的才能还支撑不起你的梦想。所以，当你觉得自己不受重用，或在单位受排挤时，与其郁郁寡欢，抱怨不止，不如埋下头默默地修炼自己的才能，提升自己的内在，以最好的心态等待和迎接更好机会的来临。人在低潮期的行为表现，直接决定其日后是否能"遇"，能"遇"多大，能"遇"多久。记住，很多时候，你缺少的不是机遇，而是抓住和把握机遇的才能！

3. 适可而止，过犹不及

成功有时候取决于如何开始，而有时候取决于如何结尾。精彩的过程也需要完整的结局配合才行。辛辛苦苦忙活了半天，结果做过了头，最后一无所获，这是谁都不希望看到的。所以，适可而止、见好就收也是一种人生的哲学，也是一种大智慧。

过犹不及说的就是"度"的问题，做得过了和做得不够都是不好的。在这个问题上，孔子就做得非常好。

孔子有一个弟子叫子夏，有一天，子夏问孔子："颜回这人怎么样啊？"

孔子说："颜回这个人不错，他在诚信上超过我。"

子夏又问："子贡这人怎么样啊？"孔子回答说："子贡在敏捷上超过我。"

子夏又问："子路这人怎么样啊？"孔子回答说："子路在勇敢上超过我。"

子夏又问："子张这人怎么样啊？"孔子回答说："子张在庄重上超过我。"

子夏有点不解，他问孔子说："这四个人都有超过老师的地方，那么他们为什么都拜您做老师呢？"

孔子笑了，他说："让我来告诉你。颜回虽然很有诚信，却不知道还有不能讲诚信的时候；子贡虽然非常敏捷，却不知道还有说话不能太敏捷的时候；子路虽然很勇敢，却不知道还有应该害怕的时候；子张虽然庄重，却不知道还有应该轻松幽默的时候。而我则知道他们不知道的事情，所以他们才认我做老师啊！"

子夏点了点头，好像明白了一些，接着他又问："他们的这些品质不都是优点吗？为什么还要加以限制？"

孔子回答："诚信过了头，就成了迂腐；敏捷过了头，就成了圆滑；勇敢过了头，就成了鲁莽；庄重过了头，就成了呆板。"

孔子的思想是儒家的杰出代表，在他的思想里，中庸就是其核心的内容。凡做事都要讲个分寸尺度，既不能过，也不能不及。这就充分体现了中庸的内涵。

中国的书法发展历史也曾经出现过过犹不及的现象。唐代书法经汉代隶书和北魏碑刻的积淀，迎来了书法史上的辉煌。由于唐太宗李世民非常喜爱书法，甚至到达了痴狂的程度，因此，唐朝书法的水平登峰造极，是后世研究书法者追求的高度。

所以后人学习书法，纷纷从唐人起步。学生从一开始就被老师规定先颜后欧，写上20年唐楷也不为过。

这样就犯了过犹不及的毛病。因为唐楷法度森严，扼杀了"字如其人""书法自然"的本义。唐代书法虽然不是千人一面，但是往往是一个模式，新形式并不多见。如果以唐代书法为同一的标准进行学习，难免违背了书法的内涵和宗旨。

在我们现实生活中，做事做过头的情况会经常发生，比如，吃饭喝酒过了头，容易对身体造成伤害；体育锻炼得太多了，同样对身体不好。所以，我们无论做什么事，能够见好就收就是最好的结果。做过了头有时会适得其反，将自己的劳动成果毁于一旦。有时候还会给自己带来不必要的麻烦。

4. 婉拒，是一门艺术

拒绝别人是一种艺术，当他人对自己有希求而自己办不到时，就要懂得拒绝，但是如果直接拒绝势必会伤感情，造成尴尬的局面。孔子一向主张人与人之间要以礼相待，这样才能使人与人的关系变得和谐，从而使整个社会也变得和谐。当然，拒绝也不例外。

《论语·阳货》中有语："阳货欲见孔子，孔子不见，归孔子豚。孔子时其亡也，而往拜之，遇诸途。"意思是说，阳货想见孔子，孔子避开不见，他便赠送了一只熟小猪给孔子。孔子等到阳货不在家时，前去阳货家拜谢，却在半路上遇见了他。我们且不管后面的对话内容如何，且看这里，孔子不齿阳货的为人，但是阳货能以礼前来拜见，孔子不便直言，所以选择避而不见，然后趁其不在家的时候前去回访。虽然这种行为有人曾提出质疑，认为有违诚实，但细想在那样的情况下，孔子的做法未尝不是两全之策。任何时候，委婉地拒绝对方，总比直言不讳地拒绝来得更巧妙更让人容易接受。

所以，我们还是应当学习一下圆融处世的拒绝之道。凡事不要随便地拒绝，不要无情地拒绝，而是要学会委婉，有笑容地拒绝。

刘佳很喜欢遛狗，到哪里，都会把狗带在身边。一次，她带狗出去，上了一辆公交车，走上车的时候，她问售票员："我可以给我的狗买一张票，也能让它有一个座位吗？"

售票员回答道："当然可以，但是狗坐在座位上的时候，必须把脚放到地面。"

听了售票员的话，刘佳便牵着狗下车了。

售票员对于刘佳提出的不合理的要求，没有进行正面的直接的回绝，而是以对方的逻辑出发：我给狗买一张票那么就可以得到一个座位，提出一个符合对方逻辑的条件；既然狗可以像人一样占有一个座位，那么它也必须要像人一样把脚放在地上。这让刘佳无话可说，从而达到了不加拒绝而拒绝的目的。

委婉像是一道善意的门缝，给他人留下了出入的空间，同时也给自己的机遇留了一个入口。人生有很多的机遇，都是因为你留下的这一道狭窄的空间，以后才会找上门来。

有一位顾客到商店里买了一件衣服，可是过了不久又拿到商店里去退换，说这件衣服没有动过，但是自己的丈夫不喜欢这个款式和颜色。

精明的营业员接过衣服一看，发现衬衫衣领上有污痕，明白这衣服是被穿过的，但顾客已经说明自己没有动过，于是营业员就想给他一个台阶下，说道："我相信你是没有动过，但是可能当你不在家的时候，你家里或许哪个人动过它，你看这污迹是表明有人动过的。我也经常遇到这样的事，买回家好好的衣服，第二天就被我丈夫搞脏了。"

顾客见营业员看出了衣服的污点，自己不好抵赖，明白退换已是不可能，又有了这个台阶，于是只好放弃了原先要退换的请求。

营业员这样一说既拒绝了退换衣服，又给顾客一个台阶下，顾客便不好再要求退换衣服了。如果营业员一定要说衣服已经被穿过了，可能碍于面子的原因，从而引起剧烈的争执，让彼此两方都不好下台。

在武汉大学里，一名学生干了一份勤工俭学的工作，工作很轻松，每月还有一笔不少的收入，感到非常满意，于是在第二年的时候，又去向主管老师申请这个美差，说道："老师，我去年是做这个工作的，我尽心尽力为同学们服务，没有出过任何差错，我非常愿意为同学们服务，我想继续申请这个岗位。"

老师听了之后，笑了笑道："我知道，同学们都说你干得很不错，为人也非常热心，不过这勤工俭学的工作是学生轮流做的，既然咱们已经为同学们累了一年了，那么今年就让其他同学去忙吧。"

学生一听，就知道老师话中的意思，也就不好意思再请求了。

这个老师也没有直接回绝对方，而是向他说明实情，让其他同学去"忙"，让自己休息，表面是关心他，实际上是拒绝，这种说话方式给足了对方面子，让对方心服口服。

总之，在生活中，我们拒绝别人无论使用何种方法，但态度一定不能太过刚烈，以硬碰硬的方式去拒绝别人，只会伤及双方感情和面子。适时给人一个台阶，就是一种比较好的说话技巧，这样既可以起到拒绝别人的作用，又可以使自己在社交中立于不败之地。

5. 智慧不是用来炫耀的

《论语·公冶长》中记载了一段子贡和孔子之间的一段话，极有意思。子贡问曰："赐也何如？"子曰："女，器也。"曰："何器也？"曰："瑚琏也。"大意为，子贡问孔子："我这个人怎么样？"孔子说："你好像一个器具。"子贡问："是什么器具呢？"孔子说："是瑚琏。"

"瑚琏"是古代的一种玉器，是用来供于庙堂之上的，是"高""贵""清"的象征。平时，瑚琏都是被锁在柜子里藏起来、保护起来的，只有在国家大典的时候，才被请出来。近代学者辜鸿铭先生说，人对于好的东西往往深藏不露，保护起来。子贡正是深藏不露

160

的人，孔子在这里就是赞赏他的品格，说他如瑚琏一般懂得藏锋。

的确，在现实生活中，一个人在为人做事时，如果太过锋芒，必会遭到众人的非议或忌恨，甚至还会引来不必要的祸端。历史上类似的例子可谓俯拾即是。

古往今来，很多有成就的人往往都明白"成大事者要懂得深藏不露"的道理，那些真正有才学的人不会刻意地去引起别人的注意，或者一味地去博取名声，许多东西虽心知肚明，却不露痕迹，在关键时刻才会显示自己的本色。春秋战国时期就有这么一位深藏不露的高人。

当时秦国自恃强大，四处征战。有一次，秦国大军攻打赵国，赵国因为在长平遭到惨败后兵力不足，渐渐抵挡不住了。赵孝成王要相国平原君想办法向楚国求救。平原君决心亲自去楚国谈判，争取联楚抗秦。

出发之前，平原君打算带20名文武双全的人一起去楚国。要从手下的三千门客中挑选20个人确实不容易，挑来挑去，只挑中了19个人，最后的一个人却怎么也选不出来。正在这个时候，有一个坐在末位的门客站了起来，自我推荐说："我来当这最后一个吧！"

平原君看着这张陌生的面孔，问道："先生你叫什么名字？到我门下来有多长时间了？"那个门客平静地说："我叫毛遂，来到主人门下已三年有余了。"

平原君摇了摇头说："有才能的人就像一把锥子放在口袋里，它的尖儿很快就冒出来了。可是先生来到这儿已经3年了，我从来都没有听说过您这个人……"

毛遂解释说："你平时看不见我，那是因为我平时不爱出风头，不争名夺利。"

很多人都认为毛遂在说大话。可是平原君欣赏毛遂的胆量和口才，就决定让毛遂跟他一起去楚国。

来到楚国以后，平原君跟楚王的谈判进行得很艰苦，从早晨一直谈到中午，楚王说什么也不同意出兵抗秦。毛遂和其他的门客都在台阶下等着，看到平原君的谈判毫无进展，谁也不知道应该怎么办。

这时毛遂高声嚷道："合纵不合纵，三言两语就可以解决了，怎么从早晨说到现在，还没说完呢？"毛遂一边说着，一边不慌不忙拿着宝剑上了台阶。

楚王听见毛遂的话，非常不高兴："我正跟你的主人商量国家大事，哪里轮到你来多嘴？还不赶快下去！"

这时候，毛遂已经走到离楚王很近的地方了，他按着宝剑跨前一步说："你用不着仗势欺人，我现在可以随时取你性命！"楚王看着毛遂手中的宝剑，听他的语气就知道他是什么事都做得出来的，不得不缓和了口气："那您有什么高见，就请说吧！"

毛遂详细地分析了当时各国的情况，尤其分析了楚国当时的处境，合纵与否的优势与劣势也讲得非常明白。毛遂这一番话，一针见血，说到楚王的痛处，他不由得羞红了脸，连忙说："你的一番话让寡人汗颜啊！"

最后楚王同意了合纵抗秦的事。回到赵国后，毛遂得到了平原君的重用，成就了一番事业。

毛遂虽然平时不露声色，在人前总是十分低调，从不表现自己的智慧，以至于主人平原君都对他毫无印象。但是到了关键的时候，毛遂能施展自己的才干，力挽狂澜，真可谓好钢用在了刀刃上。

智慧不是用来炫耀的东西，是实实在在用来发挥作用的。那些有志之士根本不在乎平常人的称赞或是轻视，他们的自信是发自内心的。平常不露声色，能糊涂的时候就糊涂，为的是养精蓄锐，等到关键的时候往往能够一鸣惊人。这确实是我们普通人应该好好学习的地方。

6. 做事一定要掌握好"度"

孔子主张做人做事都要讲求中庸之道。在《中庸》中，孔子说："道之不行也，我知之矣：知者过之，愚者不及也。道之不明也，我知之矣：贤者过之，不肖者不及也。人莫不饮食也，鲜能知味也。"大意为，中庸之道不能盛行于世，其中原因我知道了：智者认识过了头，认为中庸之道不值得践行；愚者认识不够，理解不了中庸之道。中庸之道不能弘扬于世，其中原因我知道了：贤者做得过了头，超过了中和的要求；愚者做得不够，达不到中和的要求。人没有不饮水不吃饭的，但很少有人能品尝出真正的味道。在这里，孔子认为中庸之道不能行之于世有两方面原因，一是在认识上，有的人愚钝，不能了解中庸之道的好处，不理解这种大智慧；有的人自恃聪明，总是认为自己能够超过"中和"，追求极致，所以不在乎中庸之道。一是在行为上，虽然知道了中庸之道的好处，却不能正确掌握那个"度"，或是能力不及，做得不够，或是好高骛远，做得过头。

老子曾经感慨过："吾言甚易知，甚易行。天下莫能知，莫能行。"孟子也曾感慨过："道在迩而求诸远，事在易而求诸难。"孔子说此话时，大概也是起了如此之思：大道就是中庸啊，就是做平平常常之事，可世人为何说自己没能力去做呢？为何做了就要追求独特邪僻，将事情做过头呢？世人都不能端正心态践行中庸之道，它大概不能行之于世了吧！

中庸之道之所以不能行之于世，很大程度上是人们认识不到"中

163

和"的好处，凡事都追求极端，认为做得越多就越好，走得越远就越佳。所以，怀着好心却经常干些画蛇添足的蠢事。孔子指出过犹不及，任何事情都有一个最佳的度，未达到这个度不好，超过了这个度同样不好。有这样一个笑话：

一个愚人家中来了客人，妻子做了一桌丰盛的饭菜。在客人还未上桌的时候，妻子对愚人说："去尝尝菜的滋味怎么样？"愚人尝了一口，说："有点淡了。"妻子道："淡了就放半勺盐，再尝尝。"愚人放了盐，发现菜果然变得美味可口了。

过了一会儿，客人都到了，大家围在桌子上开始吃饭。妻子发现客人都皱着眉头吃饭，不夹菜，十分好奇。便上前尝了一口，发现所有的菜都咸得无法下口。这时愚人讪讪地说："刚才加了半勺盐，味道便变得好极了，我想若是多加几勺一定会更加可口……"

愚人就是不知道加盐应该有度，从而将好好的一桌菜给毁掉了。这听起来十分可笑，但事实上呢，很多十分聪明的人在做事上也会犯这种追求极端的错误，从而将事情搞糟。

春秋之时，霸主齐桓公去世，宋襄公便想谋求霸主之位，于是他处处以仁德自居，想要凭借自己的仁义让诸侯归服。但是南方的楚国不吃这一套，最后两国只能以兵戎相见。宋军在泓水北岸列阵，楚军渡河前来进攻。宋军司马子鱼劝宋襄公："楚军正在渡河，我们趁机进攻一定会取得胜利。"宋襄公断然拒绝，说："争夺霸主之位，要以德服人，我们怎么能乘人之危，攻打别人呢！"楚军渡过河以后，还没有摆好阵势，子鱼又劝道："楚军阵势未成，我们应趁着混乱进攻，或许还能取胜！"宋襄公又拒绝了，说："君子不鼓不成列，要打就光明正大地打，那才符合仁义。"过了一会儿，楚军摆好阵势，向宋军发起了进攻，因为敌众我寡，宋襄公吃了大败仗，霸业成为泡影，自己也在战斗中受了重伤，不久便去世了。

唐代学者赵蕤在《反经》中记载了这样一则故事：

孔子的弟子子路在邵这个地方做长官。鲁国执政的季氏限百姓在五个月内开通一条运河，线路恰好位于子路的辖区之内。当时生产力低下，五个月开凿运河对百姓来说是很困难的，所以百姓都很担忧。国家给的经费又很低，干活的人都消极怠工，心生不满。子路见到这种情况，便自掏腰包，把自己的薪水补贴给工人，又从自己家里搬来粮食给大家吃。人们的热情一下子提高了很多，工程效率也上来了。

这个消息被孔子听到了。孔子马上派子贡去把子路为工人做好的饭倒掉，将锅砸破。子路是个急性子，不理解老师的意图，很生气，跑去和孔子理论，说："夫子为什么要这么做呢？你平时教我们行仁义，为国家效劳，如今我正是这么做的。你却又派子贡倒掉我的饭，砸破我的锅，难道是忌妒我吗？"孔子说："子路，你不要糊涂！天子拥有整个天下，所以爱天下；诸侯拥有整个国家，所以爱自己国家的百姓；大夫只需要管好自己职责之内的事情就可以了；普通人只要爱护自己的家人便可以了。超过了范围的仁义，虽然出发点是好的，但那就侵犯了别人的权限，做好事做得过了头，也是极其错误的！"

没有比仁义更好的美德了，但宋襄公却仁义得过了头，在战场之上还抱着所谓的"仁义"不放，这就成了迂腐，不知变通，遭受失败也是必然的了。没有比尽职爱民更合格的官员了，但孔子却反对子路的做法，认为仁义过头是极其错误的行为。历史上有很多因做过头而导致失败的案例，吴王夫差想建功立业，称霸诸侯，结果用兵过度，穷兵黩武，连年征战，最终遭受失败。三国时的杨修，故意显示自己的聪明，结果不知收敛，遭到曹操厌恶、猜忌而被处死。明太祖想巩固政权，整顿吏治，结果法令过于严苛，杀戮太多，留下了滥杀功臣、残暴好杀的恶名……

现实生活中的很多事之所以不能做好，也是因为人们不能好好把握"度"。比如与人交往，有人看到他人过于冷漠，变成了孤家寡人，便热情地对待身边的每一个人，结果因为过于热情，弄得他人感觉很不自在，谁都躲着他，最后也成了孤家寡人。再比如教育孩子，有人因为疏于管理，令孩子养成了很多不好的习惯；另外有些家长汲取这种教训，便严苛地管理孩子，结果并不如愿，反而让孩子产生了逆反心理，丧失了很多独立锻炼的机会。再比如工作上，有人因为不听指挥而犯了错误，于是其他人汲取教训，什么事都严格按照规章制度而做，结果工作并没有如愿做好，反而让自己显得唯唯诺诺，工作变得刻板平庸。

任何事情都有两个方面，一定要善于把握其中的度，不要做得不够，更不要自作聪明将事情做过了头。

第八章
交友之道：重感情，讲原则

关于交友，子曰："益者三友，损者三友，友直、友谅、友多闻，益矣；友便辟、友善柔、友便佞，损矣。"交友是一种高明的艺术，要想更多的人尊重自己，首先要懂得"自修"，只有内在道德深厚的人，才能受到众人的爱戴、尊重和敬仰。如果一个人说话行事失度，也会让周围的人对其产生逆反的心理，所以，从某种程度上来说，我们的为人处事将决定别人对我们的态度。

1. 久远的友谊源于"敬"与"德"

《论语·公冶长篇》中有语："晏平仲善与人交，久而敬之。"意思是："晏平仲善于交朋友的方法很好，越是相处久就越是受尊敬。"孔子认为，晏平仲是个不轻易与人结交的人，可一旦结交了，那个朋友就会始终如一地跟随他。现在，每每都有人感叹："相识遍天下，知心能几人？"晏平仲交友，能够让朋友始终如一地跟随自己，那晏平仲让友谊"地久天长"的法宝是什么呢？在孔子看来，晏平仲之所以善于与人交往，在于两个方面，一是与人交往的方法、态度极为端正。"久而敬之"，即他与人相处越久，感情越深，晏平仲对人就越是恭敬，对方也越来越尊重他。所以，他的交友之道一方面要得益于一个"敬"字。二是晏平仲有令人敬佩的内在道德品行，为此，他的交友之道又得益于一个"德"字。

首先，与人交往应该保持谦虚谨慎，能够与人为善，不可自大自傲，要谦逊有礼，知错就改。其实，晏平仲就是这样的一个人。

一次晏平仲出使晋国，在返国途中，遇到了一个落魄的被卖作奴隶的人越石父，晏子见其可怜就将他救了下来。到家以后，他没有跟越石父告别，就一个人下车径直进屋去了。越石父十分生气，要求与晏子绝交。越石父说："士者诎乎不知己，而申乎知己，故君子不以功轻人之身，不为彼功诎身之理。"晏子听了这番道理后，晏子立刻对越石父施礼道歉，渐渐地，两人成了相知甚深的好朋友。

可见晏平仲是个谦虚的人，他能够在朋友面前承认自己的错误，不因为有恩于人而自大自傲，要时时恪守一个"敬"字，也难怪他的朋友会越来越尊重他。

在儒家看来，朋友之间要相互敬重友爱，保持平淡的交往方式是关键。因为，人与人之间相处是件不易的事，无论是夫妻、父母、兄弟，还是朋友，总是"意有所至而爱有所亡"。朋友之间更是如此，希望友谊更为长久和深厚，这个想法是好的，但是如果深陷其中，便会在有意无意间缩短彼此间的距离。过多过密的交往，只会让清纯的友谊泛起咸涩的味道，彼此关系不仅不会越来越好，反而还会逐渐疏远。

另外，人与人之间的关系要想长久，还要尽力做到一个"德"字。晏平仲之所以能越来越受人敬重，因为他是个有才学、守道德的人，这也是孔子认为一个人能受到周围人长久喜爱的重要因素。在国内发生崔杼弑君之乱时，他能够不畏强权坚守道义，又能不效愚忠保全自身；在出使楚国，面对捉弄时，能不卑不亢，维护国家的尊严；在齐景公当政时，又能爱民忠谏，守正不阿。在才在德，他都可以称得上是君子。所以，时间越长人们就越会发现他的贤能，这样才能赢得他人的尊敬；如果沽名钓誉，没有真才实学，即使开始有朋友，后来人们也会渐渐疏远、轻视他的。

在生活中，人们都渴望真正且长久的友谊，总是羡慕俞伯牙、钟子期互为知音的关系。总有那些为"士为知己者死""人生得一知己足矣"而感慨的人。然而，真正的友谊真是如此难以求得吗？不是的！在现实生活中，人们常会因为彼此间共同的喜好而产生友谊；因为不同个性引起火花碰撞般的吸引而产生友谊；因为一次无意间的援助而产生友谊；因为蓦然间对自己笑靥如花般的脸孔而产生友谊。何以这些友谊迅速地开放又迅速地凋零？难道是因为它不够好吗？不是，是因为要求太高，很难以"敬"和"德"去维护它。友谊产生之初，总是甜美的，那种甜美让我们很容易沉醉而忘了适可而止，忘记了保持合适的距离，忘记了敬，更忘记了"德"。于是，慢慢地，我们与朋友之间的关系也开始疏远起来。其实，真正的相知，无须过多的亲密，彼此心有灵犀的敬重能超越一切，就如俞伯牙和钟子期，彼此有"敬"，又有高尚的"德行"，可以让其在久远的历史天空中回响出亘古流传的"绝唱"。

2. 多交益友，远离损友

在儒家看来，君子交友一定要择善而从之，见不贤而远之。与能够提高自己的德行、增长自己见识的人交朋友会受益无穷；而与损害自己德行，引导自己走邪路的人交友，则会贻害无穷。

生活中，朋友潜移默化的影响绝对会比父母老师的教导更为有影响力。

一位年轻人想戒烟，于是他去看医生。医生听了他的陈述后，就对症下药，开了一个方子给他。方子上这样写着："去探望你一个戒了烟的朋友。早中晚各一次。"既没开尼古丁贴片，也没开口服药。"要戒烟瘾，没有什么药能比一个朋友的良性影响更有疗效一些！"这真是个不按常理出牌的医生。

很多人可能会觉得这位医生的方子开得很草率，但如果你看了美国著名社会科学家尼古拉斯的研究成果，你就不会这样想了。尼古拉斯认为，和动物一样，人类也可以适应生存的环境。可是，我们平均有80％的时间都是和朋友一起度过的。他们是我们生活环境中最重要的一个组成部分。因此，他们影响我们是自然而然的事情，而且这种影响是巨大的。比如有一个朋友戒烟了，这时你就走运了，你可以以他为榜样；另一个朋友发胖了，你可能也会考虑去买更大一号的衣服了。这些都告诉我们，既然朋友直接决定着我们的行为甚至习惯，在交朋友的时候，就一定要慎重选择。

交友其实是一门高明的艺术，佛经中也说道："交友有四品，不可不知：有友如花，有友如秤，有友如山，有友如地。"如花、如秤的朋友便是孔子所说的损友的另一种表述；如山、如地的朋友则是益友的另一种概括。关于如何交友，不妨让我们从中行文子的故事中寻得几分经验。

晋国大夫中行文子流亡在外时，有一天经过一个县城，随从中有人提议："大人，此县有一个啬夫，是您过去的朋友，我们何不在他的舍下休息片刻，顺便等待后边的车辆呢？"文子听后沉默片刻后，说道："我曾喜欢音乐，此人就给我送来鸣琴；我喜欢佩玉，他就给我送来玉环。他之所以这样迎合我，是为了得到我的好感。既然如此，他也会出卖我以求得到别人的好感，我们要赶紧离开。"于是，文子一行人丝毫没有停留，而是匆匆忙忙离去。结果正如文子所言，那个人扣留了文子后面的两辆马车，把它们献给了自己的国君。

究竟什么样的朋友才能靠得住呢？最好的办法就是学习中行文子，像他这样以亲益远损的原则去结交朋友，才最有可能得到真正的朋友，而远离奸佞小人。

有友如花，好时插头，萎时损之，见富贵则附，贫贱则移。这类朋友对待你像花一样，当你盛开时，将你插于鬓上，供奉于桌上；假如你凋谢了，他便毫不怜惜，将你丢弃。当你拥有权势、富贵时，他把你捧到高处，凡事奉承、随顺；一旦你功名富贵随风而去，失去了利用的价值，他们背弃你，离开你。有友如秤，物重头低，物轻则仰，有与则敬，无与则慢。这种朋友像秤一样，如果你比他重，他就低头；如果你比他轻，他就昂起头来。当你有名位、有权力时，他就卑躬屈膝，阿谀谄媚；等到你无权无名一身轻，他就趾高气扬，俯视你了。"有友如山，譬如金山，鸟兽集之，毛羽蒙光，贵能荣人，富乐同欢。"有的朋友像高山一样，山能广植林木，供养一切飞禽走兽，任凭生物聚集其中，自由自在。所以，益友像山，心胸广阔，正直高耸，宽厚待人。"有友如地，百谷财物，一切仰之，施给养护，恩厚不薄。"有的朋友如大地，泽被万物，毫无怨尤，微笑承受。所以，广交益友吧，他们可以担待我们的过错，帮助我们不断地成长。

3. 敬人便是自敬

孔子想告诉世人关于自重与尊重的处世哲学。"君子不重则不威"，就是说一个不知道自重、没有自尊心的人是做不好事情的。不仅"不重"则"不威"，就是做学问也不牢靠。而"无友不知己者"的解读就更有特点了，即不要与不如自己的人交朋友。如果这样理解也曲解了孔子的意思，毕竟，孔子并非"势利"之人。在这里，孔子的真意是说，每个人都有自己的长处和短处，所以要学会敬重他人。如此说来，我们看到的是一个连贯的意思，做人既要尊重自己也要尊重他人，别总是认为自己有多么了不起，轻视他人也会被他人所轻视。人与人之间的一切交往都是相互的，你敬我一分，我还你三分。希望得到别人的尊重，那么最好的方法便是尊重身边的每一个人。

一天，一位40多岁的中年女人领着一个小男孩走进美国著名企业"巨象集团"总部大厦楼下的花园，在一张长椅上坐下来。她不停地在跟男孩说着什么，似乎很生气的样子。不远处有一位头发花白的老人正在修剪灌木。

忽然，中年女人从随身提包里拉出一团卫生纸，一甩手将它抛到老人刚修剪过的灌木上面。老人诧异地转过头朝中年女人看了一眼，中年女人满不在乎地看着他。老人什么话也没有说，走过去拿起那团卫生纸，把它扔进了装垃圾的筐子里。

过了一会儿，中年女人又拉出一团卫生纸扔了过来。老人再次走过去把那团卫生纸拾起来扔到筐子里，然后回到原处继续工作。可是，老人刚拿起剪刀，第三团卫生纸又落在了他眼前的灌木上……就这样，老人一连捡了那中年女人扔过来的六七团纸，但他始终没有因此露出不满和厌烦的神色。

"你看见了吧！"中年女人指了指修剪灌木的老人对男孩大声说道，"我希望你明白，你如果现在不好好上学，将来就跟他一样没出息，只能做这些卑微低贱的工作！"

老人听见后放下剪刀走过来，和颜悦色地对中年女人说："夫人，这里是集团的私家花园，按规定只有集团员工才能进来。"

"那当然，我是'巨象集团'所属的一家公司的部门经理，就在这座大厦里工作！"中年女人高傲地说道，同时掏出一张证件朝老人晃了晃。

"我能借你的手机用一下吗？"老人沉默了一会儿说。

中年女人极不情愿地把手机递给老人，同时又不失时机地教导儿子："你看这些穷人，这么大年纪了连手机也买不起。你今后一定要努力啊！"

老人打完电话后把手机还给了妇人。很快一名男子匆匆走过来，恭恭敬敬地站在老人面前。老人对来人说："我现在提议，免去这位女士在'巨象集团'的职务！"

"是，我立刻按您的指示去办！"那人连声应道。

老人吩咐完后径直朝小男孩走去，他伸手抚摸了一下男孩的头，意味深长地说："我希望你明白，在这世界上最重要的是要学会尊重每一个人……"说完，老人撇下三人缓缓而去。中年女人被眼前骤然发生的事情惊呆了。她认识那个男子，他是"巨象集团"主管任免各级员工的一个高级职员。"你……你怎么会对这个老园丁那么尊敬呢？"她大惑不解地问。

"你说什么？老园丁？他是集团总裁詹姆斯先生！"中年女人一下子瘫坐在长椅上。

这个故事进一步说明，只有真正学会尊重他人、尊重身边的每一个人，才能得到他人的尊重，最终才不会使自己蒙受羞辱。

俗话说：蚊虫遭扇打，只为嘴伤人。以尖酸刻薄的语言讽刺别人，只图自己嘴巴一时痛快，会引来意想不到的灾祸。人与人之间并没有那么多的矛盾纠葛，往往只是因为有人逞一时之快，说话不加考虑，只言片语伤害了别人的自尊，让人下不来台，别人心中怎能不燃起邪火呢？

孔子的大弟子子贡曾这样形容他的老师：温、良、恭、俭、让。这五字真经值得我们用一生去修行。其中的"恭"就是恭敬，对任何人都怀有恭敬之心，自然别人也都会敬你。这不仅是先贤圣人为人做事的原则，也是我们当下人交友、处世的一个重要法则之一。

4. 助人的原则：周急不继富

俗话说"锦上添花不如雪中送炭"，其实这个人与人交往的原则孔子在很早以前就已经谈到了。《论语·雍也篇》中，有这样一段话："子华使于齐，冉子为其母请粟。子曰：'与之釜。'请益。曰：'与之庾。'冉子与之粟五秉。子曰：'赤之适齐也，乘肥马，衣轻裘。吾闻之也：君子周急不济富。'"大意为，子华出使齐国，冉求替他的母亲向孔子请求一些米。孔子说："给她一釜。"冉求请求再增加一些。孔子说："再给她一庾。"冉求却给了她五秉。孔子说："公西赤到齐国去，乘坐着肥马驾的车子，穿着暖和的皮袍。我听说，君子要周济急需救济的穷人，而不是周济富人。"

孔子的仁爱是博大宽宏的，而不是仅仅限于自己身边的亲人、朋友。公西华出使齐国，冉求为他的母亲请求米，体现了其同学之间的友情，但孔子知道，公西华家中并不贫困，于是只给了一釜。冉求见太少，就请求增加，孔子其实是不愿意再给的，但照顾两位学生的面子，于是又增加了一庾，比上次还少。但冉求没有理解老师的意思，私自给了八百斗。于是，孔子告诉他君子应当"周急不济富"，要懂得"雪中送炭"，而非"锦上添花"。在孔子看来，我们帮助别人，要在他急难的时候帮忙，而公西赤并非穷困潦倒，再给他那么多，只是锦上添花，实在没有必要。

所谓"求人须求大丈夫，济人须济急时无"，说的也是这个道理，锦上添花不是必要的，雪中送炭却救人于危难。人需要关怀和帮助，也是为珍惜在自己困境中得到关怀和帮助。有人说，真正的朋友是一把伞，是雪中的一捧炭，是寒室中温暖的棉被，是佳肴中不可缺少的盐花。

在韩信还很落魄的时候，有一天，他来到城下钓鱼，有许多老妇在河边冲洗丝絮，其中一个老妇看韩信很可怜，就给他饭吃，一连几十天，老妇都按时来给他送饭，直到冲洗丝絮的活都做完了。韩信对这位大娘说："吾必有以重报母。"韩信的意思是说我将来一定会报答你的。

韩信封为楚王后，并没有忘记当年给自己饭吃的漂母，派人四处寻找，要赠予千金。应该说，帮过韩信的人肯定不只漂母一人，也可以说在帮助过韩信的人当中，漂母所付出的物质的东西其实也不多，但是，漂母是在韩信最为落魄潦倒时向他伸出了援手，这使得韩信无法忘记漂母对自己的恩情。

从心理学的角度来说，对一个处于困境中的人施以援手，会激发人的一种感恩的情怀，而这种情怀会让人印象深刻。人们能够忘记一些平常的帮助，但那些在特殊时期接受的帮助会深深地刻印在对方的脑海中。

为什么有的人会苦苦寻找自己的恩人？可能这位恩人的确是帮了自己很大的忙，也有可能是别人的一个举手之劳，但是在接受者看来，这种举手之劳实际上就是莫大的帮助。所以，当一个很小的举动成为莫大的帮助时，接受者就会怀着无比感激的心情去寻找帮助过自己的人，希望有朝一日能够把对方给予自己的恩情回报对方。所以，人世间如果能像圣人所期望的那样，多些雪中送炭，少些锦上添花，那人与人之间的关系便会更加和谐与温馨。

5. 人多苛责，是因为修养不够

《论语·宪问篇》中有语："子贡方人。子曰：'赐也贤乎哉？夫我则不暇。'"在孔子的弟子中，子贡是个比较直率的人，只要看到不顺眼的事就会当面指责或评论对方，为此，他经常得罪人。孔子发现这个情况后，就规劝他不要对别人要求太高了，在指责别人的时候要懂得反躬自省。一个人如果在修德、求学方面多关注自身，不将心思放在讥讽他人或与他人比较上，那么，就不会生出很多的苛责或抱怨来。用通俗的话来说就是，人很多时候会抱怨、苛责，不是因为别人的错，而是因为自身的修养不够。

人对他人的苛责、抱怨、因他人行为发脾气，完全是自身修养、智慧不够的原因。这样的人，遇到一丁点儿不顺心或不愉快的事就会去抱怨别人，而不懂得去反省自我。他们因为内在智慧和修养不够，所以对周围的世界与事物看不透、分不清，所以极容易生出怒气或怨气来；一个真正富有智慧和修养的人，其内在思想是丰盈的，他对这个世界、对社会和人生都有一套较为完整的看法，所以，无论遇到何事何人都会保持淡定和从容。同时，他们无论在什么情况下，都会及时转换心态，从而获得快乐。

一个年轻的农夫，划着小船，给另一个村子的居民运送自家的农产品。那天的天气酷热难耐，农夫汗流浃背，苦不堪言。他心急火燎地划着小船，希望赶紧完成运送任务，以便在天黑之前能返回家中。突然，农夫发现前面有一只小船，沿河而下，迎面向自己快速驶来。眼看两只船就要撞上了，但那只船丝毫没有避让的意思，似乎是有意要撞翻农夫的小船。

"让开，快点让开！你这个白痴！"农夫大声地向对面的船吼叫道，"再不让开你就要撞上我了！"但农夫的吼叫完全没用，尽管农夫手忙脚乱地企图让开水道，但为时已晚，那只船还是重重地撞上了他的船。农夫被激怒了，他厉声斥责道："你会不会驾船，这么宽的河面，你竟然撞到了我的船上！"当农夫怒目审视对方的小船时，他吃惊地发现，小船上空无一人，听他大呼小叫、厉声斥骂的只是一只挣脱了绳索、顺河漂流的空船。

这就如同我们在生活中，当你责难、怒吼的时候，你的听众或许只是一只空船。那个一再惹怒你的人，绝不会因为你的斥责而改变他的航向。与其这样无端地苛责他人，不如学会改变自己，充盈自己的内在，提升自身的修养。

要知道，一个平和之人，他的内心本身就是一个完美的世界，他不会色厉内荏、外强中干，更不会随意对人发脾气。这样的人，对自己与周围的人和世界都有极为强大的信念，这种信念能让他坚持自我原则，与世界万物和谐地相处。

一个富有修养和智慧的人，内心是强大的，其有开放的意识与开放的心态，对于任何不同的声音，他都能够认真听进去，然后能用自己的逻辑、常识、常理、直觉、经验以及科学的方法去检验，所以他们对于他人冒犯性的行为和话语不会轻易发怒，而是会理智且和谐地解决与他人的冲突和矛盾。如果你是一个爱生气、易对他人发怒的人，在苛责你周遭一切的时候，请先学会反省自我，充实自己的内在吧！

6. 以直报怨，以德报德

《论语·宪问篇》说："或曰：'以德报怨，何如？'子曰：'何以报德？以直报怨，以德报德。'"有人问孔子："用感激来回报怨，怎么样？"孔子回答："那怎么回报恩德？用正直报答怨，用恩惠报答德。"意思就是：如果你和别人有什么恩怨，要以公正的态度面对他们，没必要冤冤相报，否则就会没完没了，无休无止。你应该让自己的心胸充满正直和光明，用坦荡的胸襟去面对！如果一个人有恩于你，你需要用自己的诚心诚意回报别人，帮助别人，报人以德！

生活在这个世界上，有点小摩擦、小矛盾都是在所难免的，因为世界纷繁、人性各异，人们每天都有着不同的交集！我们应该用一颗理智、理性的心去面对这一切。正所谓原谅他人就是原谅自己，理解他人就是理解自己，多一点换位思考，这个世界就会多一些和谐氛围！

从孔子的思想中我们能够领悟到一些观点，他不赞成人们在摩擦矛盾中以怨报怨，以致形成恶性循环，但是，孔子认为人们在交往中也不应该以德报怨。

因为无休止的争斗和相互纠缠会让自身受到牵绊，不利于社会的稳定和个人的成长发展。我们也不能心软，放纵一些丑恶的行为，那样不仅不会起到正面的效果，还会形成对方的变本加厉，带来无穷后患。

我们应该把自己的恩德和慈悲给予能够理解和珍惜的人，给予能够悔改和醒悟的人，否则我们付出的代价是不值得的，而且是一种人生和人格的浪费。

　　孔子的思想告诉我们，虽然应该提倡仁爱，但前提是不应该丢失做人的原则去宽恕所有人的过失，那就是我们的过失了。我们应该坚持"以直报怨"，用我们的正义和正气去教化他，从而使他悔悟！

　　我们一定要坚守住一个度，超过了这个度，原本的道德就是不道德了，于人于己都没有好处！

　　三国猛将吕布曾经是丁原手下的一名大将，因为被董卓收买，于是他便杀了旧主丁原跟随了董卓。后来又因为王允设美人计，吕布便又将董卓杀死，投靠了王允。世人虽然知道吕布勇猛无比，但是从此都把他视为阴险毒辣、无情无义的卑鄙小人。

　　吕布与曹操在兖州打仗时，彻底输给了曹操，在走投无路之下，他便去投靠远在徐州的刘备。刘备想到吕布可称得上一员猛将，就毫不犹豫地收留了他。然而，没想到的是，吕布不仅不懂得感恩，还趁着刘备三兄弟打袁术的时候，占领了刘备的"老窝"，刘备无法，只好屈居于小沛。但从此以后，刘备就对吕布恨之入骨，后悔自己当时"引狼入室"。

　　吕布占领了徐州之后，兵力逐渐扩大，于是他想在淮泗间东山再起。但是淮泗间同时还有另外一股强势力，那就是袁术，吕布的举动引起了袁术的不满，二人产生了矛盾。但最终袁术妥协，说只要吕布把他的女儿嫁给他，两家就可以成为一家人，共同发展，吕布也不想想便答应了。但是吕布是个反复无常的人，后来，他又听信了陈珪的言论，在女儿出嫁的半路上，反悔了亲事，还把袁术派来的媒人和迎亲队伍全部杀掉。从此，袁术便与吕布势不两立，结为仇人。

　　建安三年（198 年），曹操开始攻打吕布，在白门楼战败了吕布。吕布眼看着自己要被活捉，就向袁术求助，袁术派来了一千兵马，不堪一击，战败之后再也没有调派兵马，最终，吕布被曹操活捉了。吕布向曹操表示愿意投降，让曹操为他松绑，但是曹操笑着说："你是一只老虎，不得不绑紧。"吕布又说："你如果放了我，我一定会效犬马之力，替你率兵打仗，助你完成统一大业。"曹操素来听闻吕布勇猛，再加上他是个爱才之人，但曹操也是个疑心特别重的人，还是不敢相信吕布。

吕布见状，便向旁边的刘备求救。刘备不但不救，还对曹操说："明公，您知道吕布当年是如何侍奉丁原和董卓的吗？"曹操听刘备这么一说，便杀了吕布，以绝后患。

面对那些卖友求荣、忘恩负义的小人，道德和情义根本不会对他们起到作用，我们应该坚持"以直报怨"的做人原则，不姑息养奸。然而，对于我们有恩情的人，更要懂得回报。所谓"滴水之恩，当涌泉相报"。"以德报德"，不需要什么修养道德，而是一种人之常情。对于帮助过自己的人，只要是有良心的人内心会时刻记住的。

三国时期，赤壁之战之后，战败的曹操落荒而逃，但是在逃亡的路上他却被人拦截下来。曹操定睛一看，拦截之人是刘备的结义兄弟关羽，拿着大刀挡在了面前，曹操顿时吓得没了主意。这时，曹操的谋士程昱偷偷对曹操说："平日里听闻关羽是傲上而不忍下，欺强而不凌弱，而且还是个恩怨分明的人，以'天下第一义士'著称。想当年，丞相对关羽不薄，如果把这些说出来，想必关羽会放我们一马。"曹操听了心中大喜，觉得可行。于是他纵马上前，对关羽提起当年对他的恩情，关羽听了后为之动容，于是就放过了曹操等人一马。

原来，当年徐州之战后，刘备等三兄弟失散，关羽及刘备的老婆被曹操所抓获。曹操是个爱惜人才的人，他希望关羽能加入曹营，但关羽是个重义气之人，他与曹操约法三章，曹操也不勉强。期间，曹操对关羽十分关照，不仅赏赐他赤兔马和锦袍，还送一保护胡须的纱囊，对刘备的两个老婆也照顾有加，后来关羽知道了刘备的下落，过五关斩六将的时候，曹操下过令不要伤害他。这些都是曹操对关羽的恩情，像关羽这种重情重义之人因念及恩情放走曹操是自然的。

人世间有很多事情都不尽如人意，也有很多缺乏道德修养之人。我们要怀着一份坦荡的胸襟、豁达的气概去面对生活中的纷繁复杂。

面对很多事情，以怨报怨、以牙还牙是解决不了问题的，只会让矛盾更加激化，使得局面更加难以控制，如此对任何人都没有好处。这时，我们要坚持自己的正气和正义，"以直报怨"，以宽广的内心去面对，学会用正当的手段维护自己的利益！

当然，在生活的每一个时刻，我们都要学会感恩。感恩别人的一次微笑，感恩别人的一次帮扶，感恩别人的一句鼓励！用我们的真心、诚心和善良回报别人的帮助，展示人性之美！

7. 以礼待人，彼此尊重

孔子曰："不学礼，无以立。"意思是说一个人不学习礼，那么你还怎么在社会上立足呢？儒家向来对"礼"很看重，一直提倡"以礼待人"，这一思想传承了几千年，渗透到儒家思想的每一个地方，也成就了我国"礼仪之邦"的美誉。

神话传奇小说《西游记》里孙悟空变成人后，便"学人语，习人礼"。学人语是为了破除语言上的障碍，以便与人沟通交流；学人礼，是让自己懂得如何为人处世，学会怎么与人打交道。人不学礼，不懂得言谈举止，不懂得待人接物的规矩，不懂得与人相处的原则，也就缺少了一种生活的本领！

《孔子家语·曲礼子夏问第四十三》中讲了这样一个故事：

子路问于孔子曰："鲁大夫练而杖，礼也？"孔子曰："吾不知也。"子路出，谓子贡曰："吾以为夫子无所不知，夫子亦徒有所不知也。"子贡曰："子所问何哉？"子路曰："止，吾将为子问之。"遂趋而进曰："练而杖，礼与？"孔子曰："非礼也。"子贡出，谓子路曰："子谓夫子而弗知之乎？夫子徒无所不知也。子问非也。礼：居是邦，则不非其大夫。"

故事的大概意思是说：有一天，子路向孔子请教说，鲁国的一位大夫，在父母周年祭的时候，还拿着哭丧棒，这样做合于礼吗？孔子却答不知道。子路出来后碰到了子贡，对他说，我还以为没有夫子不知道的事，原来有些事他也不知道啊。子贡问明了缘由，便又重新进去问了孔子同样的问题，但他是这样说的：如果在周年祭的时候，还拿着哭丧棒，这样做合于礼吗？孔子便答不合于礼。

相同的问题为什么子路和子贡两个人去问，但是却得到不同的答案呢？原来，子路的问法不合于礼。正如子贡所说："只是您问得不合礼罢了。依礼的规定：住在这个国家，便不可非议这个国家的大夫。"

这则故事告诉我们，礼仪是一个人处世的根本，也是一个人安身立命的必修课。人类的文明总是在不断发展和推进，尤其是人类文明高度发展的今天，我们更应该掌握更多的礼仪！

一定要懂得礼仪，并且学会运用礼仪，通过礼来表达自己内心的真诚恭敬，你若对别人无礼，也不会得到别人的尊敬。

在这个世界上，人人生而平等。即使有职位之差和背景之别，但是人的尊严和权利是相同和平等的。所谓"人无礼则不生，事无礼则不成，国无礼则不宁"，世间万物之间都是平等的，因此，任何人都应该懂得以礼待人，懂得尊敬别人。

我国现代著名作家沈从文在小时候是一个顽皮的孩子。沈从文出生在湖南省一个普通的农民家庭。从小，他就特别喜欢看木偶戏。每当村里有唱戏的时候，他便偷偷地逃学去看，因此耽误了读书。

有一天，村里又来了唱木偶戏的。沈从文打听到木偶戏演的是"孙悟空过火焰山"，这对他来说又是一个不小的诱惑。一大早，沈从文在教室里就坐立不安了。到了上午，他终于按捺不住，偷偷地从课堂上溜了出来，欢喜地跑去看木偶戏。那一天，沈从文一直看到戏演完太阳落山，他才恋恋不舍地回到了学校。但此时，学校里已经空荡荡的没人了，学生们已经放学回家了。

第二天，沈从文刚踏进教室，就被老师带到办公室了。老师严厉地责问他昨天为什么逃学？沈从文不敢把实话说出来，只是低着头羞红了脸，支支吾吾地答不上来话。老师见他这个样子很生气，罚他跪在校园里的树底下，并且大声地责备他说："你看这树从很小的树苗长到现在这么高。而你呢？偏偏要做一个没有长进、不思进取的矮子。"

事后，老师了解到沈从文是因为看木偶戏才旷课，于是便又把他找来，平和地对他说："老师知道你昨天干什么去了。你喜欢看木偶戏这没错，但是你不能旷课去看，大家都在用功读书，你这不是耽误了课程吗？老师昨天话说得太重，但这都是为了你好。老师没有不尊重你，而是你自己没尊重自己，一个人，要想得到别人的尊重，首先应该自己尊重自己。"沈从文听完老师的话，大受感动。他暗暗下决心，从此以后再也不逃学旷课了，一定要严格要求自己，学好知识，做一个受人尊重的人。后来，沈从文成了大作家，并名扬四海。

老师说的没错，一个人要学会以礼待人，但是更要明白怎样才能得到别人的"礼"，怎样才能得到别人的尊敬。这才是我们每一个人学习礼仪的核心，因为你能不能得到别人的礼仪和尊重，标志着你有没有首先予人以礼！

一个人，无论知识高低，无论贫穷与否都应该受到尊重，因为这是生活在人世间每一个人都应该享有的权利！人生的意义和价值的一个方面也体现在予人尊重，同时获得他人的尊重。这就需要培养自己的良好素质和修养，做一个有礼貌、懂礼节、懂得尊重别人的人，这样，大家才能互相尊重，和睦相处。

8. "恕"字留心，可行天下

孔子的学生子贡曾问孔老夫子："老师，有没有一个字，作为人终身可以奉行的原则呢？"孔子答："那大概就是'恕'吧。"孔子的话告诉我们宽容大度是做人必须要坚守的根本。"恕"，用直白的话来说就是宽恕、宽容，这体现着一个人的胸怀和修为！

人们经常说："宰相肚里能撑船。"这个俗语来源于三国时期的一个故事：

三国时期，蜀国的丞相诸葛亮去世后，便任用一个名叫蒋琬的人主持朝政。蒋琬虽然没有诸葛的大智大勇，但是为人平和、亲切，深得人们的爱戴。

蒋琬有一个名叫杨戏的属下，性格很是孤僻，不善言语，就连蒋琬同他说话，他也只应不答。身旁的人觉得杨戏这是对蒋琬的大不敬，于是便对蒋琬说："大人，杨戏竟敢如此对您，实在是胆大包天，您怎么不惩罚他呢？"蒋琬听了，笑着说道："人嘛，各有各的脾性。杨戏本来就是那种不善言语的木讷之人。你让他滔滔不绝地夸赞我是不可能的；你让他背地里说我的坏话，也是不可能的。我倒觉得这是他为人的可贵之处，像他这样的人很实在，我很喜欢。"后来，大家听到蒋琬的说法后，便称赞他"宰相肚里能撑船"。

经过千百年来的演变，这句话现在被用来形容一个人宽宏大量，有着宽广的胸怀和包容的心，能够对别人犯下的错原谅和宽恕。

有一句古话说："人非圣贤，孰能无过。"人这一辈子，谁也不敢保证自己不会犯错误、做错事。所谓"金无足赤，人无完人"，每一个人身上总会有这样那样的缺点，因此，不要妄想一个人没有缺点，从不会犯错。

对于别人的过错，要懂得包容，学会宽恕。宽恕别人，其实也是善待自己；宽恕别人，让自己的人际关系更加和睦，内心更加幸福快乐。

这是发生在"二战"时期的一个真实故事：

有两个美国士兵在战斗的混乱中跟大部队失散了，他们在森林里迷失了方向。

这两名战士是同乡，关系很亲密，像亲兄弟一样。两个人互相扶持着在森林里熬过了好几天，艰难地跋涉着，但他们互相鼓励，互相安慰，坚强地活下来。可是十多天过去了，他们还是看不到一个人影，他们失去了与部队联系的希望，更致命的是还要面临生存的危机。因为战火连天，很多动物都被杀光或奔逃了，连一只小兔子都很难见到。

这一天，他们终于幸运地逮到一只鹿。两人高兴地分享了鹿肉，又相安无事地度过了几天。但是鹿肉眼看着快要被吃光了，可这几天他们再也没碰到动物。这预示着鹿肉吃完了，他们又要挨饿了。

不幸的是，有一天他们在寻找食物时，竟然碰到了敌人。幸亏两人机智，又巧妙地逃脱了。正当他们以为甩掉了敌人高兴地前进

185

时，突然一声枪响，前面背着鹿肉的那个随即倒在了地上。后面的这个连忙跑上前，发现兄弟的肩膀中了一枪，血流不止。他撕下自己的衣服给兄弟包扎了伤口。这时，天黑了，他们就躺下来休息。受伤的这个人眼神迷乱，嘴里喃喃地念叨着，他似乎在憧憬着什么，但对自己的生命一点都不抱希望了。虽然很饿，但两个人谁都没有动那块仅剩的救命鹿肉，而是在饥寒交迫中度过了一晚上，他们以为自己会死，但是第二天眼睛还是睁开了，看见阳光在茂密的森林里洒下来……

也许是上帝的怜悯，他们命不该绝，一阵嘈杂的声音过后，两个人惊喜地看到了自己的部队，他们终于获救了。此后，两个人又一起并肩作战，最终熬到战争结束，幸运地活下来。

三十年过去了，受伤的那个回忆起当年的生死关头，他缓缓地说："其实我知道是谁开的枪，他就是我的老乡兄弟。"很多人惊讶不已。他又平静地说："这么多年来，我从来没有说出口，我想把它烂在肚子里直到死，但是他比我先死了，我觉得应该公布出来。

"在森林里，我被打伤后，他跑过来抱住我时，我感觉到一个热热的东西抵着我的身体，那是他的枪口，但是我什么都没有说。因为他的母亲还在家中等着他，他必须活下去。很遗憾的是，回到家后，他的母亲已经去世了。当时，在他母亲的坟墓前，他终于跟我承认了错误，说他不该伤害我，请求我原谅。其实，我根本没有恨他，心中早已宽恕了他。

"此后，我们谁也没有再提此事，彼此还像亲兄弟一样互相照顾、爱护。我们的心中都没有种下仇恨的种子，因此，我们的一生都过得很幸福。"

有一位哲人说过："用一颗宽恕的心化解生活的一切矛盾，宽恕的受益者不光是被宽恕者，还有宽恕者自己。"富兰克林说："对于所受的伤害，宽容比复仇更高大得多。"法国作家雨果曾经说过："宽容就像清凉的甘露，浇灌了干涸的心灵；宽容就像温暖的壁炉，温暖了冰冷麻木的心；宽容就像不熄的火把，点燃了冰山下将要熄灭的火种；宽容就像一支魔笛，把沉睡在黑暗中的人叫醒。"

所以，宽恕是一种力量，能给别人和自己信心、勇气！宽恕可以"化干戈为玉帛"，由敌人转化成朋友，可以使人忘掉仇恨，内心充满快乐，可以为自己种下幸福的种子。宽恕的力量，让宽恕的人和被宽恕之人都收获快乐和幸福。

宽恕是一种生存的智慧、一种生活的艺术，更是人生的一种超凡境界。

9. 己所不欲，勿施于人

子贡问曰："有一言而可以终身行之者乎?"子曰："其恕乎! 己所不欲，勿施于人。"意思是，子贡问孔子："有一句可以概括规范自己一生行为的话吗?"孔子说："应该是恕吧。自己不想做的事，不要施加在别人身上。"

为人处世之道，要学会推己及人。不要一味地要求别人去遵循自己的思想和意念，只有懂得换位思考，才不会拿自己的尺子去衡量别人！

几千年前，孔圣人便悟出了这么深刻的道理，他就知道不能用自己的意志强加于别人身上。要做到"己所不欲，勿施于人"，就要有宽阔的胸怀和坦荡的胸襟，才能容纳得下一切，才不至于眼界短浅走上狭窄的道路！

古往今来，人与人之间的相处和交往都离不开这一中心思想。

也只有把握住这一思想才能够理解别人、宽容别人，人与人之间才能更加和睦、融洽。

孙玲是一家广告公司的创意总监，她做广告多年，很有才华，坐到总监的宝座也是凭借自己的实力所为。不过也许是因为对工作太严谨，孙玲平时对员工很严厉，为人有点固执，喜欢发号施令。比如，对于一个广告作品，她觉得这个创意好可以用了，别人便没有表达创意的机会了。对此，很多员工表示有意见。很多员工甚至为此对工作不上心，有的甚至偷懒，作品老是不能按时交上来。

后来，老总了解到情况以后，私下里找孙玲谈了谈，便打算开个座谈会，把这事情解决一下。

会议上，老总不动声色，他没有训斥员工，更没有指责孙玲，而是让大家畅所欲言把自己心中的想法都讲出来。

为此，老总还专门找来一块大黑板，对大家说："大家不要有所顾忌，说出你们心中的想法和愿望，我一定会满足你们的。不过，首先你们要敢于说出来，我才会知道。"

话音刚落，员工们就开始窃窃私语，却没人敢大声说话。"请大家大声点，我保证，一定会实现你们的愿望，公司的发展需要大家共同的努力。"老总又说道。

这时，一个员工壮着胆子说出了一点意见，然后一个接一个的，好多员工开始表达自己的想法。当然，其中还有些是针对老总的，老总一直在旁边保持着微笑，并把一些合理的有建设性的意见写在黑板上。直到黑板上写得满满的，老总才开始说话："不错，大家提出了很多可观的想法和意见，这些对公司的发展有很大益处，我很赞同。"

这时，孙玲也主动站起来，对大家表示了歉意。她说："作为一个领导，我没能够以身作则，没有站在大家的角度想问题，的确是我的不对，希望大家能再给我一次机会，以后我会带领大家努力工作，好好发展公司业务。不过你们也要改掉一些坏习惯，比如迟到、拖稿等。"

孙玲的话刚说完，老总带头鼓起掌来，紧接着会议室里掌声四起……

这时，大家又纷纷地表态说："放心，我们一定会努力工作，8小时全力以赴"，"我们的激情找回来了，便不会拖稿了……"大家轰然笑了。

有很多人像孙玲一样奉行"己所欲，施于人"的准则，这样是行不通的，甚至会引起公愤。无论是普通的生活，还是成就一番事业，都需要团结的力量，也都需要和睦的环境氛围。我们不能只在自己的世界里看着自己的风景，我们要听取别人的意见和建议，倾听别人的心声。只有这样，个人的心境才会和顺，大家的环境才会温馨！

即便是粗略地看一下生活百态，也不难发现实际上许许多多的人都在奉行以自己为中心的准则。他们认为自己的想法和做法都是合理的、可靠的。殊不知，生活并不是单一的路线，每个人都有自己的特定轨道，也都有自己的风格，有时候强求只会大煞风景！

《贞观政要》中记载了这样一段事：

有一次，唐太宗李世民与魏征闲谈，说到皇帝应该怎样为百姓行事，李世民是这样说的："帝王总是希望能扩建宫殿屋宇，建设游玩观赏的池台，但是老百姓却不希望，因为这样百姓就会劳累疲惫。劳累疲惫是人人都不愿意的事情呀。孔圣人曾经说过：'己所不欲，勿施于人。'看来那些劳民伤财的事确实不能施加给老百姓呀。我虽然处于帝王的地位，号召天下，但是必须要学会节制自己的欲望，处理事情也必须设身处地地为老百姓着想。如果不能顺应老百姓的意思，那肯定就得不到老百姓的拥护。"魏征听罢，不停地点头说道："陛下能够如此体恤老百姓，是老百姓的福气呀。臣听说，如果把自己的欲望拿来顺应民情，国家就会昌盛；而劳累百姓来满足自己的欲望，就是自取灭亡。隋为什么灭亡呢？正是因为隋炀帝骄奢淫逸，不能体恤民情，相反却用严酷的法规惩罚老百姓。上面的人如此，也带动下面的人去效仿，这样上下官员都不能为老百姓做事，便得不到老百姓的拥戴。这不仅是史书上记载的，也是陛下您亲眼看到的。一个人，倘若对自己的欲望永远不能满足，即使是欲望暂时得到了满足，他也还是想要上千万倍的欲望。"

唐太宗听到魏征这样说，高兴地说："爱卿说的极是，如果你不说这番话，我也就听不到了。"

作为一国之君，唐太宗懂得"己所不欲，勿施于人"的道理，所以躬身力行，尊重老百姓的想法和愿望，一心一意为老百姓谋取幸福，最终取得了辉煌的成就！

在现实生活中，每一个人都应该懂得这个道理，不要把自己的意志强加于别人的身上。就像一件衣服，并不是所有的人穿在身上都合适，只有合适的人穿上合适的衣服才会显现出自然的美丽！这和我们的思想也是一样的，你的想法和做法并不一定能够让别人理解和接受，这个时候我们就要来回地想一下，换位思考一番，也许你就会恍然大悟！

生活是由不同的交往编织组成的，要交往就会产生不同的想法。如何相互协调、相互理解而不至于产生矛盾，这就需要做到"己所不欲，勿施于人"，人与人之间才能和睦相处、友好往来。如果你想获得别人的尊重，首先要学会尊重别人；如果你想赢得别人的合作，便要先学会倾听对方的思想。认真领悟这一思想，将会为人生带来丰硕的成果！

第九章
在"中、正、和"中领悟何为领导

　　孔子以"仁、中、正、和"贯穿做人、处世、治国的理念，是领导力的核心，这是当今企业永续发展的经营之道。子曰："为政以德，譬如北辰，居其所而众星拱之。"为政最重要的是"德行"。他认为一个领导者的风范应当像天空中的北斗星一样，它不因季节和时令有所改变而改变，也就是孔子觉得身为一个领导者应该有的信念、气节，不会因为一些外界因素而改变。

1. 要勇于舍弃"速"与"小利"

　　在《论语》中，孔子在执政方面提出了许多自己的意见或建议，这些执政理念对我们当下的领导或管理者都有一定的启发。《论语·子路篇》中有这样的话：子夏为莒父宰，问政。子曰："无欲速，无见小利。欲速则不达，见小利则大事不成。"意思为，子夏做莒父的邑宰，问孔子如何办理政事。孔子说："不要求快，不要贪图小利。求快就达不到最终目的，贪图小利就做不成大事。"孔子曾经说："如有王者，必世而后仁。"在他看来实现仁政、礼治是一个任重道远的过程，为政者如果想要达到最终恢复礼乐、实现仁政的目的就需要耐心地教化人民，如果贪图便捷、急功近利就会导致治理的目的不能达到。

商鞅入秦曾用王道、霸道等多种观点游说秦孝公，但秦孝公嫌这些都见效太慢，最终采用了急功近利的法家治理之道，从此秦国施行严刑峻法，并崇尚功利，虽然后来强盛了起来，统一了天下，但最终却因为酷法二世而亡，国家破灭，宗族屠戮。

汉朝建立在秦朝的废墟之上，长期休养生息，采用无为之治，而后又独尊儒术，结果成了中国历史上最强大的王朝之一。历史上有很多好大喜功、急功近利的人都因为急于求成而落得败亡的下场。所以，在现代企业或组织中，身为领导者或管理者，要实施一项计划或策略时，一定不要贪求"速"，以免置企业或组织于祸患之中。当初盛极一时的"巨人集团"，曾经辉煌一时的"太子奶集团"等，无不因为盲目扩张而毁于一旦，所以，身为领导者或管理者，时刻都要谨记"欲速不达"的训言，不图快，要冷静地稳步推进，才能避免危机。

孔子说"见小利则大事不成"，意思是说，一个做大事的人不能贪恋眼前的小利。世上没有免费的午餐，轻易可得的便宜背后，往往是巨大的隐患。然而，人们在生活之中往往眼中只是盯着利益，而不考虑其中的祸患。古人说："君子甚患无故之利。"就是告诉人们，在面对忽然到来的利益时，一定要想到这"天上掉下的馅饼"是否可吃，利益的后面是否存在着隐患。

战国时，齐国与楚国结盟，秦国想要攻打楚国，却担忧齐国前来救援。于是，秦王派张仪用厚礼贿赂楚王，说秦国打算攻打齐国，希望能与楚国和好，如果楚王能够与齐国绝交，秦国就割让六百里的土地给楚国。

楚怀王听到如此简单就能得到六百里的土地，十分高兴，于是立刻派人与齐国绝交。当他派人到秦国接受土地之时，张仪却抵赖说："我和楚王约定的只是六里土地，哪来的六百里呢?"楚怀王大怒，兴兵进攻秦国，被打得大败，损失了十多万士兵。其他诸侯国趁机攻打楚国，齐国因为楚国贪利背盟而不救援，楚国陷入极端窘迫的境地。

如果说一个孩子不知道小利和大事的轻重，那一个国家为何也如此呢？就是因为人们的双眼常被利欲所蒙蔽，只盯着眼前的利益，就难免忘记了将来的祸患。福祸相依，利与害总是相依相伴的，我们在面对利益、好处之时，一定要擦亮眼睛，不要只看到利益而忽略了其背后的祸患。一个贪图小利的人是永远不会取得成功的。

2. 能承担责任，才是领导风范

在战场上失利撤退之时，很少人敢于断后，以掩护前面的军队撤退。但春秋时候有一个叫孟之反的人却是其中一个。《论语·雍也篇》中有语，子曰："孟之反不伐，奔而殿，将入门，策其马，曰：非敢后也，马不进也。"意思为，孟之反不喜欢自夸。败退的时候，他殿后掩护全军。快进城门的时候，他鞭打着自己的马说。"不是我愿意落后，是马不肯快跑！"孔子对孟之反的这种行为十分推崇，他认为善于立身自处，怕引起同事之间的摩擦，不但不自己表功，而且还能自谦，以免同事之间彼此忌妒，以免损及国家。一个优秀的领导者应当像孟之反一样，时刻体察自己的下属，不揽功，不诿过，这样才能赢得下属的爱戴。换而言之，能推功揽过，也是现代优秀管理者或领导者的风范之一。

张泉是一家科技公司的部门经理，他这个人有个毛病，就是喜欢占有下属的功劳，为此，大家对他一直很反感。有一次，不到半年，他便带领手下完成了个开发项目。上级过来检查工作，张泉一坐下就夸夸其谈起来："您看看这项目的设计，都是我带着下属日夜兼程搞出来的。开始做项目的时候，我隔三岔五就往市场上跑，针对不同的用户做调查，可真是辛苦啊！"

上司听了张泉的汇报，皱了皱眉头说："放心吧，你的功劳我都知道，我会给你补回来的。"接着又象征性地夸奖了张泉一番。张泉似乎不是很满意，于是又说道："这个项目难度不小，一般的人还做不来呢！"上司看了他一眼，有些不满地说："张经理，你做得很好，以后公司还需要你多多出力啊！"张泉这才满意地点了点头，笑嘻嘻地说："一定，一定！"

张泉的下属听他一个劲地夸自己，对于他们只字未提，心中当然很不痛快了。他们觉得张泉是个自私而阴险的人，一心就为自己，根本不管下属的死活。最终，功劳全被他一个人占了。于是，他们就向张泉的上司提到他们的新产品中有一个环节出现了错误："这个项目张经理的功劳的确不小，但是这款产品已经上线了，售后服务一直还没来得及做，现在很多用户都开始投诉了。"

上司一听来了精神："这么说，出现这种问题不应该啊！张经理，这个问题你可没有汇报啊。"张泉一听便着急了，急忙对上司说："都是我们部门的小王没向我提及这个问题！"上司哼了一声，闷声不响地走开了。

这件事情把张泉的全部下属都惹怒了，他们再也不愿意配合张泉的工作了。张泉让他们做的，他们偏不做；不让他们做的，他们却异常热衷。张泉感到自己的处境异常艰难，就在这个时候，上司收到了很多封检举信，信中都说张泉滥用职权，抢功推过，不适合做领导。几个月后，公司就通知张泉另谋出路。

每个上司都喜欢给自己"补台"的下属，同样地，每个下属都喜欢给自己"搭台"的上司。张泉因为抢占别人的功劳招致上司不满、下属愤怒，结果使自己陷入困局中，众叛亲离。如果他能在上司褒奖之时，将功劳分给大家一些，在上司责问之时，将过错承担下来，上司也不会责怪，还会赢得下属的尊敬与爱戴。

《菜根谭》曰："完名美节，不宜独任，分些与人可以远害全身；辱行污名，不宜全推，引些归己可以韬光养德。"在一个团队中共事，善于推功、敢于揽过，展示的是一种容人的胸怀，体现的是一种厚德载物的境界，传递的是一种肝胆相照的鼓励。可以说，一个懂得推功揽过的管理者是极具人格魅力的，会很受人欢迎的。

3. 打铁还需自身硬，正身才能做表率

在领导学中有一个理论：打铁还需自身硬，就是说要想管理好下属，让自己的政令能顺利地得到贯彻，首先得从自我做起，即正其身才能做表率。对此，孔子有同样的论述，《论语·子路篇》中孔子说道："苟正其身矣，于从政乎何有？不能正其身，如正人何？"即为，一个人如果能端正自身的言行，管理政事又有何困难的呢？如果不能端正自身的言行，如何能端正他人呢？在这里，孔子是告诫领导者必须要端正自身的行为，只有自身的行为正当，即使不定任何法令、约束，人们也会自然而然地效法，从而走上正道；如果领导本身的行为不当，胡作非为，这样，即使定下了严格的法令、法律，人们也是不会听从的。就如当下著名企业家李嘉诚所说，一个好的管理者，首要的任务就是自我管理，领导者只有先管理好自己，才能对下属产生直接的影响。要求员工一定要做到的事，自己首先要做到，空喊一千遍空洞的口号，比不上一个具体的行动更加令人信服。

唐朝前期，社会经济衰落，百姓生活困苦，李世民倡导节俭的生活。他身先士卒，衣服用品从不讲求奢华，饮食宴庆也不铺张浪费，因而带动了宫中朴实的风尚，为当时励精图治的治国政策的施

行做出了榜样，也极大地带动了官员们崇尚节俭的良好作风。

现代的领导或者管理者也应该像李世民一样，尽力做到身先士卒，积极参与。如果一位领导者在会上大讲特讲某项任务的重要性和紧迫性，号召广大员工加班加点，但会下员工看到的却是领导者漫不经心的态度，这是肯定不能调动起员工的积极性的，任务也不会顺利完成。

管理者要想带动下属认真负责，自己首先就要积极参与到公司的日常业务中去，身体力行，只有这样，才能给员工做出表率，在公司中树立起榜样。

张瑞敏是我国最为著名的成功企业家之一，他曾被列为全球最受尊敬的 30 位企业家之一，那么，他受到员工认可的秘诀又是什么呢？除了他出色的工作能力和巨大的影响力外，他身上一个更为值得称道的闪光点便是以身作则的精神。

张瑞敏意识到企业的发展离不开对学习的重视，那时中国的很多企业家都不肯花太多的工夫学习管理，为了让大家都认识到学习新知识的重要性，他自己先做出了表率，每当看到管理学中有用的章节，他都会把它复印下来，还把自己的见解写在空白处，提出对海尔集团有现实指导意义的结论，然后把资料发放给每一位中高层管理人员，供大家研习和讨论。

每周六的上午，张瑞敏都定期为公司中高层经理人召开培训会，还要求每个部门的每位员工都要有学习母本，在海尔集团的上上下下掀起了一阵学习热潮。1998 年，张瑞敏用《第五项修炼》推动了企业学习型团队的建设。

张瑞敏鼓励员工创新，又非常重视产品的质量。他在管理模式上的创新或许并非是前无古人、后无来者，但都是针对企业当下时弊提出的，针对性强，十分奏效。例如他推行"日清"的工作方法，自己首先做到"今日事今日毕"，然后要求每位员工每天把手头上的事进行控制和清理。这个方法有效地改变了员工工作拖延、做事无序混乱的不良状态。张瑞敏认为"持续创新的观点，对员工影响很大"，多年来他在企业管理上的创新，不但影响到了海尔企业的每一位员工，还对整个管理界产生了重大影响。

为了把好质量关，张瑞敏曾带头砸坏了76台外观良好但是质量不合格的冰箱，使"质量第一"的观念深入人心，张瑞敏以实际行动把"质量就是企业生命"的理念灌输给了所有员工，赢得了市场和顾客的信赖，最终由一家亏损147万的企业转变成了一个年营业额超过千亿元的集团企业。

俗话说："喊破嗓子，不如做出样子。"领导的言传身教比任何强有力的话语都更能感染员工，领导的所作所为如何能获得员工的认可，就会成为大家争相学习和效仿的榜样，榜样的力量是无穷的，海尔集团创造的奇迹正说明了这一点。领导者想要带出一个团结上进、永葆青春的队伍，必须身体力行地做出示范，发挥自己的榜样作用。

其实，无论在哪个组织中，能"正其身"的管理者浑身都闪耀着一种人格魅力，会有形或无形、有意或无意地感染下属。如果领导或者管理者不能严于律己，却又对员工要求严格，员工自然不会服从。自己的行为不能让员工信服，员工自然也就不会尽其所能，整个团队就会人心涣散，失去向心力和凝聚力，自然就会影响团队的良性运作和健康发展。所以，要想成为一个优秀的管理者，首先就应该做到"正身"以感染员工，为员工树立榜样，让上进心强的员工主动仿效学习，让落后的员工自惭形秽，从而发挥领导"正身"的潜移默化作用。

4. 唯贤是举，有容纳各种声音的气度

在儒家看来，身为管理者或领导，在处理与下属的关系时，认为让人惧怕自己，不如让人敬重自己，只有能容人的领导者才能服人。《论语·为政》中，孔子就曾经谈到过这个问题，哀公问曰："何为则民服？"孔子对曰："举直错诸枉，则民服；举枉错诸直，则民不服。"意思是说，鲁哀公问："如何才能使百姓信服呢？"孔子回答说："选拔正直的人，罢黜不正直的人，百姓就会信服了；提拔不正直的人，正直的人弃之不用，老百姓就不会信服。"

面对鲁哀公询问如何才能让百姓信服，孔子针对当时鲁国国情，向哀公提出选贤任能、罢黜奸佞的主张。"亲贤者，远小人"，这是孔子教育弟子的重要处世原则，也是为政治国者应当遵守的法则。春秋时期，国家选用官吏主要是按照身份等级，很少考虑其人是否贤能胜任，孔子看到了其中的局限性，于是提出"唯贤是举"的思想。孔子所说的这个道理并没有什么过人之处，但这个看似简单的做事原则真正操作起来，却并非是件容易的事情。比如一个人在很高的位置上，他的内心也不是不想"举直"，只不过人们都有一个毛病，那就是任用自己看着顺眼的人，而这样做周围自然就有人有意见了。谈及此，就要求所有的管理者要有度量，能够容纳那些真正的贤才身上的一些弱点、缺点或不足之处，真正做到"唯贤是举"。

一代名君李世民就是个胸怀宽厚、重视人才、能唯贤是举的人，他身边的许多人才，都是爱违逆他的人，比如魏征，经常对唐太宗的缺点与不足犯颜直谏，让唐太宗的帝王威仪扫地，但是，唐太宗却将他当成一面镜子，听到魏征说出自己的过错，不以感情用事，反而虚心接受，并努力改正自己的过错，使自己成为一个更为完美

的人。

在《十渐不克终疏》中，魏征曾经尖锐地指出唐太宗十个方面的过错与缺点，这令唐太宗非常难堪与尴尬，但唐太宗却一贯将魏征作为难得的贤士善待并重用他，于尴尬之后，他将《十渐不克终疏》列诸屏风，朝夕瞻视，并作为自己当朝执政的座右铭。魏征一生曾经给李世民提过许许多多的建议，是古代著名忠臣，而李世民也无愧于一代明君的称号，对魏征这位"度外之才"提的建议基本上都予以肯定和采用。他为了表彰魏征显赫的功劳，曾经还亲口答应将自己的女儿嫁给魏征的儿子，显示了他对"度外之才"的充分肯定与尊重，也表现了大度能容的宽容胸怀。魏征死后，李世民十分难过，曾经这样叹息道："夫以铜为镜，可以正衣冠；以古为镜，可以知兴替；以人为镜，可以明得失。朕常保此三镜，以防己过。今魏征殂逝，遂亡一镜矣！"充分表现了他对这位"度外之才"的惋惜和怀念。

李世民正是因为拥有善待"逆才"的雅量，周围才聚集了一批像魏征之类的"逆才"，这为大唐江山的稳固与贞观盛世的出现奠定了坚实的人才基础。同时，他能够以宽容的胸怀去容纳那些与自己意见相悖的人才，主要是因为他早就意识到：那些敢于发表与自己不同见解，敢于与自己争吵得面红耳赤甚至让自己下不了台的"逆才"，不一定就与自己志趣相悖，不一定就是在与自己作对。他认为，在很多情况下，那些能够倾吐逆耳忠言者，往往都是表里如一、襟怀坦荡、才华出众的人才。留这样的人在身边，才能更直接地了解和改正自身的过错，这对组织或企业的发展是十分有利的。

美国著名的五星上将麦克阿瑟曾经发出"人才有用不好用，奴才好用没有用"的感叹。我们要想使自己的组织有所发展，需要的是人才，而不是那些只会拍领导马屁的奴才。所以，作为一个领导者，若遇到周围有这样的人，一定要去尊重他们，这样才能从他们那里获得真正的有意义的见解与意见，才能使自己的企业发展更上一层楼。

美国IBM公司的总裁小托马斯·沃森是企业界的经营高手，他的用人特点就在于善于用"度外之人"。

小沃森自小就生活在父亲老沃森的身边，见了许多有才能的人，他非常崇敬和钦佩那些真正有本事的人。他自小就认识一位经理人，叫雷德·拉莫特。小沃森看得出来，他是一位极有能力的人，因为在IBM中，凡是认识雷德·拉莫特的人，都对其有着合乎情理的不偏不倚的看法；面对老沃森，他也敢于毫无顾忌地说出自己的真心话，敢于对小沃森提出严厉的忠告。小沃森说，这位经理人对我的教益很大，否则我可能要犯很多错误了。

小沃森对父亲身边那些逢迎拍马、趋炎附势的人极为厌烦。他说："自我加入IBM公司的那一天起，我就十分清楚谁对父亲的话唯命是从。有的人对他的每一句话都趋之若鹜，好像他是上帝似的，对于那些人，我一有机会就想整治他们。"

小沃森接管企业后，在用人方面始终能够保持大度的胸怀，勇于接纳"度外之人"。

有一次，一位中年人突然闯进小沃森的办公室，并大声嚷叫道："我在这里根本没有盼头了！销售总经理的差事丢了，现在却让我干着这个闲差事，实在没什么意思！"

这个人是IBM公司"未来需求部"的负责人，叫伯肯斯托克，曾经与小沃森有着很大的过节。所以，伯肯斯托克就认为，老沃森一下台，小沃森一定会想办法收拾他。于是就决定辞职，并在辞职前再在小沃森面前耍一次威风。

小沃森本人脾气十分暴躁，然而，面对故意前来找茬儿的伯肯斯托克，小沃森并没有发火，他了解他的心理。小沃森内心十分清楚伯肯斯托克是业界难得的人才。虽说他性格桀骜不驯，并与自己还有过很深的过节，但是为了公司的前途，小沃森决定尽力地挽留他。

小沃森首先忍住火气，心平气和地对伯肯斯托克说道："如果你是真人才，那么，不仅在我父亲手下能成功，在我手下也能成功；如果你认为我会给你不公平的待遇，那你就走，否则，你应该留下来，因为我会提供更多的机遇给你。"

后来，事实也证明，小沃森极力留下伯肯斯托克的决策是极为正确的，主要是因为在促使 IBM 做起计算机生意方面，伯肯斯托克有着不凡的见解。当小沃森极力劝说 IBM 内部高级负责人尽快地投入计算机行业时，公司总部响应者很少，只有伯肯斯托克十分赞成他的观点，并尽全力去支持他。后来，正是因为他们俩的携手努力，才使 IBM 免于灭顶之灾，并走向更为辉煌的成功之路。

后来，小沃森在回忆中说："我尽力挽留伯肯斯托克，是我有史以来最为出色的行动之一。"

另外，小沃森不仅挽留了伯肯斯托克，而且还提拔了一批他内心不喜欢，但却有真才实学的人。他曾说："我总是会毫不犹豫地提拔我不喜欢甚至十分讨厌的、与我有过过节的人，而那些我自己喜欢的员工，那些喜欢与我一道出去钓鱼的好友，则是管理中的陷阱；相反地，我总是十分善于寻找那些精明能干、爱挑毛病、语言尖刻、几乎令人生厌的人为我所用，这些人才能真正地对我推心置腹。如果将这些人安排在自己的周围工作，并能放下个人恩怨，耐心地听取他们的意见，那么，你就可以取得令人惊讶的成就！"

我们现代的管理者一定要勇于放下个人恩怨，以宽容的胸怀"唯才是用"，善于用那些不合自己意的"度外之人"，这样才能得到意想不到的收获。

5. 量才而用的用人理念

管理的关键在于如何用人，在这方面，孔子也有自己的看法。《论语·宪问篇》中孔子有语："孟公绰为赵魏老则优，不可以为滕薛大夫。"意为，孟公绰做晋国赵氏、魏氏的家臣，是才力有余的，但不能做滕、薛这样小国的大夫。孟公绰是鲁国大夫，为人清心寡欲，学问很多。孔子根据其才能和性格指出，他可以做晋国赵氏、魏氏这样显赫的大家族的家臣，充当咨询、顾问之类的虚职，但如果做滕、薛这样小国的大夫，处理琐碎的日常事务就力不能及了。这显示了孔子量才而用的用人理念。

其实，关于用人之道，古今中外的历史上有许多圣贤智者均有自己的心得。比如军事天才拿破仑说过，最难的不是选拔人才，而在于选拔后怎样使用人才，使他们的才能发挥到极致。因为发现人才、识别人才，都是为了善用人才。韩信用兵，多多益善；刘邦择将，三人而已，这就是领导用人的奥妙所在。"伯乐与千里马"的关系，可谓人人皆知，但不见得人人都能用。管理学大师德鲁克说过，人的长处，才是一种真正的机会。大凡高明的领导者无不深谙此道，要善于识察人的长处，并能用得恰到好处，这样就能不失时机地赢得事业的成功。这也正是中国管理者们从古至今一直在汲取并不断实践的用人之道。

有这样一个故事：

老板开设公司，来了三个应征的人，人事部面试后，认为都不太理想。老板追查原因，回答说："一个人胆小如鼠，毫无胆识和谋略；另一个则是目空一切，横冲直撞，过分勇猛；再下来的一个，勉强可以录用，因为他颇有条理，唯缺经验。"

老板一听，决定全部录用。他把第一个人编到财务部管钱，唯其胆小，不会徇私舞弊；第二个则被派到市场推广部，因经营业务须勇往直前，大胆尝试；第三个则在行政上接受训练，行政也不过是熟能生巧的事，只要为人有条不紊、实际办事便会有成绩。

这位老板在用人方面充分实现了"量才而用"的原则。其实，任何人的缺点都可以转化为优点，只要懂得避重就轻，加以配合便可。这对我们管理者或领导者对人才的岗位分配都是极大的考验。中国历史上的唐太宗李世民就是一个懂得"量才而用"的君王，正是因为他太会用人，所以才开创了中国历史上的贞观之治的盛世。

贞观十一年（637年），有人向唐太宗启奏说，凌敬有向他人索取财物的事情。唐太宗仔细了解情况后便对大臣们说道："每个人都有其长处，也有其短处。凌敬这个人，有学识，敢于诤谏，这是他的长处；喜好生活享受，好谋财利，这是他的短处。现在凌敬为人写碑文、教人读《汉书》，以这作为借口谋求财利。朕当时正是充分考虑到凌敬的这些优缺点后，才任用他的。朕认为对有用之才，不可求全责备，凌敬这个人的才识可以在他的职位上发挥出最大的效力。所以，他的那些细小的过失可以通过警告他的方式，让其改正。"众臣听了太宗的这番言论，便都称赞其谦诚的态度与宽广的胸怀。

当时的中书令房玄龄十分善于出谋划策，李世民每次在与房玄龄研究安邦定国之策时发现，房玄龄能够提出许多精辟的见解与具体办法来，但他对自己的想法与建议却不善于整理，虽然有许多精辟的见解，但是却很难下决心颁布哪一条。而当时的兵部尚书杜如晦却极为精明果敢，剖断如流，特别是在做决策、判断方面更是胜人一筹。他虽然不善于想事情，但是却善于对别人提出的意见做出周密的分析与判断，最重要的是他精于决断，什么事情经他一审视，很快就可以变成一项重要的决策或律令呈现到李世民面前。

于是，唐太宗根据他们两人的所短与所长将他们结合在一起，最终形成一对"房谋杜断"的最佳黄金组合，从而使房、杜二人功名盖世，千古流芳。

可见，真正的"量才而用"，就是善于发现一个人的长处，不计较其短处，并将它安置在最合适的位置上，发挥最大的功效。这给我们当下的管理者有这样的启示：在选用人才时，首先要善于观察和发现对方的优缺点，或者对每一位部属都要进行深入详细的了解，认真地观察他们的言谈举止及办事的方式，考察他们的综合素质，待真正了解对方后，再结合实际情况，给他们安排最合适的岗位，然后发挥人才的最大功效。

管理学上有一条著名的定理是"没有平庸的人，只有平庸的管理"。知人善任，让自己的下属去做他们合适的事情，这样才能充分发挥他们的工作潜能，实现人力资源的有效利用。

人才如花，艳花大多不香，香花大多不艳，艳而香的花大多有刺。艳者取其艳，容其不香；香者取其香，容其不艳；艳且香者取其艳香，容其有刺。要做一个好领导、好的管理者，首要的一点就是重视人才、知人善任，并且能够以博大胸怀笼络人心，留住人才，进而让领导力发挥出最大的效能。

6. 以"仁德"服众

无论是身为管理者还是在日常生活中与人交往，唯有仁德才能服众，这已经是不容置疑的了。孔子主张"德治"的为政之道，认为（执政者）用仁德作为执政的根本，就会像北极星那样，处在自己的位置上，而群星都会拱绕着它。孔子指出，执政者治理正事不能仅仅靠着严刑峻法对人民进行限制和压迫，还要用仁德去教化他们，用礼仪去引导他们。人民向往有德行的人，就像水之向下一样，自动投入他的怀抱；一个人有德，别人都会亲近他、学习他、仰慕他。

三国时期，诸葛亮大败南蛮的三洞元帅后，又布下伏兵，让王平、关虎诱敌。二人假装战败，引南蛮孟获入峡谷，再由张嶷、张翼两路追赶，王平、关索回马夹攻。孟获抵挡不住，被魏延生擒活捉。但是孟获不服气，说："我自己不小心，中了你的计，怎么能叫人心服？"诸葛亮为了使孟获心服口服地归顺他，就爽快地放他回去了，并答应他让他回去好好准备，再来应战。但孟获本人是个有勇无谋的人，根本不是诸葛亮的对手，第二次他又被活捉了。

孟获对弟弟孟优说："我们已知蜀军军情，你领百余精兵去向孔明献宝，借机杀了孔明。"孔明问马谡是否知道孟获的阴谋，马谡笑着将孟获的阴谋写于纸上。孔明看后大笑，命人在酒内下药，让孟优等蛮人吃喝。当夜，孟获带三万兵冲入军中要捉孔明，进帐才知上当，孟优等蛮兵全部烂醉如泥。魏延、王平、赵云又分兵三路杀来，蛮兵大败，孟获一人逃往泸水。孟获在泸水被马岱扮成蛮兵的士兵截获，押见孔明。孟获说这次是弟弟孟优饮酒误事，仍不服气，于是孔明第三次放了他。

孟获为了报仇，借了十万牌刀獠丁军，来战蜀兵。孟获穿犀皮甲，骑赤毛牛。牌丁兵赤身裸体，涂着鬼脸，披头散发，像野人般朝蜀营扑来。孔明却下令关闭寨门不战，等待时机。等到蛮兵威势已减，孔明出奇兵夹击，孟获大败，逃到一棵树下，见孔明坐在车上，冲过去便要捉拿，不料却掉入陷阱里反被擒获。孟获仍然不服，孔明又一次放他回去。

随后，孟获躲入秃龙洞求援，银冶洞洞主杨锋感激日前孔明不杀其族人之恩，在秃龙洞捉了孟获，送给孔明。孟获当然不服，要再与孔明于银坑洞决战，孔明又一次擒到他并又放了他。就这样，来回七次，诸葛亮一直把孟获捉了七次。到了孟获第七次被捉的时候，他才从内心里敬服孔明的神机妙算，同时也敬佩孔明的仁德。孟获回去后，还说服其他的部落，全部都归顺孔明，南中地区就此重新归蜀汉控制。

诸葛亮一次又一次地放回孟获，足见其宽厚的"仁德"。与其说他是以屡战屡胜、神机妙算的战术使孟获归服于他，不如说他是以"不计前嫌"的宽厚仁德使其归附。可见，德行对一个领导者来说是多么重要。

孔子对领导者的要求一向很高，他把德行与修养放在最重要的位置上。如果一个普通人没有德行的话，他能祸害的仅仅只是少部分人；如果一个位高权重的人没有好德行，那么他的危害也就大了。身为一个领导者或管理者，要想以德服人，重要的就是加强自身的修养，发挥在"德治"方面的核心作用，对下属怀有仁德之心，庇护下属，急他们之所急，想他们之所想，为他们排忧解难。古之有夏桀无德，国人咒他死亡，愿意与他同归于尽；商汤有德，百姓期盼他，翘首以待，说："奚我后，后来其苏。"这就是仁德的力量，无论在什么样的组织中，它的效果远远比战争武力、比严刑酷法有力得多。

7. 刚上任，先烧好"三把火"

孔子的弟子仲弓准备到鲁国权臣季氏家做事情，他临行前向老师请教："老师，你告诉我怎样为政吧。我一个新上任的官员，总能让我烧几把火吧？"孔子告诉他要烧好三把火："先有司，赦小过，举贤才。"孔子的意思是：仲弓，你既然要去做官了，我就告诉你三件事吧。第一件事，你到了那儿要搞清楚职务之间的权责问题，务必做到权责分明；第二件事，你作为领导要对下属宽容，能赦小人之过，居上要宽；第三件事，向你的上级推荐贤才。

孔子要求仲弓做的三件事——明确职责、居上要宽、推举贤良，正是对一个好领导的内在要求。

第一把火"权责明确"是为了各司其职，做到井然有序。这样做的益处有很多，不会出现互相推诿的现象，也不会有人敢随意越权。《红楼梦》中秦可卿死后，王熙凤协理宁国府时做的第一件事情就是明确众人的权限与职责。

第二把火要求居上要宽，也就是要求做领导要宽容下属，不能吹毛求疵。这个世界上哪里有什么完人，下属偶尔犯了一点小错不要当作大错来大肆地宣扬、批评，这样做只会增加下属的负担。

第三把火就是要做一个"伯乐"，人到了领导的位置要善于发现人才，为求做到人尽其才、物尽其用，否则因为嫉贤妒能而独霸位置就是"窃位"的小人了。

孔子的这种理论，对我们现代的职场人具有十分好的指导作用。

近来，北京一家文化公司的多数同事都很兴奋，因为单位刚调来一位新主管，据说这是个能力很强的人，专门被派来整顿业务。可是日子一天天地过去，新主管却毫无作为，每天彬彬有礼地进办公室，然后便躲在里面难得出门，那些本来紧张得要命的坏分子，现在反而更加猖獗了。

"他哪里有什么能力啊！根本就是个老好人，比之前的主管更容易对付啊！"

一个月过去了，大家都在开始为新主管的表现感到失望时，新主管却开始烧他"三把火"了：将那些坏分子一律叫到办公室开始训斥，然后给他们列了新的规定，如果再不踏实努力干活，就立马走人。而那些真正努力工作、有能力的人则获得了晋升，并且根据主管平时对他们优缺点的观察，将这些人安排在了合适的岗位上。

下手之快，断事之准，与刚来时表现保守的他，简直就是判若两人。

后来，在年终聚会时，新主管酒过三巡后致辞："相信大家对我新到任期间的表现，和后来的大刀阔斧，一定会感到不解。现在听我讲个故事，各位听了就明白了。我原本有个朋友，买了一栋带有大院子的房子，他一搬进去，就将那个院子全面整顿，杂草树一律清除，改种自己新买的花卉，某日原先的屋主往访，进门便大吃一惊问：'那最名贵的牡丹哪里去了呢？'我这位朋友才发现，他竟然把牡丹当杂草给铲了。后来他又买了一处房子，虽然院子更是杂乱，他却是按兵不动，果然，原来以为是杂草的植物，春天里却开了花。春天以为是野草的，夏天里却成为一片锦簇；半年没有动静的小树，秋天居然红了叶。直到暮秋，它才真正认清楚哪些是无用的植物并大力铲除，并使所有的珍贵的草木得以保存。"说到此，主管举起杯来："让我敬在座的每一位，如果这办公室是个花园，我们都是其间的珍木，珍木不可能一年到头开花结果，只有经过长期的观察才认得出啊！"

这位主管新上任就烧好了"三把火"，虽然行动来得有些迟，但最终却能任贤驱庸，把人才合理地安排在适当的位置上，并宽容地对一些"捣乱"分子给予训诫，让他们端正工作态度，把孔子所说的三点全部做到了，可谓高明。

其实，在任何组织中，身为"新官"上任后烧好"三把火"是必要的，也是有难度的，其中第一件是分内之事，做起来容易些，第二件、第三件做起来就难了。因为第二件事考验的是一个领导的度量，第三件事考察的不仅仅是度量，更重要的是一个领导观察和识人的眼光和方法。

8. 宽厚比苛责更有力量

《论语·八佾篇》中有语："子曰：'居上不宽，为礼不敬，临丧不哀，吾何以观之哉？'"意思为，孔子说："居于上位的人，不能宽厚待人，行礼没有敬畏的态度，参加丧礼时也不悲哀，这种情况我怎么能看得下去呢？"在孔子看来，"德"与"礼"是领导者所应坚持的根本准则，"德治""礼治"首先在于执政者自己有德守礼，能够以身作则，做人民的榜样。如果连自己都不能宽厚待人，不能虔诚向礼，不能敬对丧葬祭祀，如何能治理国家，如何能管理人民呢？

孔子在这里提出了一个原则，无论在什么时候，领导或管理者都应该对人宽厚。"为礼要敬"，不只是限于下级对上级行礼要恭敬，事实上，人与人之间都要注意，宽厚永远比严苛更能让人接受。"敬"就是要做到诚恳、真挚，只有这样才能凝聚成坚不可摧的向心力。

宽厚胜于严苛，就如同温暖胜于严寒，身为一个管理者或领导者要学会运用这一法则，真正地尊重和关爱你的下属，以人为本，推行严格中不失人情味的管理方式，使下属随时能感受到温暖，从而激发员工的工作热情和积极性。

有一次，索尼公司在日本的一家分厂的产品出了问题，这家工厂的产品是销售到东南亚的，总公司不断地收到来自东南亚的投诉，给公司造成了近 1000 万日元的损失。后来经过调查，发现原来是这种电子产品的质量出了一些小问题。该项目的重要负责人羞愧难当，他随即向董事长提出了辞职，以示谢罪。

对此，索尼董事长盛田昭夫很是冷静。他没有像其他人那样顿时火冒三丈，严厉指责负责人的过失，并做出开除他的决定，以消除内心的怒火。他清楚地认识到，这样做的结果于事无补，因为损失已经成为定局无法挽回了。

该负责人立即被盛田昭夫叫到办公室，要求对这一次错误做出陈述。事后，他又当着对方的面把辞职信一撕两半，扔进了垃圾桶，并笑着对他说道："你在开什么玩笑？谁不会犯错呢？犯了错就离开，这可不是你的风格呀！"说完，就拍了拍他的肩膀安慰他，并且幽默地说道："你可要知道呀，公司刚刚在你身上花了 1000 万日元的培训费，你不把钱挣回来就别想离开。"

该负责人闻听此言，大出意外，立即化羞愧为奋发，变压力为动力，在随后的一年时间内，为公司创造了远远超过 1000 万日元的利润。

盛田昭夫是一个宽厚大度的老板，他的宽广胸襟和豁达的风度着实让人佩服。他这样做既挽回了损失，而且也为企业留住了一位人才，以为日后创造更大的利润。如此看来，宽厚比苛责更有力量，它能最大限度地激发下属的工作热情和积极性。所以说，宽厚容人是一个领导者或管理者所应必备的素质。

关心下属，就要站在下属的立场上，设身处地地为他们着想。古代的贤德之君，吃饱时能够想到有人在挨饿，穿暖时能够想到有人在受寒，安逸时知道有人在辛勤劳作，只有懂得民间疾苦才能治天下。同样，在现代企业中，只有以宽厚之心对待下属才能凝聚人心，治理好一个企业。社会发展到今天，人们越来越意识到人的因素在改造和创造过程中的重要力量，身为一个管理者或领导者，如果能时时刻刻站在员工或下属的角度去考虑问题，宽厚地对待他们，那么，你的组织或企业何愁没有好的发展前景呢？

9. 成大事者要不拘泥于小节

《论语·子路篇》有这样一个有意思的对话："樊迟请学稼。子曰：'吾不如老农。'请学为圃。曰：'吾不如老圃。'樊迟出。子曰：'小人哉，樊须也！上好礼，则民莫敢不敬，上好义，则民莫敢不服；上好信，则民莫敢不用情。夫如是，则四方之民襁负其子而至矣，焉用稼？'"意思为，樊迟向孔子请教如何种庄稼。孔子说："我不如老农。"樊迟又请教如何种菜。孔子说："我不如菜农。"樊迟退出以后，孔子说："樊迟真是小人物啊！在上位者向往礼仪，老百姓就不敢不敬畏；在上位者向往道义，老百姓就不敢不服从；在上位者向往诚信，老百姓就不敢不用真心实意来对待事情。只需做到这样，四面八方的百姓就会背负幼子赶来投奔，哪里用得着自己学种庄稼呢？"樊迟总是向孔子请教种地、种菜这些细枝末节，于是孔子感叹他称不上是真正的君子，只能算是小人物。善于为政的君子，只需以德为政、以礼治国，掌握住为政的基本方针就足够了，种田种菜这些小事，都是小人物所为。无论做什么事，都应该掌握根本，将精力放在大事之上，那些具体事务交给下面的人做就可以了，自己过于关心此类小事，只会舍本逐末、以小失大。这段对话告诉我们一个道理，成大事者不要拘泥于小节，身为管理者或领导者，也不应该把精力浪费在细小的事情上面，应该把精力放在大事上。

孔子一生为了克己复礼的理想而奔波，庄子曾这样描述他："吾再逐于鲁，伐树于宋，削迹于卫，穷于商、周，围于陈、蔡之间。"凭借孔子的才能技艺，他可以得到很多国家的官位，轻松地选择其他更好的生活方式，然而他为何却要四处奔走，让自己精神疲惫、体肤劳累，惶惶如丧家之犬呢？就是因为他的心中有比其他人都高尚的理想，他知道最有意义的人生应该去追求什么？两千多年过去了，孔子永远矗立在中国的文化神坛之上，受到天下人的崇拜，而当时的那些权贵呢，早就化成了泥土，不知埋葬于何处了。明代大儒王明阳曾说："持志如心痛，一心在痛上，岂有功夫说闲话，管闲事？"普通人就是没有将自己的精力放在一个点上，总是这也想做，那也想做，将太多的时间放在了吃喝享乐的小事之上，最后什么都没有做成，只能平庸地埋没在了红尘之中。

《吕氏春秋》中说："处大官者，不欲小察，不欲小智。故曰：'大匠不斫，大庖不豆，大勇不计，大兵不寇。'"位置越高、理想越远大的人就越应该将精力用在大事情上。

丙吉是汉宣帝时的丞相，一次他外出，恰好碰到了行人在斗殴，路边躺着死伤的人。随从都以为丙吉会下车制止、管理这件事。然而，丙吉却不闻不问，驱车而过。

过一会儿，对面来了一个赶牛的老农，那牛步履蹒跚、气喘吁吁，丙吉马上让车夫停车详细询问缘由。

事后，随从们都十分不解，问丙吉为什么关心牛而不在乎斗殴的人呢。丙吉回答说："行人斗殴，有京兆尹等地方官处理即可，我只要适时考察其政绩，有功则赏、有罪则罚，这样就可以了。丞相是国家的高级官员，所关心的应当是国家大事。问牛的事则不同，如今是春天，天气还不应该太热，如果那头牛是因为天太热而喘息，那么现在的气候就不太正常了，农事势必会受到影响，所以，我才过问了牛的事儿。"

一个人一定要明确自己的目标，将所有的精力都放在这一目标之上，没有精力去做的事就将它丢到一边。人们常常嘲笑陈景润，说他除了钻研数学之外，在生活的其他方面一塌糊涂，其实正是他的这种专注成就了他，那些在生活上处处精明的人，有几个又留下了闪光的业绩呢？为了思索天上的奥秘，摔几个跟头又算得了什么？大匠不斫，立志高远就不要将精力放在细小的琐事之上。

第十章
天下大德，以"孝"为先

"百善孝为先"是孔子之学的重中之重。孔子认为"孝"是一切道德规范的根本及其发展的前提。《论语》记载了孔子的学生有子所说的一句名言："君子务本，本立而道生，孝弟也者，其为仁之本也。"这句话是说，孝悌是做人的根本，人之行莫大于孝，为人者如果做不到孝，那其他的品质也无从谈起。有子继承的孔子的思想，可以说这是对孔子孝道思想的延展。孔子自己也说："弟子，入则孝，出则悌，谨而信，泛爱众，而亲仁。行有余力，则以学文。"由此可见，孝在孔子思想中的重要地位。

1. 世界上，有一种爱，亘古绵长，无私无求

"孝"是孔子所极力提倡的，他在《论语》中曾大篇幅地谈及了关于父母对子女的爱，以及子女应如何去孝敬父母的内容，可见，在孔子心中孝是做人做事的基础，是"仁"的核心。在《论语·为政篇》中有这样的话："孟武伯问孝，子曰：'父母唯其疾之忧。'"大意为，孟武伯向孔子请教孝道。孔子说：做父母最忧心的就是儿女的健康。对于这里孔子所说的"父母唯其疾之忧"，历来就存在不

同的解释：1. 对于父母来说，他们最担心的就是儿女的健康，作为儿女应该体会到父母的这种心情，在日常生活中多注意身体，少让父母担心，这就是孝了；2. 父母年纪大了，身体不好，做子女的最应该担忧的就是父母的疾病。但无论何种解释，都表达了血浓于水的亲情，旨在告诫我们要懂得感恩，要孝敬父母，这对我们当中一些常年不在父母身边的年轻人更是一种极大的启示。

你是否留意过：如果有一天，你发现爸爸总是咳个不停；如果有一天，你发现父母喜欢吃稀饭；如果有一天，你发现父母过马路的反应慢了；如果有一天，你发现父母再也不爱出门；如果有一天，看到父母弯腰驼背，发现他们真的老了……树欲静而风不止，子欲养而亲不待。爱情、友情都会随时间的推移而不断褪色，被人所淡忘，世界上只有一种感情却是永久亘古绵长、无私无求的，那就是亲情。所以，我们要时刻对父母心存感恩。

刚刚上课，一位老教授就面带微笑，走进教室，对同学们说："这堂课，要给大家做一个选择题。"一听到这话，同学都开始论纷：做选择题？这可比听课有意思多了。

问卷表一发下来，同学们一看，有两个选择题。

1. 他很爱她。她漂亮的瓜子脸，弯弯的眉毛，面色也极为白皙，美丽动人。然而，有一天，她不幸遇上了车祸，痊愈以后，脸上留下了几道大大的疤痕，很是丑陋。你觉得，他会一如既往地爱她吗？

A. 他一定会　B. 他一定不会　C. 他可能会

2. 她很爱他。他是商界精英，温文尔雅，敢打敢拼。突然有一天，他破产了。你觉得，她还会像以前那样爱他吗？

A. 她一定会　B. 她一定不会　C. 她可能会

这两个简单的选择题，同学们很快就做好交上了问卷。问卷收上来以后，教授们一统计，发现：第一道题有5％的同学选A，有5％的同学选B，有90％的同学选择了C。第二道题，有20％的同学选了 A，20％的同学选 B，60％的同学选择了 C。

看完同学们的答案，教授笑道："看来，美女毁容比男人破产还让人无法容忍啊。"教授笑了笑，说道："做这两个题目时，你们潜意识中，是不是把他和她当成恋人关系了呢？"

"是啊。"同学们答得很整齐。

"可是，题目本身并没有明确说他两个是恋人关系啊？"教授似有深意地看着大家。"现在，大家可以过来假设一下，如果，第一道题目中的'他'和'她'是父女关系，第二题中的'她'和'他'是母子关系。让你们把这两道题再重新做一遍，你还会坚持你原本的选择吗？"

当问卷再次发到同学们的手中之后，教室中忽然就变得异常宁静。一张张年轻的面庞就变得凝重而深沉。几分钟之后，问卷收了上来，教授再一统计，两道题，同学们全部都选择了 A。

最终，教授用深沉而动情的语调说道："在这个世界上，有一种爱，亘古绵长，无私无求，它不会因为季节的更替而改变，不会因名利的浮沉而变化，这就是父母之爱啊！"

是的，世界上所有的爱都因这样或那样的原因会发生改变，而唯独父母之爱会亘古绵长，无私无求！看过了，想过了，懂得了，就要记住，世界上最爱我们的人就是自己的父母，我们要对他们永远心存感恩。想家了，给父母打个电话吧，过节了，给父母发条短信吧，父母其实是很容易满足的，我们的一个小小的举动就有可能会给他们带来无限的感动。

从现在开始，好好珍惜父母对你的恩情吧！在你还能表达自己对他们的敬意和爱时，不要吝惜自己的时间，不要吝惜自己情感的表达，因为他们对你付出了一切，你也亏欠了他们太多。在父母都还健在的时候，常回家看看，和他们坐下来聊聊天，说说你最近的情况，问问父母的健康，帮他们分担一些家务。多理解父母的唠叨，人老多情，这是再正常不过的事。我们也会有老去的那一天。只要让父母时刻感受到你的关心和孝顺，他们的心灵就会产生莫大的慰藉。与此同时，你的心中也会感到坦然和幸福。

岁月无情催人老，这是一个谁也无法避免的残酷事实。马上付诸行动，不要等到父母离开我们时才感到无尽的懊悔，当现在成了过去，机会就会变得越来越少了！

2. 关注父母精神方面的需求

"孝道"文化在中国绵延了几千年，每个时期，孝的文化都有不同的内容。但是在现代社会中，我们怎样做才算是尽孝呢？在《论语·为政篇》中有这样的言论："子游问孝，子曰：'今之孝者，是谓能养。至于犬马，皆能有养，不敬，何以别乎？'"意思是说，子游向孔子请教什么是孝，孔子说："如今所谓的孝，只是说能够赡养父母便足够了。然而，就是犬马都能够得到饲养。如果对待父母没有恭敬顺从之心，那么与饲养犬马又有什么区别呢？"通过回答子游的提问，孔子对孝做了进一步的阐述，他认为孝敬父母不应仅仅是从物质上满足他们的需求，还应从心理上满足他们。对待父母不仅要赡养他们，也要尊敬他们，否则岂不是和在家中养犬马差不多了。关于此，著名国学大师南怀瑾说："现在的人不懂孝，以为只要能够养活爸爸妈妈，有饭给他们吃，像现在一样，每个月寄 50 或 100 元美金给父母享受享受，就是孝了。还有许多年轻人连 50 元也不寄来的，寄来了的，老太太、老先生虽然在家里孤孤独独，但看到 50 元还是欢欢喜喜。所以现在的人，以为养了父母就算孝，但是'犬马皆能有养'，饲养一只狗、一匹马也都要给它吃饱，有的人养狗还要买猪肝给它吃，所以光是赡养而没有爱的心情，就不是真孝。孝不是形式，不等于养狗养马一样。"

的确如此，现实生活中，很多人都知道去孝敬自己的父母，但是如何去孝敬呢？很多人都把握不好。人们一般都习惯给父母一些钱，或者是多给父母一些物质方面的东西，这样好像就尽了自己的孝道。其实这远远不能满足父母的要求。随着生活一天比一天好，人们生活水平在一天天地提高，父母缺少的不是钱，也不是什么物质上的东西，他们缺少的是孩子精神上的安慰。《常回家看看》这首歌当年红遍大江南北，因为它唱出了老人们的心声。

儿子回乡办完父亲的丧事，要母亲随他去城市生活，母亲执意不肯离开清静的乡下，说过不惯都市的生活。儿子没有勉强母亲，只是坚持以后每个月寄300元生活费。母亲居住的村子十分偏僻，邮递员一个月才来一两次。如今村子里外出打工的人多了，留在家里的老人们时时盼望着远方儿女的信息，因此邮递员在村里出现的日子便是留守老人的节日。每次邮递员一进村，就被一群大妈、大婶和老奶奶围住，争先恐后地问有没有自家的信件，然后又三五人聚在一起或传递自己的喜悦或分享他人的快乐。这天，邮递员交给母亲一张汇款单，母亲脸上洋溢着喜悦，说是儿子寄来的。这张3600元的高额汇款单像稀罕宝贝似的在大妈、大婶们手里传来传去，每个人都是一脸羡慕。

过了几个月，儿子收到了母亲的来信，信只有短短几句，说他不该把一年的生活费一次寄回来，明年寄钱一定要按月寄，一月寄一次。转眼间一年就过去了，儿子由于工作缠身，不能回老家看望母亲了，本想按照母亲的嘱咐每月给寄一次生活费，又担心忙忘了误事，便又到邮局一次给母亲汇去3600元。几天后，儿子收到一张3300元的汇款单，是母亲汇来的。

儿子百思不得其解之际收到了母亲的来信，母亲又一次在信上嘱咐说，要寄就按月给她寄，否则她一分也不要，反正自己的钱够花了。儿子对母亲的固执十分不理解，但还是按母亲的叮嘱做了。后来，他无意间遇到了一个从家乡来城市打工的老乡，顺便问起了母亲的近况。老乡说："你母亲虽然孤单一人生活，但很快乐，尤其是邮递员进村的日子，你母亲像过节一样欢天喜地。收到你的汇款，她要高兴好几天呢！"儿子听后泪流满面，他此刻才明白，母亲坚持要他每个月给她寄一次钱，是为了一年能享受12次快乐。母亲心不在钱上，而在儿子的身上。

孝没有固定的形式，但是它的内涵却是一致的。它是一种发自人们内心的真挚感情，是一种爱的心情。父母需要的是儿女对老人的那种牵挂。

世间最爱我们的莫过于父母。对于我们，他们无限包容。这种爱来得太容易、太无偿，所以很多人便在不知不觉中肆意挥霍，不懂得珍惜。因为他们知道，无论自己如何对待父母，多么伤父母的心，父母都会一如既往地爱自己，所以有些人和父母说话的时候就像在斥责自己的小孩一样。这种态度着实不能让人接受，孝敬父母更要注意自己的态度。

爱在态度上。孝敬父母就要由内而外，发乎真心，给予父母同等的尊重，这才是真正的孝。随着年龄的增长，父母对儿女的依赖感越来越强，此时，儿女便成了他们唯一可以依靠的支柱。其实父母的要求并不高，只要儿女时时刻刻牵挂着父母，牵挂父母的衣食、起居、心情，平时常给父母打打电话，多和父母聊天，关心他们的身心健康，他们就会非常高兴，也非常地知足。孝是发自内心的行动，不是敷衍了事，只有这样才能形成好的氛围，才能共同感受亲情的甜美。

3. 对待父母，最难的就是和颜悦色

《论语·为政篇》中有语："子夏问孝，子曰：'色难。有事，弟子服其劳；有酒食，先生馔，曾是以为孝乎？'"这个故事是讲，子夏请教什么是孝，孔子说："侍奉父母，最不容易的就是对父母和颜悦色。有了事情，儿女去做，有了酒饭让父母吃，这难道就可以算作是孝了吗？"在孔子看来，儿女对父母的尊敬是要发自内心的，是长期不变的。不仅仅是侍奉父母，为父母做力所能及的事，让父母吃好喝好，还要在言行上表现出和颜悦色的神态。面色是一个人内心的反应，最了解子女的父母，子女的一言一行、一颦一笑父母都会深深地看在眼里，记在心中，最关注子女的也是父母，子女一个小小的不敬，都会让父母不知所措，让他们伤心不已。

在生活中，人们很容易遇到一些不开心的事，有时见到了父母可能很容易口出不逊，态度不好。这也许并不是出于内心的，并不是真的埋怨父母，但父母看到了就会以为你对他们不耐烦，或是他们哪里做得不好。所以说，父母的爱是最深的，他们的心也是最脆弱的，儿女一不慎就会伤到父母的心，将"孝"大打折扣，这也是所有孝子应该慎重的。

张怡在小时候，曾对母亲十分反感。她中学的时候，母亲每天在耳旁唠唠叨叨让她很是不耐烦，最让她无法忍受的是，母亲的固执，那种让她无法接受的固执，真的让人头疼和气愤。

高考的前三个月，精神高度紧张的张怡患了失眠症，彻夜彻夜地睡不着觉，看了很多医生，经调理、吃药都无效。母亲便四处打听医治此病的药方。最后不知从谁那里听说偏方可以治失眠症，便开始四处向人讨要偏方，她经常跑大老远弄回一些奇怪的东西熬成

药，自己先试验，灵验了，便让张怡吃。这让张怡极为反感，每次吃药，就像是上刑般难受。可无论张怡如何反抗，母亲都会强逼着她吃下去。有时候，张怡会愤怒地冲她大吼："你有病吧！"母亲听罢，只是默不作声，私下里掉眼泪。好在一个月后，张怡的失眠症痊愈了。

母亲是挺精明的人，她做了几十年的会计工作，不管是账目还是人情往来，只要她出马，必定办得妥妥帖帖。可一到自己女儿身上，就变得糊涂得要命。她不明白女儿在想什么，喜欢做什么，总是想让女儿屈从于她的理念。有一次，母亲不知道哪根神经搭错了地方，便认定张怡与班级中的一名男同学在谈恋爱。为此，她居然到了学校，找到了那位男同学。从此之后，那位关系不错的男同学再也没和张怡说过一句话。张怡得知情况后，与母亲大吵了一架，好几天不曾搭理她。

如今，张怡已经工作十几年，在另一个城市成了家，有了自己的孩子！8 岁的女儿是个叛逆的小淘气，小小年纪，总爱跟她顶嘴。有一天，女儿跟同学发生了争执，回到家里，张怡教育她，女儿很不服气地跟她争吵。最终，女儿对她吼道："妈妈，你真有病！什么事都要管！"那一瞬间，张怡很想哭，想到了自己的远方也有一个"有病"的母亲。忽然间，她明白，全天下的母亲都是有病的，那种对儿女无休止的爱和担忧，永远是她们心头的病！

生活中，很多人都认为，买房子、请保姆、吃大餐、去旅游就是孝顺父母。其实，物质上给父母的享用，这是最低层面的"孝"；而高层面的"孝"，应该表现为对父母精神上的敬重和感情上的安慰，即为"色难"，和颜悦色地对待他们。

在现实中，要做到"色难"并不是件容易的事。"色难"难在人在情绪不好的时候，对父母依然保持一颗恭敬的心和谦和的态度。于是，"色难"已经成为衡量一个人孝心的道德标尺。就是说，经常对父母微笑，经常敬重地对待他们，关心他们的精神生活。每天真诚地与父母交谈几分钟——不嫌弃、不抱怨，想对父母发脾气时懂得克制一下，始终和颜悦色地对待他们，他们就会生活得开开心心的。

随时都给父母好脸色，虽是举手之劳的事情，可现实中不管什么情况下都能做到给父母一个好脸色，又实在不是一件容易的事。每天给父母一个"好脸色"，关键是心怀感恩之情，多想想长辈们的付出和哺育之恩。

真心爱父母，应该和颜悦色，从内心深处发出微笑，让他们感到快乐、幸福。

4. 孝为"仁德"之本

《论语·为政篇》中有语："或谓孔子曰：'子奚不为政?'子曰：'《书》云："孝乎惟孝，友于兄弟，施于有政。"是亦为政，奚其为为政?'"意思为，有人问孔子："您为什么不从事政治?"孔子回答说："《尚书》上说，'孝就是孝敬父母，友爱兄弟。把这孝悌的道理施于政事。'也就是从事政治，又要怎样才能算是为政呢?"在孔子看来，治理国家应当以孝悌之德为本，只有孝敬父亲、友爱兄弟的人才有资格治理民众。《大学》中说，家不齐者，不可以治国就是这个道理。在这里，孔子再次告诫人们孝悌之德的重要性。

《劝孝歌》中说："人不孝其亲，不如禽与兽。"歌词十分尖刻而深刻地道出了"孝"为人处世的根本。中国古代有很多关于"孝"的事迹，著名的《二十四孝》就是关于孝道故事典型的代表，其中的"卧冰求鲤"的故事是这样的：

晋朝琅琊人王祥，生母早丧，继母朱氏多次在他父亲面前说他的坏话，使他失去父爱。但是王祥并没有因为这些而怨恨父母，相反，他对父母非常孝顺。父母患病，他便衣不解带、日夜侍候。继母想吃活鲤鱼，但当时是寒冬腊月，冰封三尺，天寒地冻，根本无法捕捉到鱼。但是王祥为了让病中的母亲吃上活鲤鱼，就解开衣服卧在冰上，想用自己的体温化开坚冰捉鱼。三尺厚的冰突然自行融化，从冰上跃出两条鲤鱼。王祥高兴地回家为继母做鲤鱼汤，继母食后，果然病愈。这就是"卧冰求鲤"的故事。后来，王祥隐居二十余年，给父母养老送终后，才应邀出外做官。从温县令做到大司农、司空、太尉，并被封为睢陵侯。后人为了纪念他，便作诗云：继母人间有，王祥天下无。至今河水上，一片卧冰模。

一个懂得"孝道"的人，其内在一定是有仁德的。正如《论语·学而篇》中孔子所说："孝悌也者，其为仁之本与。"孝是仁德的基础，在家里行孝尽悌就是仁德培养的开始，是达"仁"的有效途径。孝是具体的道德情感要求，是每个人所必须要履行的，而仁则是对世间一切人和事普遍观照的伦理道德归宿，是由个人道德修养提升而来的，因此，孝是一切仁德的根本。对父母尽孝，是实践仁德的必要，也是一个人仁德培养的开始，不能有丝毫的懈怠。

孔子由孝达仁是其最终的道德归宿，通过尽孝使自身的道德修养不断完善，进而实现"修己以安人，修己以安百姓"的境地，最终达到仁德兼善天下的目的。

5. 爱听唠叨话，读懂父母心

能够换位思考，能够善解人意，必要时能够耐心听对方倾诉，并不是每一个人都能做到的，尤其是对于自己身边已经年迈的父母。作为父母都挺不容易的，孩子小的时候照顾吃穿冷暖，大些时候要供其上学，然后操心孩子的结婚生子等，等真正闲下来的时候自己却已经老了。

《论语·里仁篇》里说："事父母几谏。见志不从，又敬不违，劳而不怨。"该怎样与我们的父母相处呢？从这句话中我们便能看出。做子女的因为年轻，感觉不到父母的心情，不能体谅他们的空虚无助。因为人老了都会有这种感觉，他们留恋自己的青春，他们回味自己的事业，他们梳理自己的轨迹……

就像是一篇文章，临到收尾之时，该总结一下前因后果，抒发一下主旨感情，必要时还得回味一番做到首尾呼应，其实人生何尝不是这样呢？我们能接受文章的这样"絮叨"，父母的这般"唠叨"又有什么不能接受的呢？

又是一年春节时，远在北京工作的王林带着老婆孩子回家过年。他们一家都很高兴，毕竟一家人一年没见父母了。

不过说起父母，王林还是有点担心，没有别的，不是他不孝顺，是因为他害怕一回家父母又在他耳边不停地唠叨，尤其是母亲，一说就没完没了。就像打开了话匣子一样滔滔不绝。她整天聊着东家长李家短的，说到高兴时总把"陈谷子烂芝麻"的事情搬出来，说得津津有味，也不管别人感不感兴趣，是不是在听她讲。

有一次，王林的母亲一边端着饭碗，还一边凑到王林身边，讲她年轻时多么漂亮，讲她小时在家还是姑娘的时候，还讲她怎么和王林的爸爸认识的……说着说着，王林就着急了，他说："你烦不烦啊？这都给我们讲多少遍了，能不能让我们回来清静一会儿……"顿时，王林的母亲有点不知所措了，因为有儿媳妇在身边，王林的母亲只说了句："好了，你们不喜欢我就不说了。"其余什么话都没讲。就这样，这个春节过去了，王林当时因为是随口说出的，就也没太在意母亲有什么变化。

第二年，他们一家和往年一样回家过春节，父母依然很高兴地把他们接回家。王林依旧担心的事情没有发生，这次母亲并没有不停地唠叨，这让王林很意外。

可后来发现，母亲没有了唠叨的对象很失落，也很郁闷。自从上次王林把母亲说了一通后，母亲只会默默地干活，给他们做好吃的，明显让人感到她没有以前高兴了，有时一个人还默默地发呆。

家里自从没有了母亲的唠叨，王林突然觉得不适应了，氛围也没以前那么活跃了。猛然间，王林觉察到自己似乎忽略了母亲，不应该那样对待自己的父母。他心里想了很多："小时候，总是有什么事都说给母亲听，母亲总是摸着自己的头微笑着和自己说话。然而现在，自己却不能倾听老人的倾诉……"想着想着，王林落泪了……

于是，从此王林学会了倾听母亲的唠叨，总是想方设法求着母亲给自己讲从前的那些事儿，母亲渐渐地又快乐起来，整个家庭又恢复了往日的欢乐。

其实，无论父母处在年轻时还是年老时，唠叨都是一种爱的表现，也是他们寻求心理慰藉的过程。只要我们能了解他们的渴求，理解他们的心声，做好一个实心实意的听众，真心地听他们说当年的事儿，他们就会很快乐，晚年就会过得很踏实、很幸福！

他们不喜欢清静，他们想要的就是儿孙满堂，热热闹闹有人说话，有人嘘寒问暖，这就是他们最大的幸福、最好的精神享受！就像小品《粮票的故事》一样，孙子早就厌倦了他的故事，都说自己能背下来了，其实他自己也知道讲过了。可是他老了，他想和自己的儿子、孙子聊天说话，这样就满足了。

每个人都会有老的这一天，不管说以后我们自己会怎么样，至少我们要对得起自己的父母。他们年事已高，我们要尽可能去陪伴他们，耐心听他们讲"故事"。不要让他们感到自己是多余的、不中用的，要尽可能理解宽容，容得下他们的"任性"和"唠叨"。趁他们还健在，趁我们还年轻，用我们的体贴温暖父母的内心，做一个合格的孩子，营造一个温馨的家庭！

6. 心系父母行远方

《论语·里仁篇》中有语："子曰：'父母在，不远游，游必有方。'"意思为，孔子说："父母在世，不远离家乡；如果不得已要出远门，也必须让父母知道自己去了什么地方。"在这里，孔子说此话的本质是对孝的另一种阐述。也就是儿女绝对不能不顾父母而任意我行我素，否则不仅没有肩负起做儿女的责任，也违背了孝道！这句话不是说我们不能去远方，而是首先要把父母安顿好，让父母衣食无忧，而不是不管不顾任其生老病死。

无论是在古代还是在今天，道理都是一样的。虽然古代因为交通不便，很多人不敢远行，但是今天通信发达了，是不是就意味着可以随意出行而忽略父母呢？

答案是否定的。

交通和通信的发达与否并不是最关键的，其实质是要把父母放在心上，把他们的安危挂在心头，并时常问候。有志青年，志在四方，把事业和成就放在心中值得肯定，不过，正因为今天交通和通信已经非常发达了，反而远在他乡的子女更应该把自己的情况详细地告诉父母，不应随便应付两句。

众所周知，包拯是古代庐州合肥人，也就是今天的安徽合肥人。在影视剧中，包拯的清正廉洁已经深入人心，不过关于他的成长经历并非全部都是事实。戏曲中所说他是由自己的亲嫂嫂养大的，实际上他是由自己的父母养活大的。他的父亲是包仪，曾任朝散大夫，死后追封刑部侍郎。

　　包拯自小就懂得孝道，孝敬父母，性情敦厚，以至于周围人都知道他乖巧懂事。宋仁宗天圣年间，包拯当时才28岁，年纪轻轻便中了进士。随后先被朝廷封为大理寺评事，后来又出任建昌（江西永修）的知县。但是，包拯的父母因为年事已高，有留恋故土的情结，不愿随他前去。此时，包拯经过认真思考，便马上辞去了官职，以方便在父母身边尽孝。

　　后来，他的孝敬父母一事不仅为乡里所称赞，同时也感动着朝廷的众多官吏。

　　直到几年后，包拯的父母都相继去世，身边没有后顾之忧时，在乡亲们的苦苦劝说下他才同意进入官场。

　　包拯能为了父母而毫不犹豫地抛弃前程，足见他对父母是何等的孝敬，拥有何等的胸怀才能做到如此的地步！古代的人会记住他，现代的人也会记住他，世世代代的人都不会忘记他以及他的孝心。包拯的孝行感动着许许多多人；包拯的深明大义已融入进历史的河流，镌刻在时代的画卷，成为不朽的丰碑！

　　好男儿志在四方，可以为事业为国家远走他乡，但也不能忘记父母，不要让父母生活没有来源和归宿。

　　无论我们走多远，无论我们的事业有多么成功，都不能抛开父母。树高千尺忘不了根，父母就是我们生长的根，我们有什么理由不去爱护、敬重供我们成长的根呢？有句话说得好，照顾好自己，不让父母整天为你操心也是一种孝敬！所以，我们首先得把自己照顾好，才有能力照顾父母，向父母尽孝。

　　孔子的话流传至今，成为教育后代子孙的儒家经典。我们不仅要学好理论，还要铭记孔子的思想用意。人类总是在一点一点进步的，古人都能把"孝"做得那么好，今天的我们理应做得更好，让中华民族的这种传统美德更上一层楼，继续发扬下去！只要用心去做，只要肯去行动，只要你把对父母的孝心放在心头，我想每个人都能做得更好。

7. 孝本无价，天性使然

孔子在儒家经典《孝经》中说："夫孝，德之本也，教之所由生也。""身体发肤，受之父母，不敢毁伤，孝之始也。立身行道，扬名于后世，以显父母，孝之终也。夫孝，始于事亲，中于事君，终于立身。"在这里，孔子认为尽孝应该孝养双亲，让他们衣食无忧、安享天伦；其次，要忠于国君奉献社稷，尽忠尽能；同时，还要做到安老扶幼，这才是最大的孝悌。

儒家的思想把孝认为是人的一种本能，天性使然，是人生来就会的。其实，礼乐能给人优雅之美，让人陶醉在有声有色的世界里，和儒家的观点不谋而合，孝悌本是礼乐的一部分，也能让人获得心灵的馈赠、灵魂的安慰、生活的美满。孔子说："无声之乐，无体之礼，无服之丧，此之谓三无。"实质上，孔子在这些问题上已经看透，已经超脱。他的境界已远远跨越过具体形式的鸿沟，融化在血液里，和生命成为一体。

无论是无声、无体还是无服，所阐述的就是一种至高的精神境界！归根结底是一种殊途同归的心性之源头。以不同的方式教化人民，以一种万事皆归一、真理且自寻的境界去引导百姓走上孝悌之道。这样一来，自身才能进步，家庭才能和睦，社会才能和谐！

一天早上，李女士因有急事要出远门。她把5岁的儿子留在家里，让他的爷爷奶奶帮忙照看着。刚开始，小孩子见有很多吃的、玩的一点都不闹，开开心心的。

可是，孩子毕竟是孩子，母亲的位置任何人也代替不了。这不，到了下午，妈妈还没有回来，孩子显得有些烦躁，哭喊着要妈妈。任凭爷爷奶奶怎么哄也不顶事儿。这时，爷爷跑回里屋取出一只又大又红的苹果，因为孩子平时最爱苹果了，尽管此刻很想妈妈，可是孩子还是没抵挡住苹果的诱惑。

小侄子兴高采烈地接过苹果，捏在手里左看看右看看，终于露出了甜甜的微笑问："爷爷，家里还有苹果吗？"

"没了。"爷爷一口回绝说，"只剩下你手里的这一个了，你赶快吃吧。"

孩子小心翼翼地剥开包在苹果外面的包装纸，却迟迟不肯咬一口，最后放在茶几上。然后又拿起来闻一闻，然后又放在了茶几上，如此几个来来回回，孩子依然望着苹果不肯吃。

这时候，一边的爷爷疑惑不解地问："怎么了？你怎么不吃呢？不喜欢吗？"爷爷一副非常关切的表情。

孩子没有说话，静静地看着爷爷的脸，很单纯很天真，就像天空的云一样纯洁。让爷爷意想不到的事发生了。只见孩子把苹果递给了爷爷。孩子的举动让爷爷十分怀疑："你怎么了？怎么不吃呢？你要给我吃？"爷爷的话停住了。

"这小家伙，谁教他的呢？他知道把好吃的留给老人。"爷爷在心里盘算着，却没有继续追问下去，感到非常欣慰！

古今中外，有很多故事比这件事情更让人感动，但是这一件小小的事情却道出了几千年中华民族的美德！仿佛看到了最原始、最真实、最纯真的孝悌和真爱。"乌鸦反哺，羊羔跪乳"，这样的故事为大家所熟知，这样的例子更是信手拈来、不胜枚举，但从这个天真可爱的孩子身上，我们却真真切切感受到一种心灵的震撼和冲击。孝，真是一种本能，一种人和动物共有的本能。

从古至今，孝被摆在了很高的位置上，在人们的心目中占有很大的分量，也成为很多人选择朋友的标准之一。在今天的社会，孝悌依然适用于社会的各行各业、各个角落。能够让人们在经济繁荣、文化发展、交往频繁的国际化生活中坚守一种道德底线，铭记做人做事的原则，不忘身为人子、身为父母的责任。让人类自身的这种本能得到更大限度的发挥，为家和国这两个社会的基本元素更加稳定，同时也让自己得到莫大的精神回馈！

所以，我们更要发扬和继承我们的优良传统，沿着先贤的足迹继续走下去，让一代又一代的人记住孝悌的分量和内涵！

8. 孝是向下传递的教育

在《论语·学而篇》中有这样一段话："有子曰：'其为人也孝弟，而好犯上者，鲜矣；不好犯上而好作乱者，未之有也。君子务本，本立而道生。孝弟也者，其为仁之本与？'"意思是说，有子说："具有孝悌之德，而喜好犯上的，这样的人是很少见的；不喜好犯上，而好作乱的人是没有的。君子专心致力于根本的事务，根本确立了，治国做人的原则也就有了。孝悌之德，就是仁德的根本啊！"

孔子之学重在道。所谓道，即人道，其本则在心，而这人道最鲜明的体现是孝悌之心。这也就是为什么有"百善孝为先"的古训，要想培养仁爱之心，必先从孝悌开始。同时，在孔子的学说中，孝也是"仁"的基础。一个重孝的人，必然是有爱心的、讲文明的人。重孝道的家庭，亲情浓郁、关系牢固；反之，必然是亲情淡薄、家庭结构脆弱，极容易解体。而家庭是社会的基础，可见，不重孝道将会影响到整个社会的稳定与和谐。我们对待父母的态度，将成为将来孩子对待我们的态度。

从前有一对夫妻生了一个健壮的儿子，他们尽心竭力地抚养儿子，孩子一天天地茁壮成长。这对夫妻还有一个老母亲与他们同住，平时儿媳老是嫌弃婆婆，不愿意赡养婆婆，但是婆婆因为能帮助他们干活，所以媳妇虽有怨言，但还是让婆婆同他们吃住。年复一年，随着孙子渐渐地长大，老奶奶越来越老了，因为长年的劳作她的腰变得弯曲佝偻，再也不能干重活了。因为年龄的原因，吃饭的时候经常会撒出一些饭粒，这时候，媳妇看婆婆越来越不顺眼，她急于想把婆婆赶出家门，于是总在丈夫面前说婆婆的坏话，没想到丈夫竟然答应妻子赶母亲出门。

一天吃过午饭，这对夫妻就把老母亲送到三十里外的山沟里，扔下几块饼子，让老母亲自生自灭。没想到回到家后，他们发现儿子在村口的大树下坐着。夫妻俩问儿子为什么不回家，儿子说："我在等奶奶，你们现在把奶奶拉出三十里地外，以后我拉你们八十里外去。"听了儿子的一番话，夫妻俩赶紧套车回到山沟里，把母亲拉了回来。

这个故事虽然有些讽刺的成分，但却有着极深的警世作用。"老有所依，幼有所养"，孝悌想必也是为了人类能够更好地生存下去而施行的一种生存策略。

此外，正如有子所说，将来，这些不懂得孝敬父母的人如果到了社会上，有可能会对社会造成不良的影响！这绝不是危言耸听，更不是骇人听闻！

将来孩子能否做到孝，关键还在于父母的言传身教，所以从孩子出生开始，你就要明白，在无微不至地关怀和疼爱孩子的同时，必须要教会孩子孝敬你！如果意识不到这一点，只能是自酿苦果，最终也只能是老无所依！

孟子取舍之道

　　孟子有云："生，亦我所欲也；义，亦我所欲也；二者不可得兼，舍生而取义者也。"这是一种大义凛然的精神气度，也是孟子对人生"取舍"之道的深刻思考。孟子的取舍之道，对我们当下的人有着极为重要的意义。

　　现代人大多注重物质生活，有相当一部分人被物质、欲望所迷惑，一味地贪求"得"，为了图利，伤心费力，甚至还损害健康甚至酿成大祸。在生活方面如此，在学习、工作中也是如此。多数人都想"鱼与熊掌"兼得，但又不能找到平衡点，不能舍小取大的人，比比皆是，后果不言而喻。如此看来，"懂取能舍"这一学问在现今，仍有着重要意义。

　　弃，是人生的一门大学问。懂得弃什么，留什么，尤为重要。陶渊明官场受挫，终于明白"少无适俗韵，性本爱丘山"，还须"开荒南野际，守拙归园田"；苏轼历经坎坷，终于悟出"且夫天地之间，物各有主，苟非吾之所有，虽一毫而莫取"的道理。孟子作为中国儒家文化的始祖之一，是通晓取舍之道的。为此，我们应该站在巨人的肩上，勇于取自己想得的，敢于舍弃自己生命中多余的。

第十一章
取浩然正气，舍贪求之念

舍生取义的选择表达了孟子身上的一种浩然正气，这其实是一种至大至刚的昂扬正气。舍贪求之念，取浩然正气，这种被赋予信念的取舍之道，从过去到当今，不知鼓舞了多少仁人志士为坚守人间正义而赴命。它已经演化为中华民族的一种坚不可摧的精神气质，体现着一种伟大的人格之美。这种精神气质对当下的我们仍旧具有指导和教育意义。

1. 舍生取义：甘愿舍弃生命，也要完成道义

"生，我所欲也；义，亦我所欲也，二者不可得兼，舍生而取义者也。"几千年前的孟子在生与义的博弈中，毅然做出了掷地有声的取舍，这一声音一直穿透远古的历史流传至今。在孟子看来，义是与生命融为一体而又高于生命的，即为"义本来是出于主观的情理，并不是客观的事理，故义非在外而在内也"。

但是"义"是从哪里来的呢？孟子不像孔子那样在三言两语中缓缓吐露。他极有战国时期纵横家的辩论气势，他的"义出于内在"的观点是在与告子的精彩辩论中得出的。

告子说："食和性都是人的天性。仁，是内在的，不是外在的；

义，是外在的，不是内在的。"

孟子说："为什么说仁是内在的而义是外在的呢？"

告子说："他年长，所以我尊敬他，年长并不在于我；就好比那东西是白色的，而后我以之为白一样，它的白在我心之外然后我认同它，所以就称为外在的。"

孟子说："（认为一个人是否有义）和认为白马是否白义理不同，但是与认为一个人是否纯洁却是相同的。不知道怜悯老马和尊敬老人的道理是相同的吗？况且人们平时称义，是认为老者具有义呢，还是认为恭敬老者的人具有义呢？"

告子说："是我的弟弟我就爱他，是秦国人的弟弟我就不爱他了，这是以'我'作为爱否的标准，所以仁爱是内在的。尊敬楚国人的长辈，也尊敬我的长辈，是以'长'作为是否尊敬的标准，所以义是外在的。"

孟子说："嗜好秦国人的烤肉，与嗜好自己的烤肉没有不同。事物都有类似的情形，难道说嗜好烤肉的心理也是外在的吗？"

在这场辩论中，孟子对于义的阐述十分明白，其实，义本来是出于主观的情理，并不是客观的事理。故义非在外而在内也。义和仁一样，都是从心中开出的花朵，它们共同指引着人们顺着善的方向前进，最后回归到的也是心安而已，不可能从外面去找寻平衡。

生命固然是宝贵的，在平顺的人生轨迹中谁也不愿意自己的生命中途而止，但是在非此即彼的取舍中，总会有些东西会让我们甘愿为之舍弃生命，义就是其中之一。如果没有了义，生命将是苍白而空洞的；若能够尽全力去维护，那么正如孟子所言，"学问之道无他，求其放心而已"，三尺心田平静了，纵然是死也能悲壮如残阳。在中国历史上，能舍生取义的事例不胜枚举，这也充分说明，"义"已经成为中华文明的精粹之一，自古就受到人们的崇尚。

秦朝末年，韩信发兵袭齐。齐军连连败退，齐将田横悲愤交加，为图复国之计，自立为王，率部属500人隐入海岛，即今天的"田横岛"。

公元前202年，刘邦建"汉"称帝，为了统一中国，他派使者到岛上来招降："田横来，大者王，小者封侯，不来则举兵加诛。"田横出于"国家危亡，利民至上"的思想，为保全500名部属的性命，带着两名随从毅然前往洛阳朝见刘邦。但是行至洛阳30里外的尸乡（即今河南偃师）时，田横获悉刘邦召见的目的旨在"斩头一观"，愤然对随从说："当初我和刘邦都想干一番大事业，而如今一个贵为天子，一个却要做他的臣子，我忍辱负重只不过是想保全500人的性命，刘邦见我，无非是想看我的面貌，此地离洛阳30里，若拿着我的人头快马加鞭去见刘邦，面貌还不会变。"言外之意是：我死，刘邦会认为岛上群龙无首，500人的性命也就保住了。于是便慨然横刀自刎。田横自杀后，刘邦看到田横能为500壮士自杀，感动得掉下了眼泪说："竟有此事，一介平民，兄弟三人前仆后继为齐王，这能说不是贤德仁义之士吗？"遂以王礼葬田横于河南偃师，并封田横的两名随从为都尉。两名随从不为官位所动，埋葬田横后，随即在其墓旁边挖坑自杀，留岛的500名壮士听说田横自杀后，深感"士为知己者死"，遂集体挥刀自刎。

田横为了保全500壮士的生命，才选择了挥刀自刎，而500壮士则是为了报答田横的知遇之恩，最终也做出了守义不辱的选择，他们的壮举从根本上来说是出于自己内心的召唤。如果为了生命舍弃大义，在日后的生活中，就算有高官厚禄、锦衣玉食，也难以坚守内心的平静，这样的"生"是毫无价值的。

从孟子的"义"的观念中，我们可以明白，立身做事，选择义并不是对生的否认和贬低，恰恰相反，这样的人更珍视生命，对生命的要求也更高，因为他们不容许自己蝇营狗苟，得过且过。人的一生是短暂的，与其碌碌无为不如刹那间的芳华绚烂。一个人如能在自己的心田上永久地立一"义"字，是给我们的生命画上一个圆满的句号，如此方不会辜负绚丽的生命，更不会亏负自己的内心。

2. 坚守道义，是为了尽心安命

幸福是人生追求的终极目标，人生无论忙碌也好、悠闲也罢，其最终都是为了让心灵获得幸福感。安详自得是幸福的首要前提，也就是说，一个人要获得幸福，心灵上首先该是安详自得的。人如何才能活得安详自得呢？孟子给了我们答案。

《孟子·尽心上》中有这样一段精彩的对话：

孟子对宋国勾践说："你好游说吗？我告诉你游说的道理：别人理解，也安详自得；别人不理解，也安详自得。"

宋国勾践问："如何才能安详自得呢？"

孟子说："尊崇道德，喜爱仁义，就可以安详自得了。所以士人穷困时不丧失仁义；显达时不背离正道。穷困时不失去仁义，所以安详自得；显达时不背离正道，所以不失望于百姓。古代的人，得志时，恩惠施于百姓；不得志时，修养自身以显现于世。穷困时独善其身，显达时兼济天下。"在孟子看来，一个人要想过得安详自得的悠闲状态，首先要坚守道义，不能为了做成事而违背道义。对于游说这件事来说，君子希望游说能成功，但不会用谎言去欺骗他人，不会用违背道义的小利去诱惑他人，他人听从我的游说，我感到高兴；他人不听从我，我也不会感到怨恨。孔子周游列国，大道不行而不气馁，不哀怨；对于做官来说，能够为官弘道，我就做，如果

236

为了做官而要伤害道义，我就离开，无论在位还是离开，君子都泰然自若。

为此，只要安于天命，遵守道义，时时内心处于安宁的状态，又怎么会不安详自得呢？为此，儒家代表孔子也说："君子坦荡荡，小人长戚戚。"范仲淹言："不以物喜，不以己悲。"安命之时也要尽心，君子要在不背离道义的基础上，不断进取，承担起唤醒民众、惠利人民的历史使命，穷窘时能够独善其身，不为非作歹，不乱惹是非，显达之时能够兼济天下，报国惠民，这样的人如何不能获得幸福呢？

南宋著名文学家苏东坡曾因为"乌台诗案"入狱，随时处于被斩首的危险中。一年后，皇帝为试探他是否有意谋反，是否有所悔改，就特意派一个太监装成犯人的模样入狱，和苏东坡同在一个监牢。白天吃饭时，小太监用言语挑逗他，苏轼牢饭吃得津津有味，答说："任凭天公雷闪，我心岿然不动！"每当夜幕降临，他能倒头就睡，小太监又撩拨道："苏学士睡这等床，岂不可叹！"苏轼不予理会，用鼾声回答。小太监在第二天一大早就推醒他说："恭喜大人，你被赦免了。"要知道，那一夜可是危险至极啊！只要苏轼晚上有不能安睡的异样举动，太监就有权照谕旨当下处死他！

苏东坡时刻能坚守道义，因为内心坦荡，自认为无愧于天地良心，所以吃得下、睡得香，无论在何种境况下都能安详自得。宋神宗思量，一个人若心中有愧，是不可能做到倒头就睡的，苏轼也不会想到，坦然安睡竟然救了自己的性命。

现实生活中，凡是不遵守道义，做了亏心的事，干了缺德的勾当，只会使自己每天都提心吊胆，饭也吃不香，觉也睡不安稳，这样的人，即便得到了很多，表面上看上去风光、气派，内心是难以获得坦荡无畏、安详自得的感受的。所以，遵守道义从根本上来说

是为了尽心安命，上无愧于天，下无愧于地，无怨无悔，无非分之
想，无难消之痛，如大山矗立，风雨不动，如深潭之静，波澜不惊，
让自己活得心安理得，内心获得踏实、坦荡、安详、自得。心安是
幸福的至境，心安的人吃饭香，不一定要山珍海味，心安的人睡得
甜，用不着金屋玉床，即便面对人生的苦难，也不会对生命有半分
的折磨。可以说，遵守道义，这便是真正的幸福，也是对生命最大
的尊重和安慰。

3. 仁，是心之安宅；义，是人之正路

　　孟子是最崇尚仁义的，他在《孟子·离娄上》中说过这样一段
话："自暴者，不可与有言也；自弃者，不可与有为也。言非礼义，
谓之自暴也；吾身不能居仁由义，谓之自弃也。仁，人之安宅也；
义，人之正路也。旷安宅而弗居，舍正路而不由，哀哉！"在孟子看
来，自暴的人，和他没有什么好说的；自弃的人，和他没有什么好
做的。出言诋毁礼义，叫作自暴。认为自己没能力居仁心，行政义，
叫作自弃。仁，是人最安适的心灵宅院；义，是人最正确的光明大
道。把最安适的宅院空起来不去住，把最正确的大道舍弃在一边不
去走，真是可悲啊！

　　在这里，"自暴者"说的就是"不仁者"，这样的人不值得告知
何谓正道，因为他们根本不知道仁的重要性，更不知道礼义才是人
的正路，你和他讲仁德，他也不会相信，你提醒他实行仁道，他也
不会自勉。"仁，人之安宅也；义，人之正路也。"孟子指出，仁德
是人最安稳、最舒适的住宅，也就是人类最好的精神家园、精神归
宿。当今社会，人们最过忧心的大概就是房子了，但是孟子在此提

醒人们，在关心身体住的房子时，不要遗忘了心灵的房子，身体住的房子让四肢得到舒服，心灵住的房子让灵魂得到安稳，灵魂上的安稳才是真正的幸福。道义是人生最光明的大路，然而很多人却对其视而不见，为了获利不惜欺骗顾客，为了升职不惜诋毁同事等。违背道义，可能会满足一时的利欲，但违背道义所得的利益不会维持长久，作奸犯科也总会付出代价。

杨震是东汉时期的太尉，为官极为清廉，从来不为己谋私贪财，是中国历史上的楷模。

有一次，杨震从荆州刺史调任东莱太守，在赴任的道路上，经过昌邑，遇到了他在荆州刺史任上曾经举荐过的官员王密，当时的王密任昌邑县的县令。王密为了报答杨震的知遇之恩，特地准备了十两黄金在晚上去拜见他，结果却被杨震退了回来。

王密自己觉得，杨震可能是因为不好意思。为了表达自己的诚意，于是，王密就在第二天晚上又一次拿着黄金去拜见杨震，结果又被杨震退了回来。

杨震对他说道："我和你是故交，看到你有才能，我才举荐你，我很了解你的为人，而你却不了解我的为人。"王密这样说道："现在夜深人静，根本没有人知道这件事情啊！你为何不收呢？"

杨震立即说："天知，地知，你知，我知，怎么能说无人知道呢？"王密羞愧难当，很是佩服杨震的为人。杨震也因为自己的清廉，最后做了大官。

在无人监督的情况下，能够控制自身的欲望，叫慎独。能做到慎独的人，内心都是装着仁义的，就像杨震一样，无论在什么情况下都不会做出背弃道义的事。曾国藩这样说道："慎独则心安。自修之道，莫难于养心，养心之难，又在慎独。能慎独，则内省不疚，可以对天地质鬼神。"心中装着仁义的人，才能够无愧于天地，能够真正地完成道德上的修养和内心的坦然与对万事万物的淡然，才能够获得安宁和心灵上的幸福。

所谓仁者无忧、义者不惑、勇者不惧，在现实生活中，如果我们能时时给自己的心灵的房子中多加一些仁、义、勇，那么，外在社会的忧或惧，内在的迷惘和疑惑，就会少很多，在纷乱的尘世中，我们的心灵就会获得无比的安宁和幸福，人生也会少走弯路。

4. 比名利更重要的是人格

在一个普通的日子里，云淡风轻。孟子的马车驰骋在去往齐国的路上，碰巧路遇弟子充虞，师徒对话间，夫子一句"如欲平治天下，当今之世，舍我其谁也"，如一股浩然正气奔涌而出，瞬间便"沛乎塞苍冥"。正是这股浩然正气使孟子不与混乱的现实环境妥协，始终坚持自己的理想和人格，成为顶天立地的大丈夫。

像孟子这样的圣人，并不是不懂得怎样去"阿世苟合"，向时代风气妥协，以便获取自己本身的利益。他实在"非不能也"，而是不肯为也，宁可为真理正义穷困受苦，也不愿意苟活于现实，追求那些功名富贵。在孟子看来，人格要远远比名和利更为重要。这就是圣人的教诲和格局。

人格是构建人生大厦的支柱，没有它，壮丽与辉煌将无从谈起；人格是人生的风帆，有了它，才能驶向理想的彼岸；人格是一个人的名片，在这张名片上印制高尚，人生之路畅通无阻，而一旦打上卑鄙的烙印，一世再难有英名。人格是人生亮丽的风景线，唯有它，才具有吸引力、影响人的巨大魅力。人格高尚者，让世人敬重，如屈原、孔子、陶渊明、李白、文天祥等；人格低下者，让世人唾弃，如秦桧、严嵩、慈禧等。

伯夷、叔齐是商朝末年诸侯孤竹君的儿子。孤竹君生前要立小儿子叔齐为自己的继承人。孤竹君去世后，叔齐出走，欲让位给兄长伯夷。伯夷也不愿作国君而逃避。

后来二人在路上相遇，闻悉西伯侯姬昌（周文王）善养老幼，深得人民拥戴，二人入周投靠。文王仙逝，周武王继位而拥兵伐纣，他们认为诸侯伐君以为不仁，极力劝谏。武王不听，决意灭商。伯夷、叔齐对周武王的行为嗤之以鼻，誓死不作周的臣民，也不吃周的粮食，隐居在首阳山，采野果为生。

后来，人们以"不食周粟"来形容一个人气节高尚，誓死也不愿与非正义或非仁德的人同流合污。

在《正气歌》中，文天祥诗云："天地有正气，杂然赋流形。下则为河岳，上则为日星。于人曰浩然，沛乎塞苍冥。皇路当清夷，含和吐明庭。时穷节乃见，一一垂丹青。"

"当今之世，舍我其谁。"中国历史上能讲出这种话的人可谓是空前绝后了。像这种大丈夫一定有大人格、大境界、大眼光、大胸襟！做人要做大丈夫，生子当如嵇叔夜。

嵇康，字叔夜，是"竹林七贤"之一，他一面崇尚老庄，恬静寡欲，好服食，求长生；一面却尚奇任侠，疾恶如仇。在现实生活中锋芒毕露，他对那些传世久远、名目堂皇的教条礼法从来不以为然，更深恶痛疾官场仕途中的乌烟瘴气、尔虞我诈。他宁愿在洛阳城外做一个默默无闻自由自在的打铁匠，也不愿与竖子们同流合污。所以，当他的朋友山涛向朝廷推荐他做官时，他毅然决然地要与山涛绝交，并写了历史上著名的《与山巨源绝交书》，以明心志。

不幸的是，嵇康那卓越的才华和不羁的性格，最终为他招来了祸端。他提出的"非汤武而薄周孔""越名教而任自然"的人生主张，深深刺痛了当政者。于是，在钟会之流的诽谤和唆使下，公元262年，统治者司马昭下令将嵇康处死。

在刑场上，有三千太学生向朝廷请愿，请求赦免嵇康。而此刻嵇康所想到的，不是他那即将结束的宝贵的生命，而是一首美妙绝伦的音乐后继无人。他要过一架琴，在高高的刑台上，面对前来为他送行的人们，铮铮琴声响起，激越的曲调和美妙的音符，铺天盖地，进入每个人的心里。弹毕，嵇康从容引颈就戮，那一刻，残阳如血。从此，《广陵散》绝。

那一年，嵇康年仅39岁。

嵇康钟情于道家，孟子为儒家，两人都有着狂放的性格以及绝不谀世的高尚情操，真可谓大丈夫也。这就是自古高风亮节的代表。也许他们在当时志不能伸，却留一世英名与后人。

完美人生来自于完美的人格，我辈即便不能名垂千古，也要携一身正气，如果不能照亮世界，也要照亮自己的人生，才不枉人世走一遭。古诗说得好：尔曹身与名俱灭，不废江河万古流。"名利"二字，自古最留不住，唯有伟大的人格能立于天地之间。在面对名利与人生的取舍时，孰轻孰重，该舍谁弃谁，不言自明。

5. 在大义面前，要勇于舍弃个人小义

《孟子·离娄下》中，孟子说过这样一句话："非礼之礼，非义之义，大人弗为。"意思是说，不符合大礼的小规范，不符合大义的小信用，有德君子不会去坚持。在这里，孟子是告诉我们，当组织大义与个人小义发生冲突时，真正有德行的君子应该舍弃后者而取前者。的确，物有大小，事有轻重，人们常常说"舍车保帅""舍小

取大"，道义也是如此，当大义与个人小义发生冲突时，人应该清楚地分辨孰大孰小，孰轻孰重。不符合大礼的小礼，不符合大义的小义，君子不会死板地固守着。所以，孔子说："君子贞而不谅。"有子说："信近于义，言可复也；恭近于礼，远耻辱也。"子夏说："大德不逾闲，小德出入可也。"

1941 年 12 月，日本侵占中国香港的那一天，留居香港的梅兰芳开始蓄起胡须，没过几天，浓黑的小胡子就挂在了唱旦角的艺术家脸上。他年幼的儿子梅绍武好奇地问："爸爸，你怎么不刮胡子了？"

梅兰芳慈祥地回答儿子："我留了胡子，日本人还能强迫我演戏吗？"

不久，他回到上海，住在梅花诗屋，闭门谢客，拒绝为日本人演戏。他时常在书房里的台灯下作画，年复一年仅靠卖画和典当度日，生活日渐窘迫。上海的几家戏院老板见他生活如此困难，争先邀请他出来演戏，却被他婉言谢绝。

有一天，汪伪政府的大头目褚民谊突然闯入梅兰芳家里，要他作为团长率领剧团赴南京、长春和东京进行巡回演出。

梅兰芳用手指了指自己的脸，沉着地说道："我已经上了年纪，很长时间没有吊嗓子了，早已经退出了舞台。"

褚民谊阴险地笑道："小胡子可以刮掉嘛，嗓子吊吊也会恢复的。哈哈哈……"笑声未落，只听梅兰芳一阵讥讽的话语："我听说您一向喜欢玩票，大花脸唱得很不错。您作为团长率领剧团去慰问，岂不是比我强得多吗？何必非我不可！"褚民谊听到这里，顿时敛住笑脸，脸上红一阵白一阵，支吾了两句，狼狈地离开了。

梅兰芳一身傲骨，不畏强权，为了坚守民族大义，宁可舍弃心爱的艺术，令人尊敬。

在民族大义和个人小义面前，梅兰芳勇于舍弃个人得失而守大义，可谓是个有气节的、令人尊敬的艺术家。舍小利而守大义，主要是指在大义面前，即便是违背个人价值观也要去坚守的，只有心胸宽广、眼界非凡的人才能表现出的一种大无畏的行为。

南北朝时，齐武帝萧赜永明三年（485年）十二月，富阳顽民唐寓之用妖术惑众作乱，攻陷富阳。萧赜随即派遣禁兵数千人讨伐唐寓之，一战而胜，平定了叛乱。但禁军乘胜一路抢劫，百姓怨声载道，又呈"土崩"之势。萧赜闻报，逮捕禁军先锋、将军陈天福，腰斩于市；免除禁军主将刘明彻官职，逮捕入狱治罪。陈天福乃萧赜爱将，战功显赫，既以扰民伏法，朝廷内外，军队上下，无不整肃畏惧，面貌一新。接着，萧赜又指派通事舍人刘季宗到前线巡视慰问，遍至富阳各县，赦免被驱逼而作乱的百姓无罪，赈济因军人抢劫而破败的数万民家，结果迅速安定了民心，消除了一场即将爆发的民变。

萧赜固然宠爱陈天福，这是小义；人心向背事关国家存亡，这是大义。他弃小义而存大义，算得上明君了。

很多时候，义气是把双刃剑：在正义的轨道上演绎的是义气，是纯美的操守；而脱离大义的狭隘义气，则是人生的悲哀。义有大义和小义之分，大义乃国家民族利益，小义则是友情亲情。大义永远高于小义，当二者发生矛盾或冲突时，舍弃小义而守大义，才是义者的正确选择。

6. 做顶天立地的大丈夫

在《孟子·滕文公下》中，有这样一段话："居天下之广居，立天下之正位，行天下之大道；得志，与民由之；不得志，独行其道。

富贵不能淫，贫贱不能移，威武不能屈，此之谓大丈夫。"意思是说，居住在天下最宽广的宅子里，站在天下最正确的位置上，走在天下最光明的大道上。得志的时候，便与老百姓一同前进；不得志的时候，便独自坚持自己的原则，富贵不能使其骄奢淫逸，贫贱不能使他改移节操，威武不能使他屈服于意志。这样才叫作大丈夫。在孟子看来，一个人能否成为大丈夫，关键要看其内在的德行，他所说的大丈夫的标准，真乃千古不易的真理！文天祥面对死神，潇洒写下"人生自古谁无死，留取丹心照汗青"；谭嗣同即将被押赴刑场，铮铮铁骨不改初衷，写下"我自横刀向天笑，去留肝胆两昆仑"；就连一向柔婉的女词人李清照在诗词里也钦佩项羽的气骨："至今思项羽，不肯过江东。"无论何时再读这些诗词，胸腔中总有一股豪迈在涌汹，气冲云霄，令人激动不已。

年轻时，司马迁为继承父亲的遗志，计划写一部全面记述中国历史的史书。在他进行了长达20年的知识积累后，开始写一部自古至今的历史巨著。这时，李陵事件发生了。当时朝廷专管刑法的廷尉杜周，为了迎合和讨好当朝皇帝，竟然给无辜的司马迁判了"腐刑"。按照当时的汉朝法律，被判了刑的犯人是可以用钱来赎罪的。但是司马家世代为史官，根本拿不出来赎金，因此他只能屈辱地受刑。

遭受如此的酷刑，是人生的奇耻大辱。正直清高的司马迁本来已经没有勇气再活下去了，但是，自己用一生的精力搜罗的材料，以及成"一家之言"的理想还没有实现，难道一切都要撒手不管了吗？他不甘心！

经过了无数个日夜的痛苦煎熬，他终于豁然开朗——周文王被纣王关在牢笼里写出了《周易》；孔夫子周游列国，四处碰壁而发奋改编了《春秋》；屈原遭人排挤诬陷，流放他乡，却写出了名著《离骚》；孔膑遭庞涓陷害，被砍掉了两个膝盖骨，他还能忍辱负重，写出了《孙子兵法》。中国历史上的这些伟人给了司马迁莫大的鼓舞，他决心抛弃个人的悲痛与屈辱，效法这些古人，完成自己的宏愿。司马迁出狱后，汉武帝又让他当了中书令。他以巨大的毅力忍受着朝臣们投来的鄙夷的嘲讽的目光，经过了十数年坚忍不拔的艰苦努力，终于完成了空前的历史巨著《史记》。

在遭受奇耻大辱的情况下，还能够坚守自己的信念，终成"一家之言"而青史留名，这可谓是真正的大丈夫。

古人常言，大丈夫者，胸怀大志，腹有良策，包藏宇宙之机，吞吐天地之志，创不世之基业，立不朽之奇功。这才是真正的大丈夫，但其标准之高，也让当今之人望而却步。修大丈夫之道是从生活中开始的，这是一种内在的修养，是一种气质。

黄宗羲的《宋元学案》说得好："大丈夫行事，论是非，不论利害；论顺逆，不论成败；论万世，不论一生。"真正的大丈夫能做到以"仁义"为先，是一个注重道义的人，讲究的是要有骨、有气，要挺起胸膛，正直无私，具有顶天立地的骨气。正是：玉可碎，而不可以改其坚；兰可移，而不可以减其馨。此乃真正的顶天立地大丈夫是也！

7. 养一身浩然正气

儒家思想中关于人的修养有"内圣外王"之说，就此修养，孟子在其著作《孟子·公孙丑上》中有这样一段对话：

公孙丑说："请问先生您长于哪一方面呢？"

孟子说："我善于辨别不同的言论，我善于涵养自己的浩然之气。"

公孙丑说："请问什么叫作浩然之气呢？"

孟子说："这很难说得清楚。这种气，极端浩大，极端刚正，用正直去培养它而不加以伤害，就会充盈天地之间。这种气必须配合以道义，否则就会疲乏无力。只有时时符合仁义道德才能具有浩然之气，偶尔符合道义的行为不能获取它。一旦行为问心有愧，这种气就会缺乏力量了。"

何谓孟子所说的浩然正气呢？其实就是至大至刚的昂扬正气，是以天下为己任、担当道义、无所畏惧的勇气，是君子挺立于天地之间的光明磊落之气，这三气构成了浩然之气。这种浩然正气体现着一种伟大的人格精神之美。在孟子看来，一个人若是有了浩然正气的精神力量，面对外界一切巨大的诱惑也好，威胁也罢，都能够处变不惊，镇定自若，达到"不动心"的境界。也就是能达到孟子所说过的富贵不能淫，贫贱不能移，威武不能屈的高尚的情操。

秦末的项羽为楚国下相人。年轻时与刘邦上山伐木，二人看见秦始皇头顶华盖，随从的队伍浩浩荡荡，男女随从无数。刘邦长叹："大丈夫当如是。"而项羽则顿生豪气："吾当取而代之！"由此可见项羽的霸气。项羽一生多征战，先是破釜沉舟，击破巨鹿三秦（章邯、董翳、司马欣）。后又刺杀怀王，逼走刘邦，自立为"西楚霸王"。然后大封诸侯。楚霸王四年（前203年），刘邦与霸王项羽以鸿沟为界，东归楚，西归汉议和。同年，项羽返彭城时遭受齐王韩信追杀垓下，韩信以"四面楚歌"之计包围楚兵。项羽高唱："力拔山兮气盖世，时不利兮骓不逝。骓不逝兮可奈何，虞兮虞兮奈若何"。歌毕自刎于乌江边。

项羽不是笑到最后的那个人，但他虽败犹荣。这首《垓下歌》气壮山河，势吞万里，体现了项羽的卓绝超群，气盖一世。面对四面楚歌的惨败结局，一种英雄末路的感慨油然而生，让人备感苍凉。当年，他从江东率四十万大军，所向无敌，威震天下，如今，兵败如山倒，到最后只剩下二十八骑相随。面对失败"不肯过江东"的项羽当然只剩死路一条，面对虞姬也只能"奈若何"了。此篇为千古绝唱，而项羽的故事一听就令人豪气顿生。

英雄大气象于此可得精髓之一二，我们后辈不用兵戈征战沙场，但至少应该拿出点气魄来吧。

天汉元年（前100年），汉武帝为了向匈奴表示友好，便委派苏武率领一百多人出使匈奴，持旌节护送扣留在汉的匈奴使者回国，顺便送给单于很丰厚的礼物，以答谢单于。不料，就在苏武完成了出使任务，准备返回自己的国家时，匈奴上层发生了内乱，苏武一行受到牵连，被扣留下来，并要求他背叛汉朝，臣服单于。

最初，单于派卫律向苏武游说，许以丰厚的俸禄和高官，苏武严词拒绝了。匈奴见劝说没有用，就决定用酷刑。当时正值严冬，天上下着鹅毛大雪。单于命人把苏武关进一个露天的大地穴，断绝提供食品和水，认为这样就可以改变苏武的信念了，但是，时间一天天过去，苏武在地窖里受尽了折磨。渴了，他就吃一把雪，饿了，就嚼身上穿的羊皮袄，冷了，就缩在角落里与皮袄取暖。过了好些天，单于见濒临死亡的苏武仍然没有屈服的表示，只好把苏武放出来了。单于知道无论软的，还是硬的，劝说苏武投降都没有希望，但越发敬重苏武的气节，越发不忍心杀苏武，但又不想让他返回自己的国家，于是决定把苏武流放到西伯利亚的贝加尔湖一带，让他去牧羊。临行前，单于召见苏武说："既然你不投降，那我就让你去放羊，什么时候这些羊生了羊羔，我就让你回到中原去。"

与他的同伴分开后，苏武被流放到了人迹罕至的贝加尔湖边。他发现这些羊全是公羊。在这里，单凭个人的能力是无论如何也逃不掉的。唯一与苏武做伴的，是那根代表汉朝的旄节和一小群羊。苏武每天拿着这根旄节放羊，心想总有一天能够拿着它回到自己的国家。渴了，他就吃一把雪，饿了，就挖野鼠收集的野果充饥，冷了，就与羊抱团取暖。这样日复一日，年复一年，旄节上挂着的旄牛尾装饰物都掉光了，苏武的头发和胡须也都变白了。在苏武受尽了百般的折磨后，终于找到了归国的机会。

当年，苏武出使的时候，才40多岁。在匈奴受了19年的折磨，胡须、头发全白了。回到长安的那天，长安的人民都出来迎接他。他们瞧见白胡须、白头发的苏武手里拿着光杆子的旄节，没有一个不受感动的，说他真是个有气节的大丈夫。

苏武的举动，就是一种浩然正气，它感天动地，每当提及都会让人为之动容。一身正气的民族英雄文天祥在《正气歌》中写道："天地有正气，杂然赋流形。下则为河岳，上则为日星。于人曰浩然，沛乎塞苍冥。……"意思是说，浩然正气寄寓于宇宙间各种不断变化的形体之中，在大自然，便是构成日、月、星辰、高山大河的元气；在人间社会，天下太平、政治清明时，便表现为祥和之气，在国家、民族处于危难关头时，便表现为仁人志士刚正不阿、宁死不屈的气节。可以说，浩然正气是维系社会长存、道义产生的根本。

浩然正气是人的精神"脊梁"，是抵御歪风邪气的"屏障"。正气长存，则邪气却步、阴霾不侵；正气长存，则清风浩荡、乾坤朗朗。要保持浩然正气，就必须"一日三省吾身"，做到自重、自警、自励，时时处处以激浊扬清、弘扬正气为己任，使正气日盛，邪气渐消，引领整个社会不断走向正义和文明，这才是君子之道。

第十二章
"取"是一种本领，"舍"是一种智慧

　　取是一种本事，舍是一门哲学，只有像孟子这样以"仁义"为本、坦荡磊落的人才有通悟世事的能力，才能在每一次取舍之中做出正确的选择。漫漫人生之路，如何正确地对待取舍，值得我们每个人去细细思量，但是读懂了孟子的取舍之道，你就能彻悟，能在每一次得与失之间做出正确的权衡。其实人生就是一个得与失的过程，取舍是选择，取舍是承担，取舍是忍耐，取舍是智慧，取舍是痛苦，取舍更是一种对良心的考验。如果你真正把握了取与舍的机理和尺度，便等于获得了一种生活的大智慧，等于把握了人生的钥匙和成功的机遇。

1. 走自己所选的路，无怨无悔

　　翻开史书，你会发现孟子的人生际遇，着实令人感慨。其实，古今中外，许多影响千秋万世，被后世称贤称圣的伟人，在当时，大多处境都极为凄凉寂寞。之所以这样，其原因就在于一个选择，孟子选择了为天下太平和王道政治而奔走，而当时的国君们更注重的是君临天下的"霸道"之业。

　　在《史记》一书中，司马迁对孟子所做的选择给了很好的注解。

孟子奔走于各个国家，都被作为一个摆设受到了冷遇，与他同时代的邹衍却是风光无限。邹衍在齐国极受尊敬，连一般的知识分子稷下先生们，在他的影响下，也受到了齐王的敬重和优待。当邹衍到魏国（梁）的时候，梁惠王亲自到郊外去迎接他，而且梁惠王还用接待国宾的大礼来接待他。后来他到赵国的时候，当时有名的战国四公子之一的平原君竟然不愿意和他并排走路，只小心翼翼地侧着半个身子在后侍从，非常恭顺。到了行馆以后，在请邹衍坐下之前，平原君亲自用自己的衣裳打扫了一下座位，表示恭敬。

其实无论是孟子，还是邹衍，都是治世之才，孟子是世人，邹衍也不是欺世盗名之辈，只是二人所坚持的理想不同，恰好一人的思想主张与当世君王的意愿相符，从而得到重用。另一位却因其思想功在当代，利在千秋，不能为君王们所接受而已。同时代的杰出人士却有截然不同的命运，原因只在一个取舍和选择。

人生每时每刻都面临这样或那样的取舍，舍什么弃什么，都有自己的选择和看法。未来是不确定的，在选择之后，很多事与物就成了既定的事实。即便有无数人对自己的选择表示过懊悔，但最终不得不接受选择后的事实。

人生就像一条通向未来的路，你所做的每一次选择就是这路上的一个岔道口，它们不停地延伸，把你带向生命的终点。只有你到了离开这个世界的那一瞬间，你才会知道自己究竟归于何处。到那个时候，你心中或多或少都会有着某种遗憾或是懊悔："当初，如果我……就好了！"你却永远也无法再次回到当初的那个起点重新做出选择了。为此，与其懊悔，不如坦然地面对，坚持自己所选，无怨无悔，承受或享受最终的结果。

颜回和子贡都是孔子的弟子，二人的遭遇却很不相同，颜回是孔子最得意的弟子。他出身贫寒，自幼生活极为清苦，却能够安贫乐道，不慕富贵；性格恬静，聪明过人，长于深思。孔子所讲的许多高深的道理，他能够完全地理解，且能"闻一知十"。颜回跟随孔子周游列国，在陈、蔡间遇险时，子路等人对孔子的学说都产生了怀疑，而颜回却始终坚持不疑。不幸的是颜回早逝，葬于鲁城东防山前。孔子对他的早逝感到极为悲痛，不禁哀叹说："噫！天丧予！天丧予！"颜回一生没有做过官，也没有留下传世佳作，他的只言片语，只记载于《论语》等书中，他的思想与孔子的思想基本一致。后世尊其为"复圣"。孔子在颜回逝世后感叹道："贤哉回也，一箪食，一瓢饮，身在陋巷，人不堪甚忧，回也不改其乐，贤哉回也！"

孔子的另一位弟子也博学多才，洞察时势，能言善辩，在经商和社会活动方面都很有成就。《史记·货殖列传》共载十七人，将子贡列在第二，子贡善于掌握市场信息，并"与时转货赀"，在商业经营和商务贸易中取得巨大成功。他"常相鲁卫，家累千金"，"富可敌国"。子贡经商与政治目的相联系。他经常"结驷连骑，束帛之币以聘诸侯"，"所至，国君无不分庭抗礼"。越王勾践甚至对他"除道效迎，身御至舍"。正因为经商致富，他才有显赫的政治地位和广泛的社会影响。

其实，无论是孟子与邹衍，还是颜回与子贡，他们因自己不同的选择，从而经历了不同的人生。孟子和颜回等当初寂寞处世的人，都在经过历史的大浪淘沙之后，确立了自己的地位，孟子"亚圣"之称就是证明。而颜回虽然早逝，并没有留下系统的论著，但孔子一句"贤哉回也"，也让后人对其景仰不止。而邹衍和子贡在当世风风光光，成就一番属于自己的事业，同样值得人赞扬和尊敬。无论是做利在当代的事，还是做千古留名的事，其都有积极的意义，都是值得提倡的，至于如何选择则留给后来者评说和实践了。

总之，一个人无论做何选择，只要自己能够自得其乐，认为这样的选择是值得的，并能为其后果负责就可以了。要知道，人生没有重来的机会。所以，无论我们在任何阶段做出何种选择，都不要事后懊悔，不要总发出"当初如何如何，现在就不会怎样怎样"，其实，人生每一个岔路口的选择并没有真正的好与坏，只有把人生看成自己独一无二的创作，我们才能过得坦然，活得淡然而无憾！

2. 别因取舍而犹豫不决

每个人的生活无不是在取与舍之中往复循环，哪些该取，哪些该舍，也是每个人都躲不开的生活命题。关于此，孟子在其著作中也发表了自己的看法。他说："可以取，可以无取，取伤廉；可以与，可以无与，与伤惠；可以死，可以无死，死伤勇。"意思为，"可以拿取，也可以不拿取的，拿取了有损廉洁；可以给予，也可以不给与的，给予了有损恩惠；可以死，也可以不死的，死了有损勇敢。"

大多数人都认为孟子是在此提出三条"鱼与熊掌"的选择，并给出了答案，告诉人们在可以取，可以不取时，要不取；在可以与，可以不与时，要不与；在可以死，可以不死时，要不死。如毛奇龄在《圣门释非录》中认为，孟子之所以举出"与伤惠"和"死伤勇"，是因为战国时代豪侠风气盛行，四豪滥施恩惠，荆（轲）聂（政）刺客轻生，所以孟子针砭时弊，告诫世人引以为戒。其实，这是一种很牵强的解释方式。在这里，孟子的真实意思不是告诉人们面对这样的选择该如何行事，而是告诫人们不要陷入这种模棱两可的选择境地中。一个人如果时时以仁德为依据，能够做到"无惑"、"不动心"乃至"从心所欲不逾矩"，他无论做什么事就都不会充满疑惑，怎么能够碰到既可以又不可以的境遇呢？这对于我们现代的人也有极深的启示。

生活中，我们也经常会因为"取舍"而大伤脑筋，因为贪求之心太重，鱼和熊掌皆想得到，最终置自己于烦恼和痛苦之中。其实，一个人如果时时以"平常心"对待一切，那么，就不会使自己陷于模棱两可的境地了。

王波是某著名企业的高级管理人员，工作时间已有 4 年。但是最近他发现自己是越来越厌倦工作了。因为他觉得自己再也承受不了巨大的工作责任与压力了，整天没完没了的电话就让他不胜其烦。

上周六，王波好不容易抽出时间带家人出去旅游，本想趁这个机会好好地放松一下。结果还没登上飞机就接到了公司打来的两个电话，接下来的 3 天，他更是频繁地接到电话，那时他真想把手机砸了。就在第 4 天的时候，公司的一个紧急电话使他 10 天的旅游计划彻底泡汤了。在无奈之下，他只好再携家人一起回去。

回到公司后，王波就找到自己的上司，神情沮丧地对领导说出自己的压力有多么大，心里有多么烦躁，并且恳请上司给他换一个轻松一点的职位，不然自己可能要崩溃了。领导也从他说话的口气中听出来他所背负的压力是巨大的。于是，没过多久就提拔他到办公室去做自己的业务助理。这个位置只是个闲差，平时没什么大事，只是整理一下客户资料，陪上司出去应酬什么的。其实说白了，就是明升暗降，但是王波还是感到轻松了些，所以心中也是十分感激的。

总算可以清闲地安静下来休息一下了，刚开始王波对上司的这个安排十分满意。但是，这种清闲日子没持续几天，一个更为严重的问题又让他陷入了焦虑之中。公司平时重要的会议，他几乎没什么机会去参加。即便是偶尔去了，也会被安排在一个十分不起眼的位置上，没有发言的资格。而在以前的重要会议他总是会被安排在前排发表讲话的，这让王波有了一种莫名的失落感，心里顿时像放了块大石头般难受。

办公室的工作尽管是清闲的，但时间长了，他却感觉越来越乏味。还总会觉得自己没面子，感觉其他的同事在背后偷偷地议论自己。以前的工作虽忙了些，但是有成就感，而现在整个人就像被废了一样，他感觉自己比以前更加焦虑和心烦了……

王波既想轻松，又想被重用，得了这个又想要那个，这就产生了矛盾，矛盾引发了焦虑。要知道，世界上是不存在十全十美的事情的。事物都是有两面性的，忙碌的背后必定是重用，清闲的背后必要被轻视，王波没有想到这一点，只是在忙碌的时候想到清闲，得到清闲后又想着被重用，因为没有及时舍弃其中之一，痛苦和烦躁自然就会越多。

试想：你想获得成功，但是又害怕经历磨难；你想获得清闲，就辞职在家，但是又会因为无所事事而失落；为了得到高薪，你又找到了一份好工作，但是你又感到压力太大，责任太重……你总是这样患得患失，如何能使自己的内心获得平静，获得快乐呢？

要知道：快乐与痛苦从来都不是孤立地存在的，祸和福永远都是相依相存的，一件事的正面是快乐，背面就必然是痛苦，如果你想得到，就必然要付出一定的代价。认清了这一点，你就要时时刻刻多想想自己的所得，忘却自己的付出或所失，心中的不平衡也自然会消失。

"鱼，我所欲也，熊掌，亦我所欲也；二者不可得兼，舍鱼而取熊掌者也。"几千年前的孟子，就已做出了这样的阐述，这正是人们获得成功、获得快乐的最佳心灵读本。懂得果敢的放弃和义无反顾的选择，这是一种智慧，也只有这样的人，才会活得快乐、活得潇洒，才会获得心灵上的慰藉。

3. 能取敢舍：想得到，必先舍弃

"大丈夫有所为，有所不为。"这句话原本出自孟子之口。原话为："人有不为也，而后可以有为。"意思为，要先有所不为，而后才能有所为。孟子用这句话告诉我们，人的精力是有限的，得到什么，就要舍弃一些其他的。也就是说，我们要想得到什么，必须要学会舍弃其他的。这对当下的人们有着极重要的指导意义。

有这样一个故事：

一位著名的作家，每天都觉得自己异常烦恼和痛苦，总静不下来心去创作出更好的作品。于是，他就向智者求教。

作家问道："我很困惑，为什么自己在成功之后感受不到丝毫的快乐，越来越觉得痛苦和疲惫呢？"

智者问道："你每天都在忙些什么呢？"

作家答道："我每天从早到晚都在忙着开新书发布会，忙着应酬，并且到处做演讲，还接受各种媒体的采访……这些事情使我心情烦躁，写作已经完全成为我生活中的一种沉重的负担，觉得自己太过辛苦了，心也劳累不止！"

智者就转身打开身后的衣柜，对作家说道："在这一生之中，我收藏了许多漂亮的衣物，你试着将它们穿在身上，你就会明白了！"

作家疑惑地说道："我身上穿着合身的衣服，为何要穿这些不合适的呀！如果我能够将这些衣物都穿在身上，一定会沉重异常，会十分难受的。"

智者回答："你也明白其中的道理，但是为何要来问我呢？"

作家感到莫名其妙，随口就又问道："您所说的话，我有点不大明白，您能说得更为明确一些吗?"

智者接过话来说道："你身上的衣服已经很合身，倘若再让你穿上这些不合身的衣服，你就会感到沉重无比。你只是一个作家，为何要去做一个演讲家和交际家，这不是自讨苦吃吗?"

作家顿悟道："原来每个人只有做自己应该做的事情，不为尘世的欲望所缠绕，才能获得轻松和快乐啊!"

从此之后，作家就毅然辞去了不必要的职务，推掉了不必要的应酬，潜心开始写作，最终达到了人生创作的高峰，并且再也没有感到丝毫的疲惫和烦躁，生活也变得轻松和快乐了许多。

舍得舍得，必须有舍才有得，人生在世，有诸多的东西是需要放弃的。放弃了名与利的缠绕，才能在自己的领域做出非凡的成就，生命也才能更为轻松自在。其实，在现实生活中，多数人都有如作家一样的烦恼，在物欲的诱惑下，他们一味地想"得"，而不愿"舍"，让心灵背负了太多的沉重，让自己每天都生活在焦虑烦恼甚至痛苦之中。其实，生命本该是轻松和快乐的，我们不该为满足无尽欲望而一味地"取"，最终将生命拖入无尽的痛苦中。

利奥·罗斯顿是好莱坞的最肥胖明星，他的腰围有 6 英尺多，体重达到了 385 磅。1936 年，在一次演出时，他因为心力衰竭，被送往汤普森急救中心。抢救人员用了最好的药物，而且还动用了最好的医疗设备，最终，仍旧没能够挽回他的生命。

在临终之前，罗斯顿曾经这样说道："你的身躯如果庞大，但是你的生命需要的也仅仅是一颗心脏。"

罗斯顿的这句话，感动了当时所有的人，尤其是当时的医院院长——哈登。他作为胸外科的专家，流下了伤心的眼泪。为了表达对罗斯顿的敬意，同时也为了提醒体重超常的人，他就将罗斯顿的这句话刻在了医院的大楼上面。

1983 年，另一位名人，美国著名的石油大亨默尔因为心力衰竭住了进来。因为两伊战争，使他的公司陷入了危机之中。为了尽快地摆脱困境，他不得不忙碌地来往于欧亚美之间，最后因为旧病复发，住进了医院。

他将汤普森医院的一层楼包了，为了不影响工作，他还架设了五部电话与两部传真机。当时的《泰晤士报》上这样写道：汤普森——美国的石油中心。

默尔的心脏手术很是成功，他在这儿待了一个月便出院了。在医院疗养期间，他真切地体会到自己真正需要的是什么，他觉得自己的一生确实太过忙碌和劳累，已经失去了其本有的色彩。出院后，他没有回美国，托人卖掉了自己悉心经营的公司，并且在苏格兰乡下的一栋别墅中开始安享晚年。在 1998 年，汤普森医院百年庆典，邀请他参加。记者问默尔为何卖掉自己的公司？他指了指医院大楼上的那一行金字说道："正如利奥·罗斯顿的话一样，其实，富裕和肥胖没什么两样，都不过是获得了超过自己所需要的东西罢了。"

人生真正需要的是什么？是过多的金钱和物质吗？即便你拥有了全世界，无非也就是一日三餐，夜寐一床。就算你有多么豪华的房屋，买回来很多好吃的，到头来也是睡一张床，吃三顿餐。就算你每次可以点上一百道菜，你又能吃多少呢？最多能撑饱一个胃，难道不是吗？

鼹鼠是一种寄居在下水道中的老鼠。一只在大河附近，天天饮滔滔江水的鼹鼠其实与生活在下水道饮水的鼹鼠是一样的。试想，同样都是鼹鼠，它们腹中容纳的水量是相同的，饮水过量的话，除了撑死之外，又有何益！人生也是如此！正如上述事例中所说："富裕和肥胖其实没有什么两样，都不过是获得了超过自己需要的东西罢了。"这是生命的症结所在，生命需要的是适当的营养，过多了同样也会扼杀它。所以，从现在开始，让我们学会"舍弃"吧，这是对生命的另一种珍惜！

4. 养心法则：舍弃贪欲，学会知足

俗话说，人少思虑养心气。要养心气，就要少思寡欲。对此，孟子也有类似的看法，他说："养心莫善于寡欲。其为人也寡欲，虽有不存焉者，寡矣；其为人也多欲，虽有存焉者，寡矣。"在孟子看来，修心养性最好的办法莫过于减少欲望。一个人如果欲望很少，即便本性有所缺失，那也是很少的；一个人如果欲望很多，即便本性还有所保留，那也是很少的了。其实，无论是孟子也好，老子也罢，在修身养性方面都强调"寡欲"。老子说："见素抱朴，少私寡欲。"一个人只有坚持朴素，减少外欲才能不断在修行上取得进步，才能不被外界所诱惑，步入歧途。外欲多了，就无法静下来查看自己的内心，就无法发现心中的杂质，从而抛弃它们；外欲多了，眼中都是那些财富、虚名、权力，就无法追求内心真正需要的美德。

孟子曾提出，人性本来就是向善的，"善"于人心，就像刚刚长出的柔弱的幼苗一样，让它们生长需要风和日丽，需要内心平静，而外欲就如暴风、骤雨、冰雹、沙尘一样，将心中的善摧残、折断。所以修养身心的人，都提倡俭朴、提倡清净，抛弃心中的杂念。诸葛亮《诫子书》中说得很好："非淡泊无以明志，非宁静无以致远。"为此，要修身养性，我们就要懂得舍弃内心的贪欲，抓住该抓住的，舍弃那些我们根本不需要的东西，学会对当下的生活感到满足。

曾经有一段时间，张雷的家庭和事业都遇到了麻烦，烦恼、浮躁、焦虑整日都困扰着他。于是，便去找当初的大学的一位恩师。

见到老师后，张雷便一股脑儿倒出了自己的困惑和烦恼。老师笑笑，伸出右手，握紧拳头，说道："你试试看。"张雷便照做。"再握得紧一些。"老师说道。于是他把拳头捏得越来越紧，连指头都攥进手心里了。

"感觉如何？"老师慈祥地问他。

张雷茫然地摇了摇头。

"把拳头伸开。"他舒开手掌，老师拿起桌子上的一枚红枣和碎玻璃片放在他的手中，说道："握紧。"他把红枣和碎玻璃片握在手心。"握紧一些，再紧一些。"

"不行了，老师。我的手都快被扎破了。"他感到手掌极为疼痛。这个时候，老师突然喝道："那你还不赶快把拳头松开！"

他吓了一大跳，舒开手掌，看着手掌有些微红的印痕，碎片已经扎进红枣里了。

老师望着他，说："现在，把碎玻璃片取出来，丢掉吧！"

老师的这个举动，真是让他醍醐灌顶。这红枣好比是他的事业和生活，而这碎片就如他生活中的烦恼、浮躁和焦虑……

老师看着他的表情，笑了笑，说道："看来你已经有所领悟了。生活中的事就好像这红枣和碎玻璃片。如果你两样都不取，空握着拳头，即使出再大的力气，也是一无所获，这叫徒劳无功。红枣就像你生活中一切美好的事物，碎玻璃片就犹如困扰你的烦恼，我们在做事的时候难免会产生烦恼。你将它们握得太紧，必然要伤到自己，握得越紧对你的伤害也就越大。所以，要记得及时将红枣中的碎玻璃片取出来，及时丢掉啊。"

我们应该学会分辨身边的事情，并能及时取出红枣中的碎玻璃片，把握住我们应该抓住的，舍弃应该丢弃的，才是人生的大智慧，才能让自己过得轻松自在。

抓住该抓住的，我们要勇于抓取那些本属于自己的、在自己能力以内可以获得的东西，对那些超乎自身能力以外的东西，就应该勇于舍弃，这样才能让自己活得轻松，不至于痛苦加倍。比如，一个大学生，刚刚参加工作就想住奢华的房屋，开名贵的汽车，但是，他本身又没有足够的能力得到，于是，每天就开始苦闷，并不停地抱怨，痛苦就如影随形了。为此，要远离痛苦，就要去珍惜自己当下所拥有的，追求自己力所能及的东西，这样才能使自己的内心获得平静与快乐，这也是养心的第一法宝。

5. 舍近求远，是愚蠢的做法

在《孟子·离娄上》中，孟子说了这样一句话："道在迩而求诸远，事在易而求诸难；人人亲其亲，长其长，而天下平。"意思是说，道就在身边，却偏偏去远处求取；事情十分容易，却偏偏往难处做；只要人人都亲近自己的亲人，尊敬自己的长辈，天下就可以太平了。在这里，孟子认为，大道就在旁边，人人却都去远方所求。事情本来很简单，但世人却视而不见，世人真是糊涂啊！孟子此时大概想到了老子的话："吾言甚易知，甚易行。天下莫能知，莫能行。"于是，也产生了"圣人被褐而怀玉"的感慨。

大道永无止境，但大道却就在身边。孝顺父母就是孝，尊重兄长就是悌，孝悌就是为仁的根本，这是每个人都能轻易做到的，而人们却对这身边的事视而不见，反而去跋山涉水地寻找"道"，进入深山老林苦修"道"，难道这不值得困惑吗？

人们在生活中都不愿承认自己是个没有仁德的人，都说自己乐于为善，但你一问他做过什么善事，他就哑口无言了，只能用自己没有行善的机会来辩解。难道在生活中真的没有行善的机会吗？不是，是我们自己还做得不够啊！其实，善并不仅仅是看到抢劫的，奋不顾身前去制止；看到落水的，不畏危险前去救援；看到火灾，不怕受伤跑去救人。这些事，我们一生也不会遇到几次。行善不在大小，而在于是否有一颗乐于为善的心，只要拥有乐于为善的心，即使事情很小，也能体现出自己的善，也能让自己在仁德的道路上不断前进。

一天，一座城市里来了一个马戏团。六个小男孩穿戴得干干净净，手牵手在父母身后排队，等候买票。他们兴高采烈地谈论着即将上演的节目，好像是自己就要骑着大象在舞台上表演似的。

终于，轮到他们了，售票员问要多少张票，父亲低声道："请给我六个小孩和两个大人的票"。售票员说出了价格，这时孩子的母亲的心颤了一下，她扭过头把脸垂得很低。售票员重复了一遍价格。父亲的眼里透着痛楚，他实在不忍心告诉他身旁的兴致勃勃的孩子们，我们的钱不够。

一位排队买票的男子目睹了这一切，他悄悄地把手伸进口袋，将一张50元的钞票拉出来让它掉在地上。然后拍拍那个父亲的肩膀，指着地上说："先生，你掉钱了。"父亲回过头，看了看后面的男子，立即明白了原委，眼眶一热，弯下腰捡起地上的钞票。然后，紧紧地握住男士的手。

其实，只要你有一颗善良的心，随时随地都能播撒善的种子，无须舍近求远去行善。真正的善行是无声无言的，无须张扬。那些舍近求远传播善行的做法也是极为愚蠢的。

有一个盲人住在一栋楼里。每天晚上他都会到楼下花园去散步。奇怪的是，不论是上楼还是下楼，他虽然只能顺着墙摸索，却一定要按亮楼道里的灯。一天，一个邻居忍不住，好奇地问道："你的眼睛看不见，为何还要开灯呢？"盲人回答道："开灯能给别人上下楼带来方便，也会给我带来方便。"邻居疑惑地问道："开灯能给你带来什么方便呢？"盲人答道："开灯后，上下楼的人都会看得清楚些，就不会把我撞倒了，这不就给我方便了吗？"邻居这才恍然大悟。

一个发自内心的小小的善行，也会铸就大爱的人生舞台。记住别人对自己的恩惠，洗去自己对别人的怨恨，人生的旅途才能晴空万里；一件很平凡微小的事情，哪怕如同赠人一支玫瑰般微不足道，但它带来的馨香都会在赠花人和爱花人的心底慢慢升腾、弥漫、覆盖。所以，真正怀有善意的人，在内会善待自己的父母，尊敬自己的兄弟，在外则会处处与人为善，时时传播善意，这样的人就如孟子所说可以"治天下"了。同时，孟子也从侧面告诉我们，无论行善也好，做其他事也罢，都是极为简单且容易的，我们无须舍近求远，去给自己制造无尽的麻烦或烦恼。

6. 别因外物而蒙蔽了心志

《孟子·告子上》中有这样一段对话：

公都子问："同样是人，有的成为君子，有的成为小人，这是为什么呢？"

孟子说："注重心志的成为君子，注重耳目的成为小人。"

公都子说："同样是人，有的人注重心志，有的人注重耳目，这又是为什么呢？"

孟子说："眼睛耳朵的官能不包括思考，所以被外物所蒙蔽，一与外物相接触，便容易被引入迷途。心的官能包括思考，思考就会得到事物的义理，不思考就得不到，这是上天赋予每个人的。所以，人首先应树立心志，如此便不会被耳目之欲引入迷途了。这样便可以成为君子了。"

同样是人，为何有的人是圣人，有的人是小人，有人被天下仰视，而有人却默默终老呢？在孟子看来，是因为"性相近，习相远"啊！这主要是因为有的人重视心志方面的修养，努力完善自己的道德，加强自己的学识最终成了君子、圣人，而大部分人则只知道盯着碗里锅里的东西，每天只顾吃饱喝足，最终只能沦为庸人。

在孟子看来，心智才是生命的本态，修心养性才是我们一生该追求的，这比拥有家财万贯要有福气得多。然而，在生活中，很多人就因为贪念太多，在不知不觉中迷失了方向，一心去追求外在的物欲，只顾身体外在的享受，而忽视了心灵的感受，直到临终才后悔莫及。

有限的生命与人的内心的无限欲望是一对矛盾体，所以，我们切不可用有限的生命去满足自身无限的欲望。同时，过度纵欲也会使我们有限的生命变得极为短暂。然而，这对矛盾体并非不可调和，生命的长短虽然不可控制，可我们却可以好好地控制自身的欲望。只要我们能够调整好心态，减少自身的欲望，舍弃内心的奢求，将更多的精力放在学习和工作之上，勤于修炼自己内在的心志，我们便能够寻求到更多的快乐，就能让自己的人生更为精彩！

7. 君子当择"三事"而乐之

在《孟子·尽心上》中，孟子提出了君子当择三件事而乐之，即为："父母俱存，兄弟无故，一乐也；仰不愧于天，俯不怍于人，二乐也；得天下英才而教育之，三乐也。君子有三乐，而王天下不与存焉。"孟子提出的君子三乐,这其中第一乐就是父母俱存,兄弟没有什么变故,尽到了孝道和友爱;第二乐是胸襟光明磊落,没有做对不起人、对不起天地鬼神的事;第三乐是得天下英才而教育之。

孟子认为这是生命中最为简单的快乐,是君子的事业,可以突围人生之苦。"父母俱存,兄弟无故,一乐也。"父母兄弟,情深义重,乃人生的起点,天伦之乐,其乐融融,此乐居三乐之首,也在情理之中。生我者父母,养我者父母,疼我者父母,念我者父母,儿行千里父母担忧!我们刚出生时,就如草木的嫩芽一样易于摧折,父母时时刻刻将我们记于心上,只怕那萌芽有遇狂风、遭到骤雨,他们用尽心力保护着我们懵懂的性灵。

与父母为乐,与兄弟也是一种乐。兄弟本是同根所生,不过是时间先后之别,原是一脉同气,却多有为分财不均争利,以致手足相残、情义断绝者,岂能无碍于良心?即使你做到极品高官,而他却瓦灶绳床,乐又从何而来?若能父母寿且安,双双俱在堂上,兄弟你敬我爱,和和美美,承欢父母膝前,身处富贵自有富贵处的欢乐,自处贫贱自有贫贱处的自在,这种天伦之乐真是在陋巷可以傲自尊,在豪门可以傲神圣。所以说:"父母俱存,兄弟无故,一乐也。"

"仰不愧于天,俯不怍于人,二乐也。"这二乐之中坦荡的是清白正直的人格。

著名的国学大师陈寅恪教授在 1941 年由昆明西南联大应邀往欧洲讲学,途经香港遭遇太平洋战事,日方和汉奸都来逼迫诱惑他,日伪组织还曾以 40 万港币诱引他主持"东亚文化协会"、替日伪审定中小学教科书等,都被陈寅恪断然拒绝,当时,他身上连离开香港的旅费都没有。大师清白正直的人格令后人敬仰。

陈寅恪教授堪称今人效法的典范,在诱惑面前,我们应时时挺直脊梁，处处不忘本色，自觉抗得住酒色利禄的诱惑，抗得住庸俗关系的腐蚀，始终做到自重、自省、自警、自励，努力做一个刚毅的人。"要穷，穷得像茶，苦中一缕清香。"这是自尊。"要傲，傲得像兰，高挂一脸秋霜。"这是自尊。不因诱惑而出卖人格，再穷也不能出卖人格。这样的人才能担起"问心无愧"这四个字。一个人的是非功过，绝非取决于片面，唯有尽心尽力，俯仰无愧，谦冲自牧，有为有守，其人格精神方能可大可久，千古流芳；否则，短视近利，纵然叱咤一时，仍会淹没于历史的洪流中，激不起任何冲击。人生一世，不卑不亢，没有傲气却有傲骨，仰不愧于天，俯不怍于人，做人如此，足矣！

"得天下英才而教育之，三乐也。"这第三乐之中虽然隐透出孟子欲揽天下人入怀的理想和一点大丈夫的自负，但是我们可以这样理解：这是一份将自身德行推己及人的社会责任和社会关怀，这样的快乐是众乐之乐。一位满腹经纶的学者、思想家，总是想让自己的思想发扬光大，惠及天下苍生。而其唯一的途径就是"传道授业"，得天下英才而育之，从而使自己的思想得以传播、发展并最终使天下百姓受益，这是真君子所为，岂不是一生的乐事呢？

总之，尽享天伦，无愧于心，且与天下苍生同欢乐，孟子的"君子三乐"，从个人到天下，真是道尽人生最大的乐事。人生不满百，求的就是一快乐。快乐有很多种，一个真正有修养的人绝不会局限于自身之乐，正所谓：独乐乐不如众乐乐。我为人人，人人为我，天下人快乐，我就会更快乐，这是孟子的"君子三乐"给我们现代人的启示。

第十三章
懂得选择，舍弃后面往往有大"得"

　　付出多少，得到多少，这是一个众所周知的因果法则。人生的许多取舍之道都是依这个法则而行的，孟子在很多年前就悟出了这样的道理，所以，在人际交往方面他指出"出乎尔者，反乎尔者也"，告诫人们不要"好为人师"，不在背后说人坏话，做事要有分寸，凡事不可过度等。在修身方面他主张"存其心，养其性"，保留一颗赤子之心等。孟子不仅在大是大非面前能做出明智的选择，对小事的取舍也给出了建议。所以，在现实生活中，我们在面对每一次选择时都要谨慎对待，仔细权衡利弊，莫让人生走弯路。

1. 你付出什么，就会得到什么

　　《孟子·梁惠王下》中，孟子在与邹穆公对话中，引用了曾子的一句话："戒之戒之！出乎尔者，反乎尔者也。"此话讲明一个道理：你如何对待别人，别人就会如何对待你。这也给我们以这样的警示：你对别人"付出"什么，别人也会以同样的"付出"来回报你。你付出的是恩义，必然也会得到恩义；你传播的是仇恨，也必然会得到仇恨。古人相信因果循环，虽然带有诸多的迷信色彩，但仔细想想这确实有其自身的道理。经常做善事，种善因，受到他恩惠的人就越多，感激他的人就越多，当他遇到困难之时，那些曾经受过恩惠的人自然会甘愿伸手挽救；如果一个人自私自利，从来不知道给人恩惠，只会到处结怨，如果他陷入危机之中，人们不落井下石就不错了。

秦穆公有一匹爱马，他对其十分钟爱。一天，马忽然走丢了，管理的官吏怎么都找不到，最后发现这马原来被山林的土人给吃掉了。官吏们十分害怕，就将所有吃马肉的人全部逮捕了回去，准备让秦穆公发落。秦穆公听说自己的爱马死掉了，十分伤心，但仔细想想，惩罚他们也不能换回爱马了，何必再结仇怨呢，于是下令将这些人全部放掉了，并赏赐他们美酒，说："光吃肉不喝酒怎么能行呢？"

后来，秦国、晋国发生了韩原之战，秦穆公作战时车子陷入了泥泞之中，眼看着就要被晋军俘虏，情况十分危急。这时忽然从山里冲出一些土人，他们奋力作战，击退了晋军，不仅救了秦穆公，还帮助秦军俘虏了晋惠公。这些人就是曾经吃了马肉，而被秦穆公赦免并赏赐美酒的人。

善有善报，恶有恶报。这善恶并非来自天，来自命，完全是来自自己。你爱别人，别人才会爱你，你才会得到"善报"；你损害他人，他人也必然会损害你，你最终将自食恶果。《易经》上说："积善之家，必有余庆；积不善之家，必有余殃。"平时多善待他人，莫损人不利己；多宽容他人，不要斤斤计较；多帮助他人，不要落井下石。如此不仅是修养自己的美德，也是为自己的未来种下了无数善因、善种——为善是人生最有价值的投资。

在美国加州，在一个风雪交加的夜晚，一位名叫约翰逊的年轻人因为汽车抛锚被困在郊外。

就在他万分焦急，需要人帮助的时候，一位骑马的男子正巧经过这里。见此情景，这位男子二话没说，便用马帮助约翰逊将汽车拉到了小镇上。事后，当他激动地拿出一沓厚厚的钞票给对方酬谢的时候，这位男子却说："我不需要回报，但我要你给我一个承诺，当别人有困难的时候，你也要尽力去帮助他人。"于是，在后来的日子中，约翰逊便不计回报地主动帮助了很多人，并且每次都没有忘记转述那句同样的话给所有被他帮助过的人。

许多年之后的一天，约翰逊被突然暴发的洪水困在了一个孤岛上，一位勇敢十足的少年冒着被洪水吞噬的危险救了他。当他感谢少年的时候，少年竟然说出了那句约翰逊曾经说过无数次的话："我不需要回报，但我要你给我一个承诺……"

顿时，约翰逊的胸中涌起了一股暖流："原来，我串起的这根关于爱的链条，被周转了无数次，最终经过这位少年还给了我，所以，我一生做的所有好事，全部都是为自己做的！"

爱出者爱返，福往者福来。爱是一盏灯，照明别人，也在温暖自己。所以，生活中，要尽可能地向他人伸出援助之手，最终你将会与约翰逊一样，感受到：一生做的所有好事，全部都是为自己做的。所以，如果你是一个渴望获得"善行"的人，那就先向你周围的人和事施予"善行"吧！

2. 摒弃"好为人师"的毛病

每个人都有被人尊重的心理欲求，尤其是在公众场合。但生活中，总有一些人"好为人师"，处处将自己摆在高高的位置上，指点江山，对别人评头论足，伤人自尊，惹人生厌。对此，孟子说过："人之患在好为人师。"在孟子看来，好为人师是一种毛病。在此，孟子是有所指的。主要指那些学问不够就去教导别人的人，用我们平常的话说就是"半瓶子水，瞎晃荡"。朱子在注解此条时引用王勉的话："学问有余，人资于己，以不得已而应之可也。若好为人师，则自足而不复有进矣，此人之大患也。"自己修行还不够，就急着去教别人，既浪费他人的时间，也浪费自己的时间，这是误人子弟啊！所以说老师在教学生之前，自己一定要打好基本功，以免误人误己。在现代社会，孟子的话更多的是给那些经常参加社交的人以警示作用。在公众场合，我们要摒弃"好为人师"的毛病，时时谦虚礼貌。

长相漂亮的刘华毕业后就在一家保险公司当销售员。依照公司的规定，试用期间每个人都必须要至少拉到一位客户，否则，就要被解雇。但是，刘华因为刚离开学校不久，又没有社会关系，在试用期快要结束时，她还没完成任务，就在她心灰意冷之时却出现了奇迹。

一次，她去拜访一家公司的客户部经理。刚开始对方看到刘华后，脸上就露出了不悦的表情。对此，刘华心里顿时感到惴惴不安，不知道如何开口了。这时他猛然发现经理的桌子上有一个牌子，上面写着"尉迟涛"三个字，刘华猜测这可能是经理的名字。她想："如果以这个名字找话题，应该能打开话题！"

于是，刘华问道："您知不知道李世民发动玄武门之变时，功劳最大的那位名将是谁？"经理愣了一下，说："知道，是尉迟恭。"刘华说："你们是一个姓，当然会知道他叫尉迟恭。我以前可是出尽丑了，老叫他尉（wèi）迟恭。"

经理笑了："这也不能怪你，十人中有八个人都会这么读错。"

王华说："是啊，虽然这个姓有点怪，但是，我听说，历史上姓尉迟的名人有很多啊，您知不知道都有谁？"

这一下子，就打开了话匣子，两人就开始兴致勃勃地聊了起来。

最终，尉迟经理与她签了约，另外，还给她介绍了其他的客户，借此刘华的业绩便一升再升，最近还升了职。

聪明的刘华真诚且谦虚地以学生的姿态向对方请教问题，大大满足了对方"被需要"的心理，最终顺利地与对方交上了朋友。由此可见，在社交场合，谦恭、虚心，甘当"学生"的姿态，是一个人赢得良好人缘的重要法宝。

社交场合，每个人都希望得到对方的尊重和重视，如果你总是摆出一副"老师"的架势，对旁人指手画脚、说三道四，无疑会让对方失面子。可以试想：谁会喜欢一个恃才傲物的自负者？为此，我们在与周围的朋友相处或交流时，要放低姿态，时时顾及对方的面子，这样才是对朋友的尊重。

人际交往中，谦虚者始终恪守的是一种平衡关系，即周围的人在对自己认同的基础上让彼此都能达到一种心理上的平衡，这些人无论在什么情况下总是会保持一种"学生"姿态，如此才不会让他人感到卑下与失落。他们还会在适当的时候让别人显得比自己高贵，让他人产生优越感，使对方得到一种心理上的满足，使他人更乐于与他合作。

3. 多赞扬他人，少诋毁他人

谁人背后无人说，谁人背后不说人，飞短流长古今中外都是如此。关于此，孟子也曾发表了自己的看法，他说："言人之不善，当如后患何？"意思是说，在背后议论他人的不善，该如何对待后患呢？孟子在告诫我们在背后说人坏话是一种不道德的行为，势必会招致祸患。这句话也给我们以警示：在背着他人时，尽量少说他人的坏，如果非要说的话，还是多夸赞。

希望得到认可和赞扬是人的本性，人人都喜欢他人宣扬自己的优点，散播自己的美德，没有人愿意听到他人宣扬自己的缺点，对自己不光彩的事津津乐道。宣扬他人的缺憾，会触怒他人，为自己招来祸患，能够避免提及他人的不光彩之事是一种处世的智慧。马援在告诫侄子时曾说道："闻人之恶，当如闻父母之名，耳可得而闻，口不可得而言也。"就是说，听到他人的过错就要像听到父母的名字那样，绝不可到处宣扬。

在背后说人坏话所产生的恶劣的影响比当面说人坏话还让人气愤，不可原谅。所以，在背后一定要管好自己舌头，少在背后说人坏话，要知道，世上没有不透风的墙，当你说的坏话传到当事人的耳朵中时，产生的后果会是十分恶劣的。

《红楼梦》中有这样一处情节：

史湘云和薛宝钗正在喋喋不休地劝导贾宝玉努力读书，以便将来做官达宦，光耀门楣，对此，贾宝玉心中大为反感，对史湘云和薛宝钗说："林姑娘从来没有说过这些混账话！要是她说这些混账话，我早和她生分了。"

其实，宝玉是借着夸奖林黛玉来告诫史湘云和薛宝钗不要再对自己说什么读书做官之类的话。谁知道这时，黛玉恰巧到了窗外，无意中听到了宝玉夸奖自己，心里"不觉又惊又喜，又悲又叹"。结果宝黛二人互诉衷肠，感情大增。

在林黛玉看来，宝玉在湘云、宝钗、自己三人中只赞美自己，而且不知道自己会听到，这种好话就是难得的、无意的，是真诚的、发自内心的，说明在贾宝玉的潜意识里他就是这么想的，所以才在众人聊天时随口说了出来。倘若宝玉当着黛玉的面说这番话，好猜疑、小性子的林黛玉还会说宝玉打趣她或想讨好她呢！

由此可见，背后夸人更能深入人心，让人心生好感。为此，在背着人时，要管好自己的嘴巴，尽量多夸人，而少说人坏话。

4. 行事有度：不做过分的事情

孟子是十分崇敬孔子的，在其著作中，曾多次赞扬孔子的美德和行为。《孟子·离娄下》中，孟子说过这样一句话："仲尼不为已甚者。"意思是说，孔子不做过分的事情。孔子提倡中庸之德，孟子也不例外。关于中庸之道，孔子说："中庸之为德也，其至矣乎！"所谓中庸，就是行事既不要畏缩不前，又不要行之过度。孔子在评价自己的两个弟子时就称："师也过，商也不及"、"过犹不及也"，过度和不及都是不符合中庸之道的，都是君子应该避免的。

中庸之道，适用于生活的各个方面。施政应坚持中庸之道，过分宽松人们就会偷懒怠惰，过分刻薄，人们就会劳苦不堪；用刑应坚持中庸之道，过分宽容就会丧失法律的尊严，过分严苛人们就会心生怨恨；赏赐应该坚持中庸之道，过于丰厚就会让人生出骄奢之心，过于单薄无法激励人们进取；与人相交应坚持中庸之道，过于亲近就会让人感到压迫不自由，过于疏远就会让人觉得受到冷待……在现实生活中，守护"中庸"之道，就如孟子所说的那样，不做过分的事情。比如，不把人往绝路上逼，做人要给自己留后路，做事要留有余地等。

《菜根谭》中有话说："人情反覆，世路崎岖。行不去处，须知退一步之法；行得去处，务加让三分之功。"意思就是，人间的事情反复无常，奋斗的道路崎岖不平。在人生之路行不通的地方，要懂得收住步甚至退让一步；在走得过去的地方，也要给他人留三分的便利，这样能让自己逢凶化吉、一帆风顺。

很多时候，做人太过分，做事太绝，都是在自毁退路！人不是活在某一时某一刻，也不是与人只有一次的接触，聪明的人懂得给自己留退路，懂得给他人留余地。即便是面对敌人，也会宽容地放对方一条生路，表面上是宽容了别人，实际上是在为自己留后路。

古人云：有志之人，不为一案而诱惑，终以明目而视。那么，今天的有志之士更应如此，不可因眼前一点利益而打破长远的计谋，不可因为当前一点点的诱惑而放弃未来。做人不能太过分，要有人情味，凡事留有余地，才能退可守进可攻。而那些将话说满，将事做绝，不留余地的人，是在将自己的未来推向绝路。

俗话说："天作孽，犹可恕；自作孽，不可活。"在现实社会中，很多人会计较一点小利，做出决绝的事，结果得罪许多人，树敌颇多，最终使自己处处难行。当然，每个人都不可避免地会与他人发生冲突，但是切勿采取强硬的手段，把事做绝，与对方彻底决裂或者与对方成为敌人。要知道，多一个敌人，就会多一分危险。如果你树敌过多，一旦你落难了，便没有人会愿意对你施以援手，甚至还会借机报复再狠狠地踩你一脚，这时你面对这么多"墙"，便真的是四处危机，无处可逃了；如果你能放宽心，得饶人处且饶人，留一点余地给得罪你的人，给对方一个台阶下，那么，日后你便会得到意想不到的好处。

5. 改正自己的缺点，汲取别人的优点

善于改正自己的缺点，从别人身上汲取优点是一个人成事的重要标准，也是个人修养的重要体现之一。《孟子·公孙丑上》中，孟

子说过这样的一段话："子路，人告之以有过，则喜。禹，闻善言，则拜。大舜有大焉，善与人同，舍己从人，乐取于人以为善。自耕稼、陶、渔以至为帝，无非取于人者。取诸人以为善，是与人为善者也！故君子莫大乎与人为善。"孟子的意思是说，子路，别人指出他的过错，他就很高兴。大禹听到有教益的话，就恭敬地拜谢。舜帝又更进一步：总是与别人共同做善事。改正自己的缺点，学习人家的优点，以吸取别人的长处修善为乐。从他种地、做陶器、捕鱼一直到做帝王，没有哪个时候不向别人学习的。汲取别人的优点来行善，也就是与别人一起来行善。君子之德，没有比与别人一起来行善更大的了。在孟子看来，一个人要有超乎常人的修为，就要懂得改正自己的缺点，学习别人身上的优点。这也是一个人不断走向卓越，不断走向完美自我的一条重要途径。

著名的演讲大师查尔斯是个外向、善于言谈的人，然而，他曾经觉察到他在不断地失去一些朋友。他开始意识到尽管自己的口才不错，但是在与人交往的时候，总是喜欢与人争辩，总与人相处不好。

到圣诞节来临之前，大家都在忙着制订新一年的计划，而查尔斯则静坐下来，拿起一张白纸，列出了所有让人讨厌的性格特点。同时，他又对这些特点进行了编排，把最有害的放在清单的第一位，然后依次排下来，将害处最小的排在最后。他决定，在新的一年中，他要一点点地改掉自身的这些坏毛病，并在人际交往中向那些口才佳的优秀人才学习。每一次他都发现自己已经成功地改掉了一个坏毛病的时候，他就用笔将这个坏毛病从纸单上面划掉，直到清单上所有的毛病都划掉为止。后来，查尔斯成为朋友之中最受欢迎的人，正因如此，他也成为当时美国最有人格魅力和感染力的演讲家。

如果查尔斯不对自己的性格进行任何的改造，如果他像如今的许多人一样，是怎样的人就表现得怎样，如果他继续以那种争辩的方式与人交往，那么，最终也不可能会成为最有人格魅力和感染力的演讲大师。这也说明，一个人只有勇于剖析自我，改正自身的缺点，学习别人身上的优点，才能修炼个人魅力，成就不凡的事业。

杰瑞是美国一家麦当劳的一名普通的职员，他每天的工作就是不停地做很多相同的汉堡，没有任何的新意。于是，他总是向其他的同事不停地抱怨，久而久之，自己的性格变得极为暴躁，同事都躲着他，客户也都不喜欢他，甚至有时还会对他表示出不满。

有一天，他发现与他同在一起工作的同事迈克是个乐观的人，每天都笑呵呵的，而且无论顾客怎么对他，他都是乐呵呵地应对。看到迈克如此快乐，杰瑞开始有意地向他学习。他不再将工作单纯地看作是他谋生的手段，而是将之看作成就自己一生的宏大事业。他每天都想办法让自己做个像迈克一样快乐的人，而且总是用善意的微笑去对待他的每一位顾客。慢慢地，杰瑞的这种乐观的态度，感染了他身边每天都垂头丧气、牢骚满腹的同事。有的同事问他，为什么对这样一件毫无乐趣的工作充满了激情？杰瑞说道："我每做出一个汉堡，就能感受到顾客因为它的美味而感到快乐，那我也感受到了我的作品所带给我的成功，那是多么美妙的事情啊！我每天都会感谢上天赐予我的如此好的工作。"每天都以这样的态度面对他的工作，他的性格也变得平和起来，不再抱怨，越来越受顾客和同事的喜欢。为此，这家店的生意异常地好，名气也越来越大，最终传到了麦当劳总管的耳朵中，杰瑞就得到了一个高层管理的职位。

一个人有什么样的精神态度，就会产生什么样的生活现实，这是毋庸置疑的。就像杰瑞一样，能及时认清自己的缺点，汲取别人身上的优点来改善自我生活状态，最终成就了自己的一番事业。

认清自我缺点，勇于改正它，并积极地汲取别人的优点，是需要宽大的胸怀和虚心的态度的。培根说过，欣赏者心中有朝霞、露珠和常年盛开的花朵。胸怀宽广、虚怀若谷的人，才能懂得欣赏他人，与之相反的，就是心胸狭窄、嫉妒他人。这样的人难以认清自己的缺点，更不会汲取别人身上的优点，最终也将一事无成。

6. 摒弃污淫，守住一颗赤子之心

《孟子·告子上》中有这样一段话："孟子曰：'仁，人心也；义，人路也。舍其路而弗由，放其心而不知求，哀哉！人有鸡犬放，则知求之；有放心，而不知求。学问之道无他，求其放心而已矣。'"意思为，仁，是人的本心；义，是人行走之路。舍弃自己的道路而不走，遗失自己的本心而不知求索，悲哀啊！人有鸡犬遗失了，都知道去寻找；自己的本心遗失了，却不知道寻找。学问之道没有别的，求索自己遗失的本心而已。在孟子看来，仁德是一个人最好的心灵归宿；道义便是一个人最佳的行为方式，人舍弃了仁义，又凭什么称为人，凭什么与飞禽走兽相区别呢？

每个生命原本都是圆满的、纯真的，他们都有一颗赤子之心，但随着后天社会的影响，这颗赤子之心慢慢地失去了纯真和善良，这时就要求我们时时要注意摒弃污淫，不断地修炼自己的心性，守住自己的一颗赤子之心。孟子曾说："存其心，养其性。"意思就是要人们能守住一颗赤子之心，修养善良之性。在任何时候都要为人奉献善心，为社会的福祉而努力奋斗，他人和社会必定会以善回报你。

三国蜀相诸葛亮不仅拥有过人的智谋，还拥有一颗赤子之心。他辅佐刘备从一无所有到建立蜀国基业，可谓是殚精竭虑。后来，刘备为给关羽报仇，被吴将陆逊大败而回。刘备逃到白帝城，因病一命呜呼了！临终前，他将太子托付给诸葛亮，对他说："先生雄才大略，定能安邦定国，若太子可以辅佐，就辅佐；若太子不能辅佐，就由先生你当成都王，来领导蜀国。"听刘备如此一说，诸葛亮赶快表示，一定要鞠躬尽瘁，死而后已，尽全力辅佐太子。

一听此言，刘备赶紧叫来三个儿子，说："我死以后，你们兄弟三人要以父事丞相，若有不孝诸葛丞相的，就是天人共诛的不孝子！"诸葛亮听了，更下决心辅佐太子了。

刘备死后三天，太子刘禅登上王位。这位刘禅，字阿斗，登基之时才十余岁，才性只是下主之才，在国家政事上完全是位十足蒙昧无知的孩童。但是，诸葛亮却像父亲一样爱护阿斗，对刘禅竭尽忠心。一纸《出师表》字字句句都饱含对主人的忠诚和感恩之心，千百年来无不让人动容落泪。

在诸葛亮治理下，蜀国一片升平景象。《三国演义》上说，当时是民乐太平，夜不闭户，路不拾遗，米满仓廪，财盈府库。

诸葛亮又订下与东吴结盟，共抗曹魏的战略。其后，南征七擒孟获，北伐六出祁山，虽未能实现天下统一的宏图，但诸葛亮在世时，却保证了"扶不起"的阿斗，稳坐皇帝的宝座，无有灾咎。

诸葛亮对主鞠躬尽瘁、死而后已的忠诚，无不表现了作为臣子对主人的一片赤子之心，这种忠诚无私的精神是人格的最高境界。

孔子在《论语·颜渊》中曾说过："听讼，吾犹人也。必也使无讼乎！"意思是说，审理诉讼案件，我同别人一样能做好。但内心总是希望这些事情不再发生啊！希望通过教化来提升人们的修养，减少案件的发生，这是以天下人为念的崇高博大的情怀，这更是一种悲天悯人的赤子情怀！悲天悯人是一种高尚的情操，那种对人类的无等差的关怀无不令人动容。

悲天悯人，是要将福祉惠泽天下的芸芸众生，人只是这个世界微小的一部分，花草鸟兽作为世界的一分子，也应受到福祉的惠泽。确实，在天地间，即使只是一只毫不起眼的小蚂蚁，也是造物主的恩赐，它的生命与我们人类的生命并没有本质的区别，它也应享有生命的尊严。对生命的关怀并非人性的道德完善，也并非居高临下的施舍，而是对生命平等的尊重和深切的关怀。很多时候，我们在关怀其他生命的同时，也是对我们自身的关怀与尊重。

7. 心才是生命的本态

孟子极为注重修养心性，并对多数人只懂得"修养"身躯而不懂得修心而感慨不已。他在《孟子·告子上》中这样感慨道："今有无名之指，屈而不信，非疾痛害事也，如有能信之者，则不远秦楚之路，为指之不若人也。指不若人，则知恶之；心不若人，则不知恶，此之谓不知类也。"意思为，现在有人无名指弯曲不能伸直了，但并不疼痛妨碍做事，如果有能让它伸直的人，即使远隔秦楚之遥，（他也会去求治），因为手指不如他人啊。手指不如他人都知道厌恶，内心不如他人，却不知道厌恶，这就是不知道轻重啊。

手指不如他人就知道不远千里前去医治，而心不如他人却茫然不觉，为何要重视手指而轻视心呢？这样不知道修养身心的人，才是真正的愚昧啊！

有这样一个故事：

从前，有一个富人，平时既不修身又不修心。他一生娶了四位夫人，他最宠爱他的四夫人，终日与她恩恩爱爱，从来不离不弃；其次疼爱的是三夫人，因为三夫人很有魅力；再者就是二夫人，因为当初在贫困的时候，与二夫人很是恩爱，但是到了富贵后就将之淡忘了。富人最不关心的还是他的原配夫人，他对这位夫人从未重视过，只让其在家做家务，像仆人一样要求她干粗活。

后来这位富人得了不治之症。临终前，他将四位夫人叫到身边，说道："四夫人，我平常最疼爱你，时刻也离不开你，现在我已活不多久了，我死了以后太孤单了，财产妻儿虽多，但是我只想带你走，你陪我一起死，好吗？"

四夫人听到此话，面容顿时失色，惊叫道："你怎么能这样想？你年纪大了，要死是当然的，可我还年轻，你死后，我还要好好地活下去呢！"

富翁听到这话，深深地叹了一口气，就又把三夫人叫过来，仍照对四夫人说过的话向她提出要求。

三夫人一听，吓得身体直发抖，连忙道："这怎么可能呢？我还年轻，我不想这么早就随你去，我还想嫁人幸福地生活下去呢！"

富翁又深深地叹了一口气，摆摆手，命三夫人退去。将二夫人叫过来，希望二夫人能陪他一起死。

二夫人听罢，连忙摆手道："不可！不可！我怎么能陪你去死呢？四夫人与三夫人平时什么事情都不肯做，而我必须得管理家中的事情，所以不能陪你死。不过，你死后，我会把你送到坟场的！"

富翁听到此，难过得眼泪掉了下来，没想到自己平生最爱的几位夫人，却对自己这样。

最后，他又将平时最不关心的大夫人叫到跟前，对她说："我生前冷落你，真是对不起你，但现在我一个人死去，在黄泉路上太孤单了，你肯陪我一起去吗？"

大夫人听此，并没惊慌，反而很庄重地答道："嫁夫随夫，现在你要去世了，做妻子的如何能活下去呢，不如与你一同死的好！"

"你愿意陪我一起死?"富人十分惊讶,但也十分感慨,"唉! 早知你对我如此忠心,我也不会时常冷落你了。我平日里对四夫人、三夫人爱护得比自己的命还重要,待二夫人也不薄,但是到今天,她们却忘恩负义,当我死的时候,还如此狠心。想不到平时我没能重视你,你反倒愿意同我一起死去。"富人说完,就与大夫人一同死去了。

这是一个极为精彩又极有意义的故事,故事中的四夫人,就如同我们外在的身体。在生活中,我们都喜欢把自己打扮得漂漂亮亮的,到死的时候才知道漂亮的外表终究是一场空。要改嫁的三夫人,就好比人一生为之追求的财富,生前拥有再多的财富,到最终也带不走,终究是要留给活着的人的。二夫人就是我们在穷困时才能想起的亲戚和朋友,他们由于还有太多的尘事未了,在你临终的时候,只会去送你一程。平时从未重视过的大夫人,实则就是指我们的内心,到生命的尽头也只有它才能跟着我们走进坟墓。由此可知,自己的内心才是生命的本态,才是我们生命中最为珍贵的东西。所以,生活中,我们要勇于舍弃外在的物欲,勤于修炼心性。

8. 削减物欲,以养护自己的心灵

一位哲学家说,我们的身体累了,可以休息,但如果我们的心灵累了,该如何弥补呢? 这说明了在快节奏生活中心灵养护的重要性。其实,关于养护心灵,孟子在很早就提及过。《孟子·告子上》中,孟子说过这样一段话:"人之于身也,兼所爱。兼所爱,则兼所养也。无尺寸之肤不爱焉,则无尺寸之肤不养也。所以考其善不善者,岂有他哉? 于己取之而已矣。体有贵贱,有小大。无以小害大,无以贱害贵。养其小者为小人，养其大者为大人。今有场师，舍其梧槚，养其樲棘，则为贱场师焉。养其一指而失其肩背，而不知也，则为狼疾人也。饮食之人，则人贱之矣，为其养小以失大也。饮食之人无有失也，则口腹岂适为尺寸之肤哉？"意思是说，人们对于自己身体，处处都是爱惜的。处处都爱，就处处加以养护。没有一寸肌肤不爱惜，则没有一寸肌肤不去养护。如何判断养护的好坏呢，哪有其他的？看他以何为轻，以何为重罢了。身体不同部位，有贵贱、小大之分。不可以小害大，不可以贱害贵。养护小的方面就是小人，养护大的方面就是君子。现在有管理林圃的人，舍弃其中的桐梓，专门养护其中的酸枣，则这就是个不知贵贱的治林者。养护一个指头而失去了肩背还不知道，就是糊涂不堪的人。只知道吃喝的人，人人都鄙贱他，因为他养小方面而失去了大的方面。只知道吃喝的人若是尚能不失大体，难道吃喝之养仅仅是为了尺寸大的肌肤吗？

在孟子看来，养身有大小之分，养手指为小，养肩背为大，养口腹为小，养心智为大。一个人如果只知道满足口腹之欲，不知道重视自己的心灵建设，不知道培养自己的道德品行，就如同养护指头，而失去肩背一样。饱食终日，却不知用心于修养，与禽兽又有什么区别呢？东汉经学家赵岐注解本段说："只晓得吃喝的人之所以受到人们鄙视，是因为他保养口腹而失去道德。如果他不失道德，保养口腹也没有什么不好。所以，一个人吃喝不仅仅是为了长一身细皮肥肉，也是为了培养仁义道德啊！"

随着人们生活越来越好，养生越来越受到各个人群的重视，人们选择健康食品，选择绿色食物，加强体育锻炼。但与此同时，社会上各种不文明现象依然很多，这不能说不是过于重视身体而轻视心灵的结果。如果真的知道心灵比四肢更加重要，在养生保健之余，不妨多拿出些时间养护自己的心灵，培养自己的美德！当然了，要养护自己的心灵，首先要学会削减自己的欲望，别让心灵背上太多的负担，使自己不得安生。

欲望如树，生生不息，永无止境，令人疯狂不止。过多的欲望只会束缚你的心灵，成为心灵的负累。如果再任其如野草般疯长的话，必定会将原本清净与安宁的空间全部挤占，让自己变成纯粹的欲望动物，陷入越来越多的烦恼与不安之中。

一个人心灵的压力太大，会累及身体乃至生命。所以，我们要守护心灵，首要的就是要适时地削减内心的欲望，这样我们的心灵才能感受到更多的轻松、愉快和生命的精彩。

禁欲是极端，纵欲也是极端。剪去狂躁，才能够冷静处事；剪去虚浮，才能脚踏实地；剪去过多的贪欲，才能够保持清醒……剪去这些杂乱的枝干，才能拥有一颗宁静的心、一颗奋斗的心和一颗愉悦的心。